Pathologies de l'image du corps

PSYCHOPATHOLOGIE
Théorie/Clinique
Collection dirigée par
Pierre Fédida

Pathologies de l'image du corps

Étude des troubles de la reconnaissance
et de la nomination en psychopathologie

STÉPHANE THIBIERGE

Presses Universitaires de France

Ce livre est issu d'une thèse de doctorat en psychologie soutenue en décembre 1997 à l'Université Paris-Nord, devant un jury présidé par le Pr Jean-Jacques Rassial. Elle a été dirigée par le Pr Émile Jalley, que je remercie pour la sympathie attentive avec laquelle il en a suivi l'élaboration. Je remercie également le Dr Marcel Czermak, dont le séminaire à l'hôpital Henri-Rousselle m'a permis de mettre à l'épreuve certains aspects de ce travail, et qui m'a régulièrement apporté le bénéfice de ses conseils et de son savoir clinique.
Que le Dr Charles Melman, le Pr Yvon Brès, M. Jorge Cacho et le Dr Claude Dorgeuille veuillent bien trouver ici l'expression de ma gratitude pour leurs encouragements, ainsi que le Dr Catherine Morin et Mme Marie-Charlotte Cadeau, également pour la précision de leur relecture.

ISBN 2 13 050251 2
ISSN 1159-7216

Dépôt légal — 1re édition : 1999, mai

© Presses Universitaires de France, 1999
108, boulevard Saint-Germain, 75006 Paris

Introduction

Ce livre traite principalement de l'image du corps et des troubles qui peuvent l'affecter. L'image du corps n'est pas une représentation comme les autres. Elle se présente à chacun en principe comme le plus immédiat de ce qu'il reconnaît parmi les objets du monde : l'image de notre propre corps d'abord, que nous renvoie le miroir. Mais aussi bien celle du semblable : qu'elle nous soit proche ou inconnue, nous la reconnaissons, nous pouvons éventuellement la nommer, tout comme la nôtre répond à un nom propre. Ce sont là des sortes d'évidences, et sans doute à bon droit considérées comme telles, puisque nous y trouvons les principaux repères de notre relation à la réalité.

Il apparaît cependant, comme chacun peut aussi en faire l'expérience, que cette familiarité de l'image du corps n'est ni simple ni assurée. Il est inutile de souligner la fréquence des difficultés que présente le rapport d'un sujet à son image. Elles couvrent un éventail très large, qui va du bref coup d'œil jeté en passant au reflet qu'on interroge, ou encore de la perplexité inquiète devant le miroir, phénomènes courants, jusqu'à une complète décomposition de l'image, fréquente dans les psychoses, en passant par une grande variété de troubles intermédiaires.

C'est de cette diversité des pathologies de l'image du corps que nous proposons ici une approche non pas exhaustive, ce qui n'aurait guère de sens, mais du moins aussi systématique que le permet un tel sujet. Nous nous sommes appuyé pour cela sur plusieurs contributions importantes qui, depuis un peu plus d'un siècle, ont considérablement enrichi et précisé nos connaissances dans ce domaine. Et nous avons voulu montrer en quoi ces contributions ont constitué les éléments d'une problématique suffisamment cohérente pour permettre d'appréhender la diversité de prime abord déroutante de cette clinique.

Les troubles touchant l'image du corps font aujourd'hui l'objet d'un intérêt renouvelé, pour des raisons diverses. Ces raisons ne tiennent probablement pas seulement aux progrès de nos connaissances dans ce domaine, mais aussi aux effets d'une prévalence de plus en plus marquée de l'image dans nos modes de communication, comme dans les modèles sociaux qui nous déterminent. Rarement sans doute l'image du corps a été autant qu'elle l'est de nos jours mise en avant, manipulée et proposée comme idéal.

Selon l'approche contemporaine, ces troubles sont envisagés dans le cadre de disciplines relativement étanches : neurologie, psychiatrie, chirurgie, neurobiologie, psychologie, psychanalyse, etc. Contrairement à ce que suggère cette disparité, l'objet de ce livre est de faire ressortir l'unité de la problématique clinique selon laquelle peuvent être abordées les pathologies de l'image du corps. C'est à cette fin que nous y mettons en valeur, à partir des observations et des travaux que nous reprenons, les fonctions respectives du *nom propre* et de la *reconnaissance*, ainsi que leur atteinte prévalente dans ces pathologies. Cela nous paraît pouvoir éclairer ce que l'on entend par *corps* et *image du corps* en général, c'est-à-dire dans une normalité qui n'est jamais appréhendable, ici comme ailleurs, qu'à partir des éléments que nous livrent les formes morbides où elle se décompose.

L'orientation de notre démarche a trouvé un point de départ et un fil conducteur dans la reprise et l'analyse d'un syndrome psychiatrique original et peu connu, isolé en France par Paul Courbon et Gabriel Fail en 1927. Il s'agit du *syndrome d'illusion de Frégoli*, dont nous avons eu l'occasion de prendre connaissance lors d'une présentation de malade par le Dr Marcel Czermak à l'hôpital Henri-Rousselle en 1994. C'est à la suite de cette présentation, soulignant la valeur à la fois clinique et doctrinale de ce syndrome, qu'a pris tournure l'idée de cette étude.

Le syndrome de Frégoli relève de la clinique des psychoses, et se caractérise notamment par ceci : le sujet identifie toujours *le même* en lieu et place des autres qu'il côtoie. Autrement dit, l'image du corps se trouve détachée du nom propre qui devrait l'identifier comme telle : quel que soit l'autre auquel il a affaire, le sujet le nomme toujours identiquement. Il y a là une nette disjonction entre le nom et l'image, à quoi s'ajoute régulièrement une décomposition de ce qui donne à l'image sa consistance.

Nous avons constaté que ces caractéristiques permettaient, lorsque nous en reprenions les fils, de présenter les principales pathologies de l'image du corps d'une manière relativement systématique, non seulement dans le domaine des psychoses, mais également dans toute une série de troubles isolés par ailleurs, en particulier dans le champ de la neurologie.

C'est ainsi que l'analyse de ce syndrome apparemment très local nous a conduit à déplier les coordonnées d'une problématique et d'un ensemble de phénomènes beaucoup plus étendus.

Du point de vue *clinique*, nous y trouvons décrit un tableau qui se révèle de première importance, nous le verrons, pour un abord général des pathologies de l'image du corps et des troubles de la reconnaissance des personnes.

Du point de vue de *l'histoire de la psychiatrie et de la psychopathologie,* cette découverte s'inscrit, en 1927, dans une série de travaux qui, en France, ont profondément renouvelé l'approche et l'analyse de la reconnaissance et de l'identification, à partir de la clinique des psychoses. Le point de départ peut en être désigné dans la mise au jour par Joseph Capgras et Jean Reboul-Lachaux, en 1923, de l'illusion dite *des sosies*. C'est en effet cette découverte qui permit dans les années qui suivirent celle du syndrome de Frégoli puis d'une autre entité voisine, le *syndrome d'intermétamorphose*.

Ces recherches, aujourd'hui pour une bonne part oubliées, ont été développées par les psychiatres à peu près jusque dans les années cinquante, pour être abandonnées ensuite, ou reprises sur un mode très différent : la précision des descriptions et le souci d'analyse y cédaient le pas à la présomption d'une causalité surtout neurobiologique, et laissant de côté l'investigation du langage et des propos à travers lesquels les malades évoquaient leurs troubles.

Elles ont été cependant prolongées, pour certains de leurs aspects, dans le champ de la neurologie, attaché aux vertus de la description clinique : en témoigne par exemple l'ouvrage classique de Hécaen et Ajuriaguerra, *Méconnaissances et hallucinations corporelles*, mais également plusieurs autres travaux que nous évoquons.

Du point de vue *doctrinal* enfin, les descriptions et les analyses que nous reprenons dans le fil de ce qu'a isolé le syndrome de Frégoli ont été l'occasion de dégager certains éléments fondamentaux révélés par la décomposition de l'image du corps, et éclairant du même coup les conditions de sa consistance. Ces éléments n'ont pas toujours été définis avec précision par les auteurs que nous citons, mais nous verrons en quoi ils commencèrent alors d'être relevés et isolés comme tels.

Ajoutons que nous n'aurions sans doute pas pu les remarquer et les faire ressortir si nous n'avions eu à notre disposition un certain nombre de notions élaborées par la psychologie et la psychanalyse – à une époque, notons-le, à peu près contemporaine de celle où furent découverts les faits cliniques dont nous partons. Nous pensons en particulier aux travaux de Wallon puis de Lacan sur l'image spéculaire, et généralement à ce que la psychanalyse a pu dégager du statut de *l'objet* au sens où elle l'entend tout d'abord chez Freud, c'est-à-dire au sens où son refoulement est une condition nécessaire à ce que puissent prendre consistance la réalité, tout comme l'image du corps, que le sujet est amené à reconnaître. Que cet objet vienne au premier plan, et c'est alors que l'image se décompose : cela, les cliniciens que nous citons l'ont aperçu, mais ce n'est qu'*a posteriori* que nous pouvons donner à leurs indications à cet égard une portée de connaissance explicite.

Nous abordons dans une première partie les pathologies de l'image du corps dans les psychoses, à partir des principaux syndromes qui ont permis de les décrire et de commencer à les isoler spécifiquement. Nous n'évoquerons donc pas tous les syndromes qui pourraient être cités en l'occurrence. Nous nous en tiendrons à ceux dont nous souhaitons montrer qu'ils nous livrent les principales coordonnées de cette clinique, telles qu'elles se retrouvent régulièrement dans un grand nombre de psychoses. Nous reprendrons pour cela l'histoire de la découverte et de la discussion du syndrome de Frégoli et des syndromes apparentés, en présentant et en commentant les descriptions des troubles, et en montrant comment s'est progressivement dégagée, à la faveur de ces découvertes, une problématique renouvelant l'abord des pathologies de l'image du corps au-delà du seul champ des psychoses où elles sont le plus systématiquement déployées.

Dans une deuxième partie, nous examinons de quelle manière la neurologie a contribué à enrichir cette clinique, et à préciser certaines des questions qu'elle permet de poser. Nous indiquons de façon générale en quoi les phénomènes d'agnosie peuvent participer des troubles de l'image du corps et les éclairer. Nous évoquons ensuite un certain nombre de données cliniques identifiées par les neurologues touchant les atteintes de la somatognosie, c'est-à-dire de la forme ou du schéma corporels, et les troubles de la reconnaissance des personnes.

Ce parcours comporte un aspect historique, dans la mesure où il situe les pathologies qui nous occupent dans le contexte de leur découverte. Ce faisant, nous avons veillé à donner la meilleure part aux descriptions des auteurs, qui sont riches et parlantes, et aux analyses et commentaires dont nous les accompagnons. Nous nous sommes également attaché à faire ressortir la problématique qui s'est progressivement élaborée à travers ces travaux pour tâcher de rendre compte des phénomènes décrits. C'est dire que cet aspect historique obéit surtout au souci d'éclairer dans le vif et la finesse de leurs descriptions premières les pathologies dont nous parlons. Ajoutons que nous avons également pris en compte les travaux les plus actuels, notamment dans le champ de la recherche anglo-saxonne, où ces questions sont l'objet d'un intérêt soutenu. Mais nous avons souhaité mettre en relief la valeur éminente pour nous, aujourd'hui, d'une approche clinique particulièrement féconde développée à peu près jusque dans les années soixante. Elle permet, en effet, non seulement de décrire les troubles de l'image du corps dans la visée d'en rendre compte, mais également d'en indiquer régulièrement les incidences subjectives, et par là de les rattacher à une problématique proprement psychopathologique. Celle-ci n'exclut pas bien entendu une approche neurobiologique, mais ne saurait y être réduite.

Nous nous sommes donc proposé de ressaisir dans l'originalité de sa découverte et de sa portée une clinique qui mérite sans doute de figurer parmi les acquis les plus riches de la psychopathologie moderne en France. Elle permet, nous semble-t-il, un abord des pathologies de l'image du corps qui, au lieu de l'état dispersé où les envisagent actuellement des disciplines séparées, indique les conditions de leur articulation relativement cohérente, en clinique et en doctrine, dans le champ de la psychopathologie.

I

Pathologies psychiatriques
de l'image du corps ;
le syndrome d'illusion de Frégoli
et les syndromes apparentés

CHAPITRE I

La découverte du syndrome d'illusion des sosies

C'est dans l'observation *princeps* de l'illusion des sosies que nous trouvons dans leur formulation initiale les notations et les remarques qui ont permis ensuite la découverte du syndrome d'illusion de Frégoli, et plus généralement un abord inédit des troubles de l'image du corps en clinique, à partir de l'étude des psychoses. Cette observation a été présentée par Joseph Capgras et Jean Reboul-Lachaux devant la Société clinique de médecine mentale, lors de sa séance du 15 janvier 1923. La communication était intitulée : « L'illusion des "sosies" dans un délire systématisé chronique. »[1]

Il s'agissait d'une malade de Maison-Blanche âgée de 53 ans, internée pour la première fois cinq ans auparavant à Sainte-Anne sur certificat du Dr Dupré. Elle avait été amenée à l'Infirmerie spéciale le 3 juin 1918, après avoir demandé dans un commissariat que des gardiens de la paix vinssent constater ce qu'elle dénonçait : la séquestration d'un grand nombre de personnes dans les sous-sols de sa maison et de Paris en général. Le certificat de Dupré portait : « Psychose hallucinatoire, interprétative et imaginative chronique à thème fantastique avec idées de grandeur, d'origine princière et de substitution de personnes autour d'elle, et état d'excitation psychique habituelle. »

La malade a reçu une instruction primaire, puis appris et exercé le métier de couturière. Mariée à 29 ans, elle a eu un fils mort en nourrice, dont elle estime qu'il a fait l'objet d'une substitution, puis

---

[1]. *Bull. soc. clin. méd. ment.*, XI, 1923, p. 6-16.

deux jumelles dont l'une est morte – elle a été enlevée, dit la malade –, enfin deux jumeaux morts en bas âge, dont elle considère que l'un a été enlevé, l'autre empoisonné.

Capgras et Reboul-Lachaux distinguent nettement deux aspects cliniques dans leur observation. Il y a d'un côté un *délire systématisé chronique* de forme classique dont ils nous donnent le relevé au titre d'idées de grandeur et d'idées de persécution. Mais ce n'est pas là que gît à leurs yeux l'intérêt du cas. Celui-ci réside dans une formation spécifique, inédite, qu'ils isolent à la pointe de ce délire et qui va retenir toute leur attention.

Notons qu'ils n'en parlent pas encore comme d'un syndrome. Ils évoquent seulement « un symptôme très particulier » qu'ils n'avaient pas encore rencontré « sous cette forme et à ce degré », et qu'ils résument ainsi : « La persécutée-mégalomane que nous présentons nous paraît intéressante par l'existence d'une illusion ou plutôt d'une interprétation singulière, sorte d'agnosie d'identification individuelle : elle métamorphose depuis une dizaine d'années chaque personne de son entourage et même les plus proches, comme son mari ou sa fille, en sosies différents, successifs et nombreux. »

C'est la malade qui parle des *sosies* : « Mme de Rio-Branco a choisi elle-même ce terme, très pertinemment et non point comme une expression figurée. Les sosies, dit-elle, ce sont *les personnes ayant la même ressemblance*, et cette définition traduit très exactement ce qu'elle éprouve, ce qu'elle observe. »

Ces sosies ont pris la première place dans son délire. Ils sont innombrables, et se substituent aussi bien aux autres qu'à elle-même – dans ce cas elle ne les voit pas mais sait qu'ils prennent sa place « au-dehors ».

Avant d'examiner l'abord de ce « symptôme très particulier » par les présentateurs, nous relèverons quelques traits du fond sur lequel ils le détachent, et qu'au moment de leur découverte ils ont pu juger d'intérêt relativement secondaire – bien qu'ils en rapportent les termes avec précision – par rapport à l'originalité de ce symptôme supplémentaire qui mobilise toute leur attention[1]. Repre-

---

1. Après avoir déployé l'ensemble du tableau, Capgras et Reboul-Lachaux commencent par mettre de côté tout ce qui leur paraît d'une généralité banale, pour centrer leur analyse sur l' « illusion des sosies » proprement dite. Pour le reste : « Dépouillée de tout

nant aujourd'hui l'observation après coup, nous pouvons en effet la lire à la lumière de ce qu'apporte l' « illusion des sosies » dans ce tableau.

Les deux « thèmes » fondamentaux du délire, pour reprendre cette articulation thématique conforme à la clinique de l'époque, sont « l'idée de grandeur (origine princière) et l'idée de persécution (disparition de personnes qu'on cache dans des caves immenses) ».

La malade déclare que son père, M. M..., n'est pas son vrai père. Il fut complice d'une substitution d'enfants, elle-même ayant été mise à la place d'une autre, et une autre ayant simultanément pris sa place auprès de ses véritables parents : « M. Pierre-Paul M..., mort chez moi, m'a certifié avant de mourir que je n'étais pas sa fille, qu'il avait agi en criminel en me cachant à mes parents et que j'avais quinze mois quand le rapt avait été commis. » Elle est issue en réalité d'une très grande famille : petite-fille de la princesse Eugénie, fille du duc de Broglie et d'une demoiselle de Rio-Branco, elle-même fille du duc de Luynes. Sa grand-mère paternelle est « la reine des Indes », et « de Rio-Branco est le nom des enfants d'Henri IV dont elle descend ». Elle est également « parente du duc de Salandra ». Enfin, Louis XVIII était son grand-père.

Elle rapporte donc son identité à pas moins de huit titres ou noms propres distincts.

En outre, elle fait état d'une immense fortune tout aussi dispersée en une pluralité de noms, de valeurs ou de chiffres : sa grand-mère détient tout Rio de Janeiro, ainsi que des mines à Buenos Aires. Louis XVIII lui a laissé 200 millions et « toute l'île Saint-Louis ». Depuis sa mort, on lui doit 740 millions au seul titre des loyers qui lui reviennent. Elle possède en outre 75 maisons, et son arrière-grand-mère lui a laissé 125 milliards.

Remarquons que cette fortune est définie surtout par des noms de lieux ou en termes d'habitations dont elle serait la propriétaire

---

ce verbiage, cette fantasmagorie se réduit en réalité, chez tous ces imaginatifs exaltés, à un petit nombre de fabulations dont on retrouve les principales dans notre observation : idée d'origine royale avec ses corollaires, la substitution au berceau et les aveux du criminel à son lit de mort, enfin le vieux mythe du souterrain immense, petit enfer d'où montent vers les hallucinés les plaintes et les cris des suppliciés. Ce sont là caractères communs à un grand nombre de cas. L'originalité du nôtre provient d'un symptôme très particulier », etc.

légitime et spoliée, ce qui recoupe le souci, au premier plan de ce tableau, de produire ou de faire valoir les titres matériels et réels de son identité.

C'est ainsi qu'elle insiste par ailleurs sur la valeur des autres marques de cette identité que sont sa *signature*, son *signalement*, ou d'autres attestations, écrivant par exemple : « Je n'ai jamais eu d'autre couleur que la droiture... Moi, la femme sans tache... Je suis une créature hors de doute (...). Ma signature a de la valeur, mon signalement est celui d'une honnête femme. Mes bons antécédents sont alléchants pour des personnes en défaut qui cherchent à se les approprier en se servant de tous les papiers *m'identifiant* » (nous soulignons). Plus loin, elle évoque dans la même note de persécution comment « à la mairie, pour son mariage, on lui a fait signer des pages blanches sur deux registres différents ; on lui a volé trois fois son livret de mariage ; une dame se sert de tous ses papiers, qui sont en règle ».

Ce versant persécutif est étroitement lié à la première série d'éléments que nous venons de mentionner, dans la mesure où toutes ces marques d'identité, de propriété ou de reconnaissance sont constamment menacées par des ennemis qui cherchent à l'en déposséder ou à les transformer : « Ses ennemis, notent les présentateurs, agissent par vols, empoisonnements, c'est banal ; par substitution d'enfants, par disparition de personnes, par transformations corporelles, ce qui est moins fréquent. » Elle revient sans cesse sur le rapt dont elle a été l'objet : à cause de cette substitution, « elle ne doit pas être appelée M..., dit-elle, mais Louise C..., nom de son mari, ou Mathilde de Rio-Branco, nom de sa véritable famille "malgré les simulations et les erreurs" ».

C'est ici qu'interviennent les *sosies*, par ailleurs récurrents dans tout le tissu du délire : « Ce sont les *sosies* qui m'ont déclarée du nom d'un de leurs enfants. C'est pour ça que l'on m'a *changé mon signalement.* » Son *image* est en effet métamorphosée, d'une part ; d'autre part elle-même est à l'asile *à la place d'une autre*, tandis qu'elle se trouve simultanément remplacée chez elle, dans son quartier, par une personne *s'habillant comme elle* – notons l'importance du vêtement – et, dit-elle, « *dans ma ressemblance* ». D'où le soin avec lequel, sans cesse, elle tente de prévenir toute erreur sur la personne en produisant, éventuellement par écrit, la description des transformations dont elle a été l'objet : « J'étais blonde, ils m'ont rendue châtain ; j'avais les yeux trois fois comme je les ai : ils étaient bombés en avant, maintenant ils sont aplatis ; j'ai eu des gouttes dans mes repas pour m'enlever les particularités que j'ai dans mes yeux ; ainsi pour mes cheveux ; quant à ma poitrine, je n'en ai plus... C'est pour ça qu'on ne me reconnaît pas et qu'on se sert de mes bons antécédents. »

Pour ces raisons, et également parce qu'elle a deux ou trois sosies qu'elle connaît, elle tâche constamment de soutenir son identification de justificatifs et constats dûment établis et validés : « Depuis longtemps je me suis mise en règle, munie de certificats sur papier timbré, constats d'huissier, certificats d'identité et de docteurs ; inutile de me prendre pour une autre, c'est-à-dire *sosie.* »

Ses enfants, nous l'avons vu, ont aussi été enlevés ou remplacés. En cinq ans, elle a vu défiler plus de deux mille sosies substitués à sa fille. Son mari a été également remplacé par des sosies, quoique moins nombreux : elle en a compté au moins quatre-vingts.

De proche en proche, ces menées se sont étendues « à sa maison, au monde entier, et spécialement à Paris » : concierge, locataires, domestiques, infirmières, médecins, mais aussi bien tout le monde est pris dans ce réseau. Il y a dans Paris des souterrains d'où l'on entend monter les cris des enlevés. Bref, il y a un lieu où disparaissent ce que nous pourrions appeler les *identités*, aspirées comme par un trou. Ces identités s'en vont « dans les dessous », comme elle le formule à plusieurs reprises, et leur sont substitués des sosies[1]. Elle-même est menacée de disparition et de substitution, c'est pourquoi elle multiplie les « signalements » qui doivent permettre de l'identifier sans erreur : nous reviendrons sur ce point, que Capgras et Reboul-Lachaux relèvent longuement à la fin de leur présentation.

Tel est, brièvement présenté, l'ensemble du tableau décrit. Il appelle deux remarques.

---

1. Ce processus généralisé de disparitions et de substitutions des identités peut évoquer la présentation, sur un mode délirant, de l'opération de la *métaphore* dans le langage, à ceci près que l'opération n'est pas ici présentée comme métaphorique justement, mais comme disparition réelle, engloutissement de ces identités innombrables au profit de leur réduplication dans les *sosies*.

La première est qu'il laisse apparaître le caractère quelque peu artificiel ici d'une distribution du délire selon des « idées » distinguées thématiquement. En effet, même s'il est vrai que nous pouvons trouver dans l'observation de quoi illustrer des idées de grandeur et des idées de persécution, la distinction paraîtra abstraite et extérieure, tant elles sont intriquées ensemble dans les propos de la malade, et surtout dans la mesure où les unes comme les autres sont étroitement articulées à une même question : celle de la *substitution d'identité*, à quoi tente de répondre l'*accumulation des traits de nomination ou de signalement* pour tâcher d'y parer.

Mais par conséquent, c'est la seconde remarque, il n'y a pas lieu de séparer dans l'observation, aussi nettement que le font Capgras et Reboul-Lachaux, un versant général, classique et déjà bien répertorié – les idées de grandeur et les idées de persécution – et un versant original et inédit : l' « illusion des sosies ». Ou plus précisément, si la distinction est justifiée pour mettre en relief ce qui est nouveau dans l'observation, elle ne l'est pas du point de vue de l'analyse clinique des éléments de ce cas, puisque nous venons de voir que le lien entre l'illusion des sosies et les différents éléments du délire n'apparaît pas du tout extérieur ou contingent.

Capgras et Reboul-Lachaux commentent l'illusion des sosies à la suite de cette description.

Leur première remarque consiste à distinguer ce trouble de la catégorie des *fausses reconnaissances*. Il diffère au moins, relèvent-ils, de la fausse reconnaissance « ordinaire » : la malade n'affirme pas de ressemblances entre des personnes différentes. Ce qu'elle évoque concerne à chaque fois une seule personne isolément, dont elle remarque qu'elle a fait l'objet d'une substitution au profit d'un premier sosie, puis d'un deuxième, d'un troisième, etc. C'est ainsi, nous l'avons vu, qu'elle affirme qu'entre 1914 et 1918 « plus de deux mille sosies de sa fille ont défilé devant ses yeux ».

« Partout, notent les auteurs, la malade saisit la ressemblance, et partout elle méconnaît l'identité. » Autrement dit, s'il y a bien de sa part le repérage de ce qui apparaît comme image de tel autre – c'est bien de l'apparence de sa fille, par exemple, qu'il s'agit – néanmoins l'image dont elle parle n'est pour ainsi dire pas *arrêtée* : elle devient toujours *autre*, d'où la malade infère qu'elle est celle d'un autre. Encore n'est-ce pas n'importe quel autre : c'est un autre à peine décalé du même, proche du double, ce qu'elle appelle un *sosie*.

Dès lors ils concluent qu' « il n'y a pas de fausse reconnaissance à proprement parler ». Le phénomène relève plutôt de quelque chose qu'ils nomment une *agnosie d'identification* et qui ressortit, comme les fausses reconnaissances, à cette catégorie de troubles qu'on désignait alors, et que l'on désigne encore parfois, sous le terme d' « illusion » : d'où la dénomination qu'ils lui attribuent.

Pour rendre compte de la pathogénie, ils vont se référer aux « conditions psychologiques de la reconnaissance », et mettre au premier plan le *sentiment d'étrangeté* comme ce qui empêche dans le cas présent l'opération de la reconnaissance[1]. C'est en effet ce sentiment qui va déterminer le jugement produit par le sujet à cette occasion comme ce que les auteurs appellent un *jugement affectif* : cette notion, dans laquelle se résume l'étiologie supposée du trouble, sera reprise fréquemment par la suite à propos de symptômes apparentés[2].

---

1. Le « sentiment d'étrangeté » recouvre comme on sait une gamme de troubles très variés dans la terminologie psychiatrique, et il est fréquemment évoqué en relation avec les atteintes de l'image du corps. Cliniquement, il renvoie à l'opération de la reconnaissance en son principe, et quel qu'en soit l'objet, en tant que cette opération se révèle pour le sujet problématique, difficile et dénuée de tout caractère d'évidence. Il désigne donc une série de phénomènes allant de l'arrêt embarrassé sur un objet apparemment quelconque jusqu'à ce que l'on appelle la *dépersonnalisation*. Il est souvent cité en référence aux travaux de Pierre Janet sur la psychasthénie : cf. par exemple Philippe Chaslin, *Éléments de sémiologie et clinique mentales*, Paris, 1912, p. 187-188. Par ailleurs, on sait que Freud a également élaboré en psychanalyse la notion de l' « inquiétante étrangeté » *(das Unheimliche)*. Elle désigne chez lui l'incidence de quelque chose qui intéresse cette série de faits cliniques, puisqu'elle vise un point électif de défaillance et de difficulté subjectives quant à la reconnaissance, que Freud caractérise en indiquant que la plupart du temps l'*unheimlich* « coïncide tout bonnement avec ce qui suscite l'angoisse en général » : cf. « L'inquiétante étrangeté », in *L'inquiétante étrangeté et autres essais*, Paris, Gallimard, 1985, p. 213-214.

2. Pour l'essentiel, c'est en effet une « logique des sentiments » qui fait conclure aux deux auteurs que la genèse de l'illusion des sosies doit être rapportée à un « jugement affectif ». Nous donnons ici leur analyse dans le cas de Mme de Rio-Branco, car elle a servi par la suite de référence pour la plupart des auteurs qui ont abordé ces questions : « Le sentiment d'étrangeté se développe donc chez elle comme chez la plupart des inquiets, et il se heurte au sentiment de familiarité, inhérent à toute reconnaissance, mais il n'envahit pas totalement sa conscience, il ne déforme pas sa perception ou ses images mnésiques. En conséquence, des visages qu'elle voit pourtant avec leurs traits habituels et dont le souvenir n'est pas altéré ne s'accompagnant plus de ce sentiment de familiarité

Ainsi la question de la *reconnaissance* vient-elle au premier plan de l'élucidation du symptôme. Et pour spécifier ce dont il s'agit, les auteurs écartent la fausse reconnaissance, évoquent le champ des illusions et en arrivent plus précisément à ce qu'ils nomment : agnosie d'identification.

Illusion est un terme malcommode ici par ce qu'il suggère toujours de référence à une norme claire et explicite de l'objectivité. Il est classiquement distingué de l'hallucination, mais cela ne fait que déplacer le problème, tant est incertaine la définition ordinairement donnée de celle-ci : une perception *sans objet*, quand l'illusion serait non pas sans objet, mais *erronée*. Il suffit d'essayer d'appliquer ces distinctions au cas que nous examinons pour constater combien elles sont d'un maniement malaisé au regard de ce dont il s'agit. L'on n'est en effet guère avancé sur la nature des phénomènes en cause en les rabattant sur une erreur de la perception : Capgras et Reboul-Lachaux ne vont d'ailleurs pas jusque-là, mais la référence à la perception qu'emporte cette terminologie a pesé par la suite sur l'abord et les tentatives d'articulation de ces pathologies. Il reste que, si l'on s'en tient au registre descriptif et clinique, le terme d' « illusion » est intéressant en ce qu'il renvoie à toute une série de troubles qui comprennent, à côté des fausses reconnaissances, l'impression de « déjà vu » et la dépersonnalisation. Capgras et Reboul-Lachaux rattachent leur observation à cette série lorsqu'ils accentuent la fonction du « sentiment d'étrangeté » dans sa pathogénie[1].

exclusif, qui détermine l'appréhension directe, la reconnaissance immédiate. A la reconnaissance s'associe le sentiment d'étrangeté qui lui est contraire. La malade, tout en saisissant une ressemblance très étroite entre deux images, cesse de les identifier en raison de leur coefficient émotif différent. Et à ces êtres semblables, ou plutôt à cette personnalité unique méconnue, elle donne tout naturellement le nom de *sosies*. L'illusion de sosie, chez elle, n'est donc pas à vrai dire une illusion sensorielle, mais la conclusion d'un jugement affectif. » Cette conclusion, ajoutent les auteurs, engendre une « idée prévalente », laquelle s'accorde très bien avec le thème des enlèvements parcourant le reste du délire, et prospère sur le fond d'une « disposition paranoïaque ».

1. Ils inscrivent ainsi implicitement leur observation dans le cadre de ce qu'on évoquait alors sous les notions de *cénesthésie* et d'*acénesthésie*. C'est sous cette rubrique que le mentionneront à peine un an plus tard Sollier et Courbon – le même Courbon qui découvrira avec Fail le syndrome de Frégoli en 1927 – dans leur *Pratique sémiologique des maladies mentales, guide de l'étudiant et du praticien*, Paris, Masson, 1924. Dans le chapitre qu'ils consacrent aux « états hypocondriaques », ils évoquent la proximité du syndrome découvert par Capgras et Reboul-Lachaux et du transitivisme de Wernicke. Dans l'un et l'autre cas, « c'est

Quant à l'expression d' « agnosie d'identification », elle n'est pas courante, et ne semble pas avoir été reprise en dehors de cette description ou des commentaires s'y rapportant. Elle tente de caractériser le principe du phénomène, articulant pour ce faire des registres habituellement distincts. L'agnosie est une notion empruntée à la neurologie, et désigne une série de troubles relatifs aux fonctions d'intégration perceptive dans ce qu'elles comportent d'orientation, de localisation et de reconnaissance des objets et de certaines formes. La notion même de *gnosie* emporte celle d'une reconnaissance. Or, l'identification telle qu'elle est visée ici par les auteurs, c'est-à-dire comme opération logique d'individualisation sous un nom, peut être considérée comme impliquée dans la reconnaissance en tant que telle. Ainsi, l' « agnosie d'identification » semble renvoyer à l'agnosie de cela même qui serait au principe de toute gnosie. Contentons-nous pour le moment de relever la valeur métaphorique, indicative d'une difficulté et en ce sens féconde, de cette notion. Elle évoque certains aspects de la clinique neurologique sur lesquels nous nous arrêterons dans la suite de ce livre. Elle est assez proche, par exemple, de l'*agnosie des physionomies*, où le rapport entre la reconnaissance des traits et l'opération de l'identification est principalement interrogé[1].

l'opération de l'identification qui est incomplète : dans le transitivisme le malade a le sentiment que le monde extérieur est changé et que l'entourage est devenu aliéné. Dans l'illusion des sosies, il est incapable de reconnaître complètement une personne. Chaque fois qu'il la revoit elle lui paraît un peu différente, et il croit ainsi vivre au milieu de sosies » (p. 253, n. 1). Sollier et Courbon ramènent ces deux troubles à ce qu'ils appellent l'*acénesthésie*, terme qu'ils préfèrent à celui de *dépersonnalisation*, pour désigner un état dans lequel « le sujet a perdu le sentiment de son moi », plus précisément caractérisé ainsi : pas de troubles moteurs ; aucun trouble de la mémoire ni de l'intelligence ; positivement, sentiment d'étrangeté du monde extérieur et de lui-même éprouvé par le sujet. Ces auteurs considèrent aussi que l'acénesthésie renvoie à ce que Krishaber avait autrefois décrit sous le nom de « névrose cérébro-cardiaque », et ils lui attribuent un rôle important dans l'étiologie des psychoses (*op. cit.,* p. 252-253).
    1. Cf. par exemple J. de Ajuriaguerra et H. Hécaen, *Le cortex cérébral*, Paris, Masson, 1964, p. 333 : « Le trouble essentiel, dans les cas purs, consiste dans l'impossibilité pour le sujet de reconnaître les personnes qui lui sont les plus familières autrement que par la voix, la taille, les vêtements, la démarche ou des accessoires tels que lunettes, fume-cigarette, etc. Le sujet est encore capable de distinguer les différentes parties constituantes du visage, de les nommer, mais ce qui fait l'individualité de ce visage n'est plus identifié. »

Capgras et Reboul-Lachaux présentent tout à fait à la fin de leur observation un trait de première importance, bien qu'ils ne l'analysent pas : il s'agit de la méticulosité de la malade dans le *relevé des détails* relatifs à son signalement ou à celui des sosies. Sur ces deux points, elle se livre à des énumérations sans fin, pour parer à toute erreur possible. Ainsi, dans une des lettres qu'elle a rédigées, au sujet de son signalement : « Pour ne plus qu'il y ait d'erreurs, voici mon signalement qui est urgent d'après le changement qui s'est opéré en moi depuis vingt-cinq ans que je suis dans ces deux propriétés. J'ai été métamorphosée pour changer complètement ma personne. Étant méconnaissable, si je n'avais quelques marques qui me font reconnaître, il leur serait possible de me faire passer pour démente. Signalement : j'étais blonde, yeux marrons avec quelques particularités noires dans le marron, cicatrice près de l'œil droit et différentes autres, main droite avec cicatrice et bague turquoise qui m'a été confisquée et deux petites lentilles au cou. Habillée journellement dans les dernières années d'un tailleur noir et gros bleu, chapeau noir amazone avec voilette et chapeau gros bleu. Accompagnée d'une fillette blonde. Robe linon, brodée, banane et irlande, manteau blanc, brandebourg, et bouton-ivoire doublé satin duchesse ; cloche paille de riz entourée d'une plume fantaisie blanche ; chaussures jaunes, haute tige. Hiver : manteau peluche, cloche velours, fourrure blanche ou castor. *Cette personne qui est moi* et dont je donne le réel signalement est hors de doute pour sa droiture... *Il n'y a pas d'erreur possible, je suis la seule avec ces marques* » (nous soulignons).

Ce signalement appelle plusieurs observations. D'abord, bien que ces marques soient supposées faire reconnaître la malade, on remarquera combien l'ensemble hétéroclite et discontinu qu'elles forment renvoie à un registre tout autre que celui d'une *reconnaissance* proprement dite, si l'on entend par là ce qui se rapporte à la distinction d'une *forme* comme telle. On notera ensuite comment cette description juxtapose trois plans nettement distincts : 1 / celui du *corps*, visage et main droite, saisi à travers quelques traits épars et électivement des cicatrices ; 2 / celui du *semblable* (« accompagnée d'une fillette blonde »), épinglé ici d'un trait, la blondeur, qui lui est commun avec le sujet ; 3 / celui enfin du *vêtement*, manifestement de première importance pour cette malade dont nous avons vu qu'elle était couturière de son état, longuement développé en un bizarre assemblage de pièces et de morceaux.

Ces remarques conduisent à se demander dans quel registre nous devons entendre le signalement ainsi produit. S'agit-il à proprement parler d'une *image*, au sens où nous parlons d' « image du corps », ou d' « image spéculaire » ? La question peut être posée, dès lors que cette accumulation de traits, nous l'avons noté, ne saurait constituer le support d'une reconnaissance. Elle constitue bien en revanche une tentative d'*identification* de la part du sujet : « Il n'y a pas d'erreur possible, je suis la seule avec ces marques. » Mais une identification de quoi ? A quoi renvoient ces marques, ces traits épars ? Nous retrouverons ces questions à propos du syndrome de Frégoli et d'autres troubles de ce qu'on appelle la reconnaissance.

Relevons pour le moment qu'elles ont été introduites en clinique à l'occasion de cette présentation de Capgras et Reboul-Lachaux, et qu'elles se sont révélées assez fécondes pour déterminer d'autres découvertes qui ont suivi. La problématique que nous distinguons là dans les premiers temps de sa constitution est en effet au centre de ce que nous interrogeons dans ce livre.

Ailleurs, est-il précisé, la malade fournit un luxe de détails sur la physionomie de telle ou telle personne, négligeant là encore les traits caractéristiques du visage – ceux qui permettent en principe la reconnaissance – pour énumérer longuement d'insensibles différences qui lui confirment qu'elle a bien affaire à un sosie, et non à quelqu'un de dûment identifiable : « Ça se voit à des détails... Un petit signe à l'oreille... La figure plus mince... La moustache plus longue... Les yeux de couleur différente... La façon de parler... La façon de marcher. »

Autrement dit, qu'il s'agisse d'elle-même ou d'un autre, nous constatons qu'à ce que les présentateurs appellent *agnosie d'identification* d'un côté, répond de l'autre une multiplication de traits qu'il faut sans cesse reprendre, contrôler, vérifier. Ce recensement est sans fin, dans la mesure où ce que la malade s'efforce d'inscrire ainsi ne « tient » pas. Au lieu de l'identification vient cette pure juxtaposition de marques dont la sommation est impossible et l'indication toujours à répéter.

Cette sommation impossible, comme on le voit, n'est pas un aspect latéral ou périphérique de l'observation. Elle en donne au

contraire le pivot, auquel peuvent être rapportés la plupart des éléments relevés dans le tableau :
— l'illusion des sosies tout d'abord, par la récurrence incessante des traits étrangers invalidant l'image, mais aussi par la prolifération des images : les sosies « se comptent par milliers », ils sont « innombrables ». Au lieu du comptage un par un que permet l'articulation de l'image au nom propre, ici les images sont toujours trop nombreuses pour que le comptage en soit possible ;
— la multiplicité des noms propres auxquels la malade tente de rapporter ce qu'il en est de son identité ;
— le foisonnement toujours ouvert des traits descriptifs dont elle soutient ce qu'elle appelle son signalement ;
— et jusqu'au caractère incalculable des biens qu'elle possède, que toute une série de chiffres vient vainement essayer d'inscrire.

Tels sont les principaux fils que permet de reprendre l'observation *princeps*. Ils étaient suffisamment bien dégagés, et faisaient ressortir assez précisément l'originalité du matériel clinique présenté, pour que ce « symptôme très particulier » accède en peu de temps au rang de syndrome.

Nous allons maintenant reprendre brièvement les quelques observations produites à la suite de ce cas et avant la découverte du syndrome de Frégoli. Elles précisent à la fois l'illusion des sosies telle que Capgras l'a d'abord isolée et définie, et le champ clinique plus large qui allait être désigné quelques années plus tard comme celui de *l'illusion de fausse reconnaissance des aliénés*. C'est cette clinique dans son ensemble qui trouve dans le syndrome de Frégoli, nous le verrons, un point d'articulation particulièrement remarquable. Il n'est donc pas superflu d'en parcourir les premières notations, telles qu'elles ont été dégagées d'abord autour du syndrome d'illusion des sosies, en 1923 et en 1924.

Quelques mois après cette observation *princeps*, Halberstadt publie un cas de ce qu'il nomme cette fois le « syndrome » d'illusion des sosies[1]. La malade, Mme H..., femme D..., est âgée de 41 ans. Son délire présente une structure de *dédoublement* en quelque sorte

---

1. G. Halberstadt, « Le syndrome d'illusion des sosies », *Journal de psychologie normale et pathologique*, octobre 1923, p. 728-733.

universelle : « Tout le monde, dit-elle, a son sosie, elle comme les autres. » Elle rapporte le phénomène à l'action des « théologiens » et d'une « société » qualifiée d' « intellectuelle »[1] : « Les théologiens, dit-elle, connaissent cela, mais ils ne veulent pas l'avouer. Ils en usent, car ils peuvent agir contre vous. »

Ce dédoublement est corrélatif d'une *usurpation de physionomie et de vêtement*, les autres sosies s'appropriant le visage et l'image de chacun : « Ils ont votre physionomie, votre vêtement, c'est comme un jumeau. » Le cas présenté par Halberstadt présente ainsi sous une forme systématique et généralisée une *articulation bifide de l'image du corps*, partagée et indécidable, *détachée du nom propre qui pourrait l'identifier*. Ce partage, qui plus est, *recoupe le versant dichotomique des attributs antonymes dans le langage*. C'est ainsi que la malade a *deux* servantes aux attributs *inverses* : « l'une bonne, l'autre méchante »[2].

Son mari a dû disparaître car il est remplacé par un sosie, et elle *relève les différences* : « Ils n'ont pas absolument la même teinte des yeux, les dents de l'un sont plus écartées que celles de l'autre. Mais il y a surtout une différence de caractère. » Son fils unique est également remplacé par plusieurs sosies : « Pendant que l'un partait, l'autre venait à sa place, auprès de moi. C'était un vrai chassé-croisé. » Elle a ainsi nourri, sous le même nom d'André, deux ou trois fils différents : « Ils ont passé chacun leur tour, ils ont fait la boule. » En d'autres occasions elle relève aussi qu'*un même nom renvoie à des images différentes*, à des sosies : ainsi de M. Poincaré,

---

1. Mme de Rio-Branco parlait d'une « société du *contraire* » dans l'observation de Capgras, expression plus directement corrélable aux phénomènes de réduplication. D'autres cas font état d'une « société » supposée fomenter le dérèglement des apparences et des identités auquel a affaire le sujet. Le trait de *pluralité* que comporte ce terme est intéressant par l'opposition logique qu'il marque avec le syndrome de Frégoli, où le sujet désigne au *singulier* le principe de ce qu'il éprouve.

2. Ce trait, également présent chez la malade de Capgras et Reboul-Lachaux, peut être caractérisé comme suit : l'image du semblable – ou celle du sujet aussi bien – n'admet pas de variations portées jusqu'au point où seraient à intégrer des termes contraires ou inverses. Ainsi Mme de Rio-Branco dit-elle : « La surveillante est *tantôt aimable, tantôt fâchée : ce sont des sosies.* » La seule tenue ensemble de ces deux attributs contraires suffit à défaire le lien de l'image à une identité de nom. Nous retrouverons ce trait fréquent dans d'autres observations, par exemple dans l'observation *princeps* du syndrome d'intermétamorphose.

« dont les photographies dans les journaux ne sont pas toutes semblables ».

Halberstadt relève à la suite de Capgras l'originalité du phénomène, et situe également l'agnosie d'identification à l'opposé des fausses reconnaissances classiques : « L'illusion de fausse reconnaissance consiste à identifier deux personnes différentes. L'illusion des sosies consiste au contraire à méconnaître une identité réelle et apercevoir des différences là où il n'y en a pas. »[1]

La pathogénie du syndrome lui paraît difficile, voire impossible, à établir. Elle serait éventuellement à chercher du côté du transitivisme de Wernicke, éclairé par les observations relatives au délire des négations de Cotard, et à la perte de la vision mentale de Séglas[2]. Nous avons déjà vu comment Courbon et Sollier, dans un manuel publié l'année suivante, situeront aussi ce syndrome comme apparenté au transitivisme de Wernicke, l'un comme l'autre étant

---

1. Mais cette formulation est moins précise que celle de Capgras et Reboul-Lachaux. En effet, on ne peut pas dire que l'illusion des sosies consiste à « apercevoir des différences là où il n'y en a pas ». Car aussi bien dans l'expérience courante, on relève régulièrement des différences d'apparence chez autrui (le vêtement, les attitudes, la physionomie, etc., sont changeants), mais habituellement elles ne sont pas jugées devoir faire conclure à une autre identité de la personne considérée. L'intérêt du syndrome tient justement au fait que ces différences sont méticuleusement recensées précisément à ce titre-là, et sans cesse. D'autre part, « méconnaître une identité réelle » présente comme une évidence simple, constatable et objective ce que de tels cas permettent justement d'interroger : qu'est-ce qu'une identité, précisément ? Parler d'agnosie d'identification comme le fait Capgras souligne mieux cette question, sans la rabattre sur un constat d'évidence.

2. Halberstadt renvoie au *Grundriß der Psychiatrie* de Wernicke, 2ᵉ éd., 1906, p. 216 ; à l'article de Jules Cotard : « Du délire des négations », *Archives de neurologie*, XI, 1882 ; aux *Leçons cliniques sur les maladies mentales et nerveuses* de Séglas, Paris, 1895, p. 667. La référence à Séglas sera souvent reprise à propos du syndrome de Frégoli, et en particulier la notion d' « attitude mentale », définie comme une stéréotypie des modalités d'attention et d'identification d'un sujet, persistant à la suite d'une brusque décomposition de ce que Séglas appelle la « vision mentale ». Relevons aussi la référence au syndrome de Cotard, non développée mais pertinente dans la mesure où Cotard avait déjà souligné en identifiant le syndrome qui porte son nom la question de ce qu'est un *corps psychotique* : corps en l'occurrence sans orifice, parfaitement dense, identifiable à l'enveloppe de l'univers aussi bien qu'au déchet qui n'introduirait un manque dans cet univers qu'en s'en éjectant. Cf. sur ce point Jorge Cacho, *Le délire des négations*, Paris, 1993, et l'introduction de M. Czermak. La question du corps psychotique et de ce qui s'en *représente* dans les registres de l'image et du nom est très précisément celle qu'implique la clinique que nous reprenons.

relevés comme présentant une « opération de l'identification incomplète ». Halberstadt rapporte au transitivisme des troubles qui sont fréquemment associés à ceux de la reconnaissance des personnes dans les psychoses, comme nous le constaterons : « C'est ainsi, relève-t-il, qu'une de nos malades observée jadis, démente précoce au début, avait des illusions bizarres : "Les objets changeaient de forme, la physionomie des personnes connues n'était plus la même, toute l'ambiance (mère, sœurs) lui paraissait modifiée." »[1]

En mai 1924, Capgras publie avec P. Carrette une assez longue observation intitulée « Illusion des sosies et complexe d'Œdipe », dont nous indiquerons les principaux éléments[2].

Il s'agit de Blanche P..., jeune femme de 33 ans. « Aimant la solitude, fuyant les jeux, d'un abord difficile pour les autres enfants, d'une humeur "sauvage" selon son expression et d'un caractère précocement irritable, Blanche apprit assez péniblement à lire et à écrire et ne put subir l'épreuve du certificat d'études (...). Elle n'a jamais pu garder une situation : apprentie couturière, ouvrière modiste ou vendeuse de magasin, elle quittait brusquement le travail à la moindre discussion. » Fréquemment remontée, excitée et récriminante à l'égard de ses parents, elle est très attachée à son père – qu'elle blesse un jour au visage d'un morceau de vitre brisée dans un paroxysme coléreux – et d'une extrême susceptibilité à l'égard de sa mère[3]. Les certificats mentionnent également : idées de suicide, aboulie, tendances aux violences, maniérisme et stéréotypies intermittentes, rire explosif et non motivé, variations rapides de l'humeur. A son arrivée à Maison-Blanche en 1922, après plusieurs autres internements, elle révèle à l'interrogatoire des idées d'inceste et une illusion des sosies, sous la forme de doutes visant l'identité de

---

1. Halberstadt, « Hallucinations lilliputiennes dans un cas de démence précoce au début », *Archives de neurologie*, février 1911, p. 69-74. Nous retrouverons des phénomènes semblables à ceux-ci ou très proches aussi bien dans le syndrome d'illusion des sosies que dans l'illusion de Frégoli ou l'illusion d'intermétamorphose.
2. *Ann. méd.-psych.*, 12ᵉ série, t. II, juin 1924, p. 48-68.
3. « Certains jours, notent les auteurs, au comble de l'exaltation et de la jalousie, elle vocifère contre eux les pires obscénités, les accusant de pratiquer la pédérastie et autres vices. "Vieux maboule, vieux marteau, crie-t-elle, grosse hystérique ; vous pouvez bien crever... tu te pavanes avec elle à Robinson, au concert, au ciné... fous-la donc sur un marbre avec un globe sur la gueule, vieux maboule, tu as de quoi être fier de ta grosse carne pleine de vices." »

ses parents, déclarant qu'ils ne sont pas les vrais. Elle se livre au *relevé des différences*, d'une manière d'ailleurs distincte selon qu'il s'agit du père ou de la mère : de sa mère, elle examine les robes, le manteau, les costumes, les jupons, les bijoux, et s'étonne de les reconnaître ; chez son père elle distingue les cheveux blancs, les yeux bleus, la taille, la voix : « Tous les détails y sont et cependant ce n'est pas lui. » Elle isole donc de façon notable deux types de traits tout à fait différents chez l'un et l'autre respectivement : ceux du *vêtement* d'un côté, ceux du *corps* de l'autre.

La conviction relative aux sosies de ses parents et de ses proches se stabilise progressivement, en même temps que se déclare un automatisme mental dont fait état un écrit rédigé sur la demande des présentateurs : « Je suis à me faire des réflexions... une voix pas très éloignée de moi me répond..., je crois que ce sont les voix invisibles de ma famille qui me parlent » ; écho de la pensée : « Je pense ; j'entends par des voix ce que je viens de penser. Je me dis que je me tuerai si je vois que je ne peux pas me sortir de la tête l'idée de ma mère. J'entends cette voix qui me répond : "Je me tuerai." (...) Ces voix sont des voix d'esprits dans l'air : ils imitent la voix de mon père, de ma mère et de mon frère pour me faire croire que mes parents répondent à mes réflexions. »

Nous relèverons chez cette malade l'association étroite des *phénomènes de réduplication* dans l'ordre respectivement de la voix (écho de la pensée) et du scopique (affirmation des sosies), les deux la visant à partir des mêmes supports de personnages familiaux.

Capgras attachait de l'importance à cette observation, qui lui paraissait bien montrer la *genèse variable* en même temps que la *logique déterminée* gouvernant ces troubles de la reconnaissance dans les psychoses. Avec Carrette, il distingue une nouvelle fois l'illusion des sosies de la fausse reconnaissance, pour la définir de façon générale comme une *méconnaissance*, notion que précise celle d' « agnosie d'identification » : « Le même individu cessant d'être identifié, *encore qu'il soit très exactement reconnu*, se dédouble, voire se multiplie, en sosies » (nous soulignons). Pour les deux auteurs, ce trouble est l'occasion de relever toute une clinique de phénomènes apparentés : « Certaines pseudo-amnésies, répudiations de souvenirs, oublis plus ou moins volontaires, sentiment de jamais-vu. » Il s'agit là pour eux « vraisemblablement de *phénomènes de même nature* (nous soulignons), essentiellement affectifs », qu'ils rapportent « soit à un sentiment d'inquiétude et d'étrangeté, soit à un état onirique ou délirant, soit à un commencement de dépersonnalisation ». Ce qui nous retient ici, c'est moins l'origine ou la nature supposées de ces troubles que l'ébauche d'une *mise en série* qui va au-delà de la seule illusion des sosies : elle intéresse les syndromes apparentés qui seront isolés par la suite, et notamment le syndrome de Frégoli, ainsi qu'une grande partie de ce que l'on a appelé les fausses reconnaissances. Elle délimite une clinique de la reconnaissance et de la mémoire, en des occurrences où le sujet ne trouve plus de points d'appui identificatoires, qu'il s'agisse de lui-même ou d'un objet quelconque dans le champ de son expérience. C'est le *sens* de cette expérience, dans ses attaches élémentaires et ses traits fondamentaux, qui vient ici faire défaut, à travers une gamme de troubles qui ne sont pas spécifiques de la psychose, mais où les syndromes psychotiques que nous étudions revêtent une valeur spécialement significative, parce que permettant jusqu'à un certain point une décomposition de leurs principaux éléments.

Les deux auteurs proposent de résumer cette série clinique sous la notion des *méconnaissances systématiques* : « Groupés sous l'étiquette de *méconnaissances systématiques*, [ces phénomènes] constitueraient *un syndrome qui ne semble pas avoir retenu l'attention jusqu'à présent, et dont il y aurait lieu de poursuivre l'étude* » (nous soulignons)[1].

Ils détachent sans ambiguïté ce dont il s'agit du registre de la perception plus ou moins faussée : l'illusion des sosies « n'est pas commandée par une erreur de la perception, elle résulte d'une interprétation d'ordre affectif basée sur un détail infime : c'est une illusion interprétative ». Ils précisent de cette manière le sens de ce qui était appelé, dans l'observation *princeps*, un « jugement affectif ».

---

1. Ce syndrome des méconnaissances systématiques n'est pas vraiment passé dans l'usage clinique, même si le terme est resté. Quant à cette étude que Capgras invite à poursuivre, elle allait l'être au cours des années suivantes par le relevé des syndromes que nous reprenons. Par la suite, c'est surtout du côté de la neurologie et de la psychanalyse qu'il faut chercher, selon des modalités différentes, le prolongement de ces travaux. Nous l'évoquerons en détail pour la neurologie. En ce qui concerne la psychanalyse, relevons par exemple que la clinique du moi est bien une clinique de la méconnaissance et de ses différents degrés de systématisation.

Le terme d' « affectif » ne doit pas faire méconnaître le caractère articulé, aux yeux des auteurs, de cette logique dont l'illusion est le résultat. C'est d'ailleurs à ce titre que le coauteur, avec Paul Sérieux, des *Folies raisonnantes* en appelle ici à la doctrine de Freud, c'est-à-dire à ce que l'on en recevait en France à l'époque. Il s'agit de montrer que les inférences de la folie ne sont pas aberrantes, mais relèvent d'un ordre de détermination propre qui, pour être dit affectif, n'en relève pas moins d'une logique.

Les auteurs évoquent dans la présente observation une « agnosie par excès d'attention », *l'attention cherchant à identifier et à reconnaître des traits*, des détails, cependant que *la physionomie de ses parents se dérobe au souvenir* de la malade. Cette remarque rend bien compte d'un délitement du registre spécifique de l'image, au profit d'une identification de quelque chose d'autre, dans un registre différent : des traits séparés, *décomposant* l'image proprement dite.

Nous retiendrons surtout de cet article, outre la richesse clinique de l'observation :

— qu'il spécifie l'agnosie d'identification comme *méconnaissance*, à l'intérieur du groupe, ici défini pour la première fois, des « méconnaissances systématiques »[1] ;
— que cette méconnaissance procède d'une « interprétation » articulée à une logique d'ordre « affectif », et non d'une perception erronée ; l'illusion résulte d'une « intuition » ou d'un « concept affectif » associés à la perception, et non d'un trouble sensoriel ou mnésique ;
— que l'illusion des sosies aura par conséquent « une étendue et une genèse variables », en fonction du matériel interprété et des modalités de l'interprétation : « Elle peut se généraliser et créer alors une sorte de délire métabolique. Elle peut au contraire se circonscrire à une petite catégorie de personnes ou même à un seul individu. »

---

1. Clérambault présent à la séance salua cette découverte : « Le processus des Méconnaissances systématiques, relève-t-il, méritait d'être isolé, dénommé et commenté. » Il le reprend ensuite précisément dans un certain nombre de tableaux cliniques : cf. G. G. de Clérambault, *Œuvres psychiatriques*, Paris, Frénésie Éditions,1987, p. 733-734.

En octobre 1924, Roger Dupouy et Marcel Montassut présentent une observation qu'ils rangent du côté de l'illusion des sosies, et qui va donner à Capgras l'occasion de certaines précisions[1].

Il s'agit d'une malade présentant « une psychose hallucinatoire d'une grande richesse clinique, évoluant depuis six années et s'orientant progressivement vers une certaine systématisation ». Les hallucinations auditives et les troubles qualifiés de cénesthésiques sont prédominants. L'illusion des sosies intervient dans ce tableau, selon Dupouy et Montassut, comme une tentative de la malade d'*interpréter* ses troubles et d'en donner une *explication*. Ils reprennent la caractérisation de Capgras dans l'article précédent : c'est bien une « méconnaissance systématique d'origine affective » qui suscite chez elle « une inclination à imaginer » l'existence des sosies. Ainsi réaliserait-elle « une forme un peu particulière, essentiellement interprétative », du syndrome.

Or, au cours de la discussion, Capgras ne partage pas exactement cette appréciation diagnostique. Il a examiné la malade, chez qui il distingue, plutôt qu'une interprétation proprement dite, une supposition émise dans le but de s'expliquer les calomnies dont on l'accable. « Jamais elle n'a vu ces sosies, elle n'ose même pas en affirmer l'existence, parfois elle en doute, et, dans ses conversations avec moi, elle a toujours accepté la discussion de cette idée. » Dès lors, ajoute-t-il, « ce cas est différent de ceux que j'ai rapportés ». Il précise : « Mes malades, loin de se borner à une *supposition* quelque peu indécise, *affirment énergiquement, indiscutablement*, que telle personne qu'ils voient, dont ils *reconnaissent parfaitement les traits,* est *en réalité remplacée par son sosie*. Une intuition, un *jugement affectif* l'emportent d'abord sur le témoignage de leurs sens, puis sont corroborés par un excès d'attention qui décèle des *différences de détail* dans les plus étroites ressemblances. Ils arrivent ainsi à la *méconnaissance systématique* de toute perception, de tout souvenir contraire à leur idée prévalente » (nous soulignons).

Ce que fait donc valoir Capgras, c'est que l'illusion des sosies *n'est pas pour le sujet de l'ordre d'une hypothèse*. Elle est intriquée dans l'opération même de la reconnaissance, et ce sont les modalités

---

[1]. « Un cas de "syndrome des sosies" chez une délirante hallucinée par interprétation des troubles psycho-sensoriels », *Bull. soc. méd.-psych.*, octobre 1924, p. 341-345.

de celle-ci qui sont décisives : reconnaissance des traits, agnosie d'identification, recensement des détails qui démentent les ressemblances apparentes. L'un des aspects les plus intéressants et les plus difficiles à élucider de ce syndrome, c'est que nous avons affaire à *un type de méconnaissance systématique qui va cependant de pair avec une reconnaissance*. D'où, pour nous, les questions qui en découlent : A quoi pouvons-nous rapporter la disjonction, ou encore le déliement qui interviennent entre l'image et son identification ? Qu'est-ce qui fait que la reconnaissance considérée comme normale *s'arrête*, c'est-à-dire trouve un point de stabilisation dans ce que nous appelons l'identité, ou au contraire, dans l'illusion des sosies, ouvre un ensemble infini de traits saisis comme autant de différences réelles, qui excluent l'identification comme impossible ? Nous verrons en quoi le syndrome d'illusion de Frégoli permet tout particulièrement de déployer ces questions et la problématique qui s'en dégage.

Évoquons encore une observation de décembre 1924, due à Capgras, Lucchini et Schiff[1], qui complète la délimitation de l'illusion des sosies avant la découverte du syndrome de Frégoli trois ans plus tard. Elle souligne l'importance du sentiment d'étrangeté, évoqué par Capgras dès le cas *princeps*, dans l'étiologie de l'illusion, et relève l'incidence de l'automatisme mental.

La malade, Joséphine C..., présente des symptômes qualifiés de *cénesthopathiques* : « Sensations désagréables dans tout le corps ; elle est électrocutée, dit-elle » ; des hallucinations *auditives* : « Elle entend des voix qui lui disent de se méfier » ; enfin, des représentations *visuelles* : elle a vu ainsi « des personnages avec les yeux braqués sur elle ».

Ces troubles se révèlent à l'interrogatoire dominés par un *sentiment d'étrangeté* très net : « Tout lui paraît changé. Elle-même est toute changée. Quand elle se réveille, elle ne se reconnaît plus, elle a l'impression d'avoir un corps *avec une double peau*. » Elle explicite

---

1. « Du sentiment d'étrangeté à l'illusion des sosies », *Bull. soc. clin. méd. ment.*, décembre 1924, p. 210-217. En réalité Capgras ne semble pas avoir directement participé à la présentation de l'observation, comme le montre la discussion, où il reprend le cas dans des termes différents de ceux de Lucchini et Schiff, et moins liés aux conceptions classiques de l' « unité du moi » et de la « synthèse mentale ».

ainsi cette impression de doublure : « Je ne sais pas si j'existe encore... Je ne sais pas si c'est moi qui suis là... Les maisons, les arbres, je ne les reconnais plus ; on a changé le paysage... Je suis changée et pourtant j'ai gardé le souvenir de tout. Je me rappelle toute ma vie. Je ne suis plus la même personne et pourtant je sais que c'est moi qui ai vécu ma vie d'autrefois. »

En ce qui concerne ses proches, « les idées de la malade ont abouti à une difficulté dans la reconnaissance des personnes qui va de l'illusion des sosies à la méconnaissance complète ». Ainsi, l'ami avec qui elle vit depuis de longues années se trouve peu à peu remplacé depuis quelques mois par plusieurs sosies successifs, et elle observe le même phénomène parmi les membres de sa famille ou de son entourage. Mais, à côté de cela, « la mère de son ami, qui partage le domicile et la vie du ménage, a été changée, elle, complètement, remplacée par une personne entièrement différente »[1].

L'illusion des sosies chez cette malade s'appuie sur l'investigation de traits tenant non pas à l'apparence proprement dite, mais à des notations où les auteurs relèvent ce qu'ils appellent une « prédominance d'éléments logiques » : ainsi son ami la négligeait-il, c'était « un homme nerveux et plein de vices », tandis que les sosies sont plus attentifs, n'ont pas de vices et veulent avoir éventuellement des relations avec elle, sans pour autant habiter chez elle.

A ces différents troubles s'ajoutent, notent les auteurs, « des phénomènes hypnagogiques à caractère variable », d'une nature plus difficile à préciser, et dont ils donnent le résumé suivant : « La malade raconte qu'avant de s'endormir, quelquefois même quand elle s'assoupit dans la journée, elle voit se dérouler devant ses yeux une imagerie obscène à caractère cinématographique "tremblé", où interviennent des personnages divers, de taille lilliputienne, de teintes neutres ou grises, au milieu desquelles elle joue le rôle de principale figurante. Nous croyons qu'il ne s'agit là ni d'hallucinations hypnagogiques réelles à caractère lilliputien, ni d'hallucinations spéculaires, ou d'illusions de sosies vis-à-vis de sa propre personne. Ces phénomènes ont un caractère d'automatisme mental. La malade proteste contre le fait qu'on lui impose ces images, qu'on

---

[1]. Ce trouble particulier évoque ce que Courbon et Tusques identifieront quelques années plus tard sous le nom de « syndrome d'intermétamorphose ».

l'accuse d'avoir commis elle-même les actes obscènes qu'on fait défiler devant ses yeux. Elle présente d'ailleurs d'autres phénomènes d'automatisme : automatisme moteur (on la fait tomber, on lui fait faire des mouvements qu'elle ne voulait pas faire), – automatisme verbo-moteur : on la force à parler alors qu'elle ne voulait pas parler, etc. »

Les principaux points que les présentateurs retiennent de cette observation sont le sentiment d'étrangeté, l'illusion des sosies, l'automatisme mental, et enfin « les rapports de ces divers phénomènes avec la PG probable »[1].

Le *sentiment d'étrangeté* revêt à leurs yeux une grande importance étiologique dans le cas de cette patiente : il paraît « conditionner la plupart des phénomènes psycho-pathologiques qu'elle présente ». Ils le supposent lié aux troubles de la cénesthésie, sans préciser cependant la nature de la relation, se contentant de la relever à la suite de plusieurs auteurs (Séglas, Cotard, Ribot, Deny et Camus, etc.).

Quant à la genèse de l'illusion, les auteurs estiment que le rôle de l'affectivité, considéré comme prépondérant dans les observations antérieures, est beaucoup moins évident dans celle-ci, alors que le « facteur logique » ou ce qu'ils appellent encore une « construction intellectuelle » viendraient au premier plan, attribués aux efforts de la malade pour lutter contre une menace de dépersonnalisation, elle-même liée au sentiment d'étrangeté dont elle fait état. C'est pour s'expliquer ce sentiment d'étrangeté qu'elle déploierait la construction « intellectuelle » des sosies, tout comme Mme de Rio-Branco ou d'autres malades déployaient une construction « affective » des sosies. Les auteurs justifient cette hypothèse en considérant que les

---

1. Cette observation est la seule, parmi celles qui ont tout d'abord décrit et défini l'illusion des sosies, à mentionner une étiologie organique au moins partielle : « La base organique sur laquelle s'est développée cette richesse symptomatique a pu être facilement décelée chez cette malade ; il s'agit chez elle ou d'une syphilis nerveuse ou d'une paralysie générale au début. » Nous laisserons ici de côté la question de l'étiologie organique, qui ne saurait en tout état de cause rendre compte en elle-même de la forme ni des éléments d'un délire tel que celui-ci, et ne dispense donc pas de la recherche et de l'analyse de ce qui y ressortit à une causalité psychique. C'est d'ailleurs ce qu'indique également la démarche des auteurs : ils distinguent en effet nettement cette « base organique », d'un côté, et « ce qui conditionne la plupart des phénomènes psycho-pathologiques », de l'autre.

notions de l' « identité » et de l' « unité » du moi sont conservées chez cette malade, comme en témoignerait l'intégrité de ses souvenirs : « Il me semble, dit-elle, que ce n'est pas moi qui ai vécu ma vie antérieure, et pourtant je me rappelle très bien ma vie de danseuse dans les bals populaires de Ménilmontant... Je me rappelle tout, exactement. » Les auteurs estiment que, ce faisant, elle « corrige sans cesse, après réflexion, son sentiment d'étrangeté, toutes les fois qu'il risquerait d'atteindre l'intégrité de sa personnalité ». Il est cependant difficile de les suivre dans cette construction : d'abord parce que ces termes d' « identité » et d' « unité » du moi ne sauraient se réduire à la simple intégrité supposée des souvenirs ; ensuite parce que les propos de la malade indiquent bien plutôt le contraire : « Je ne sais pas », dit-elle, « Je ne sais plus », « Je ne suis pas sûre que c'est moi », « Je ne suis pas sûre que c'est moi qui ait fait cela », « Il me semble que ce n'est pas moi qui ai vécu ma vie antérieure », etc.

L'*automatisme mental* est particulièrement intéressant, du fait d'être ici identifié dans le registre *scopique*, moins fréquemment relevé que dans celui de la voix, mais que nous avons déjà vu mentionné à propos de l'observation d'Halberstadt. Dans le cas présent, les présentateurs évoquent les imageries lilliputiennes décrites par la malade et ses protestations à l'égard du rôle qu'on lui fait jouer. Ils considèrent, sans être tout à fait convaincants sur ce point, que cette imagerie repose principalement sur des souvenirs, et qu'elle n'aurait donc pas de caractère hallucinatoire : « Les précisions qu'elle donne montrent qu'il s'agit bien de scènes auxquelles elle a effectivement participé au cours de sa vie aventureuse et qui lui reviennent à l'esprit sous une forme automatique. Il ne s'agit pas, indiquent-ils, d'une participation de sa personne à l'illusion des sosies, d'une hallucination spéculaire ou autoscopique : répétons-le, le sentiment du moi reste intact chez cette malade. » Il ne nous paraît pourtant pas improbable qu'il s'agisse là, pour reprendre leurs termes, d'une « hallucination spéculaire ou autoscopique ». C'est même une caractéristique remarquable et intéressante de ce cas, que nous y voyions déployé ce phénomène de doublure, cette « double peau » dont parle la malade, simultanément sur les deux versants de la voix et du regard.

Capgras, au cours de la discussion, ne partage pas exactement l'approche de Lucchini et Schiff. Il souligne que la logique de l'illusion est ici aussi étroitement déterminée par ce qu'il nomme la cénesthésie : « Le raisonnement est *commandé* par la cénesthésie, c'est-à-dire par une *affectivité* dont il n'est que l'adaptation aux circonstances : états passionnels, conceptions délirantes diverses, sentiment d'étrangeté ou d'anesthésie morale, peuvent lui donner naissance. » Cela le conduit à réaffirmer que l'illusion des sosies est d'abord un « jugement affectif », et, plus précisément : « C'est une *méconnaissance systématique* étroitement subordonnée à un trouble affectif et non à un trouble intellectuel ou psycho-sensoriel. » Le jugement affectif avait été défini par Capgras dans l'observation *princeps* comme résultant d'une « logique des sentiments », et visant à produire une sorte de mixte entre un « sentiment de familiarité » et un « sentiment d'étrangeté ». Tel qu'il en précise ici la notion, ce jugement serait donc l'expression, articulée dans le langage et les propos du sujet, d'un mode de la reconnaissance s'effectuant en relation directe à un fond plus obscur, résumé sous les termes de *cénesthésie* et d'*affectivité*, et revêtant suivant les circonstances diverses modalités : « états passionnels, conceptions délirantes diverses, sentiment d'étrangeté ou d'anesthésie morale ».

Nous pouvons certes considérer que les notions de cénesthésie et d'affectivité ne sont pas assez déterminées pour prendre valeur explicative. Mais elles permettent du moins de distinguer et de nommer une certaine logique à l'œuvre, nous l'avons dit, logique distincte selon Capgras à la fois de l'*erreur de jugement* – il ne s'agit pas d'un « trouble intellectuel » – et de l'*hallucination* – il ne s'agit pas d'un « trouble psycho-sensoriel ».

Autrement dit, Capgras, dans le moment où il ouvre avec l'illusion des sosies un champ clinique jusqu'alors inédit ou dispersé, essaie autant que possible de rendre compte des phénomènes observés dans des termes qui ne soient pas trop tributaires d'une théorie préalable du jugement ou de la perception. Le souci est manifeste de ne pas préjuger à cet égard du *sens* du matériel décrit.

Ce point est important et appelle une brève explication. Ce que nous voulons souligner, c'est que chez un clinicien comme Capgras, dont les qualités d'observation se laissent facilement apprécier, les notions qui servent à caractériser les troubles – telles qu'*agnosie d'identification, jugement affectif, reconnaissance, méconnaissance, cénesthésie*, etc. – n'appellent pas l'explicitation d'un sens psychologique spécialement défini. Cela peut sembler étonnant : pourtant, si l'on essaie un tant soit peu de développer le sens de ces notions, l'on remarque que ce n'est pas à cela qu'elles devaient lui servir, tant elles se révèlent peu appropriées ou trop peu déterminées à cette fin. Ainsi l'explication qu'il donne de l'illusion des sosies dans le cas *princeps*, et que nous avons brièvement rapportée (*supra*, n. 2, p. 15), ne peut-elle que paraître opportune, à peine détachée de cela même qu'elle prétend expliquer. En un mot, elle reste *abstraite*. Nous pouvons donc supposer que ce n'est pas une fonction d'explication proprement dite qu'y cherchait Capgras, mais qu'il se servait de ces termes pour distinguer, inventorier, sérier les phénomènes cliniques, selon des articulations qui lui venaient beaucoup plus *de la structure de ces phénomènes telle qu'il l'entendait*, que du sens de concepts qu'il utilisait comme des indices que nous pourrions dire surtout nominaux. Comment concevoir autrement chez lui, par exemple, la distinction entre fausse reconnaissance et méconnaissance ? Ou entre illusion et hallucination ? Comment devons-nous entendre précisément la cénesthésie ? Ces termes et ces distinctions n'auraient à peu près aucun sens si nous ne pouvions les rapporter immédiatement à des séries cliniques. Nous pourrions d'ailleurs faire la même remarque à propos de cliniciens comme Clérambault, Chaslin ou Séglas, ou à propos d'autres observations que nous évoquerons[1].

Telles sont les différentes interventions qui complètent la présentation du cas *princeps* d'illusion des sosies. Elles nous permettent de relever précisément les coordonnées dans lesquelles se sont inscrites

---

1. Cette remarque, qui peut éclairer la lecture de ces auteurs, n'est pas nouvelle. Elle était déjà au principe de la démarche de Chaslin, comme en témoigne la préface des *Éléments de sémiologie et clinique mentales* de 1912. « Je voudrais guider le débutant dans l'art difficile du diagnostic (...) sans chercher le moins du monde à faire de la psychologie pathologique », écrivait-il, car les doctrines « ont versé dans la métaphysique et ont besoin d'être refaites : ce sera l'œuvre de l'avenir. Pour le moment, *présentées comme elles le sont*, elles ne fournissent même pas des hypothèses directrices pour des recherches ultérieures ; au contraire, elles empêchent de voir les faits ; elles entraînent même un recul sur les acquis de la clinique, telle que l'avaient comprise les aliénistes français d'il y a cinquante ans. (...) Je ne chercherai dans ce livre qu'à rester, autant que je pourrai, fidèle à la clinique, le seul guide que nous ayons en aliénation, en l'absence, pour un très grand nombre de formes, de connaissances étiologiques et anatomo-pathologiques *réelles*. (...) Je suis loin de penser que l'observation pure soit le dernier recours de la médecine mentale ; ce n'en est que le premier, en attendant mieux : la pathologie mentale. Mais celle-ci ne fait que de naître » (Préface, p. V-VII).

les questions cliniques qui nous intéressent. Elles révèlent également une inflexion progressive des formulations de Capgras au regard de ce qu'il découvre, et ces formulations ébauchent une problématique. Nous le voyons en effet, dans le cas *princeps*, produire toute une élaboration sur la *genèse* supposée du trouble, rapportée à un sentiment d'étrangeté déterminant ce qu'il désigne comme un *jugement affectif*. Par ailleurs, il décrit très précisément le phénomène, et invente la notion d'*agnosie d'identification*. Ensuite, au cours des présentations qui suivent, et tout en conservant l'approche génétique, il fait valoir une préoccupation plus soucieuse de saisir les *éléments distinctifs* de l'illusion des sosies, dans une ébauche de *mise en série* des troubles de la reconnaissance plus attentive à leurs affinités formelles et phénoménologiques qu'à leur sens psychologique supposé : fausses reconnaissances, illusion des sosies, enfin méconnaissance complète. Cette série, il la détermine sous le concept inédit des méconnaissances systématiques. Nous avons là le cadre dans lequel allaient être isolés et élaborés, au cours des années suivantes, d'autres troubles de la reconnaissance qui vont maintenant retenir notre attention, et tout d'abord le syndrome d'illusion de Frégoli.

CHAPITRE II

La découverte du syndrome d'illusion de Frégoli

L'illusion dite *de Frégoli* a été présentée pour la première fois par Paul Courbon et Gabriel Fail le 11 juillet 1927 devant la Société clinique de médecine mentale[1]. Un bref exposé donnait une présentation générale, le résumé du cas, puis un point de vue nosographique suivi d'un point de vue descriptif.

D'emblée, Courbon et Fail se réfèrent au syndrome d'illusion des sosies, tel qu'il a pu être isolé, indiquent-ils, « chez une délirante qui trouvait des ressemblances entre les personnes de son entourage »[2]. Le cas dont il va être question permet de relever « un syndrome qui se rapproche superficiellement de celui-ci, mais est d'une nature différente ». Autrement dit, ce qui va être présenté est suffisamment voisin du syndrome isolé par Capgras et Reboul-Lachaux pour lui être comparé, mais s'en distingue par ailleurs essentiellement. Nous reviendrons sur cette proximité et cette différence.

---

1. « Syndrome d' "illusion de Frégoli" et schizophrénie », *Bull. soc. clin. méd. ment.*, 1927, 5-6-7, p. 121-125.
2. Notons comment, bien que Courbon et Fail rapportent directement leur observation au syndrome d'illusion des sosies, le trait sous lequel ils résument celui-ci est erroné. Ce syndrome ne consiste pas à « trouver des ressemblances entre les personnes ». C'est le contraire dont il s'agit : trouver des dissemblances chez une personne, lesquelles font conclure qu'elle n'est pas elle-même, mais une autre. C'est pourquoi le sujet pense avoir affaire à un « sosie ». Nous revenons dans le chapitre suivant sur la manière dont la découverte de Courbon et Fail fut par eux concrètement articulée à celle de l'illusion des sosies.

Dans le cas présent, la malade « a la conviction qu'à certains moments les gens de son entourage incarnent, pour la torturer, diverses personnes connues jadis, cela de par le fait de la toute-puissance de ses persécuteurs. Ses persécuteurs, dit-elle, peuvent prendre et imposer à autrui toutes les transformations ; ce sont des Frégoli qui *frégolifient* le monde ». C'est cette « frégolification » affectant l'entourage et le corps de leur patiente que Courbon et Fail indiquent comme le point vif de l'observation qu'ils apportent.

Il s'agit d'une femme de 27 ans qui paraît plus âgée. Elle est « exactement orientée et mnésique ». Le seul métier qu'elle ait exercé est celui de domestique, sans pouvoir rester chaque fois plus de quelques mois dans une même place : « tantôt dans des brasseries, tantôt dans des usines, tantôt dans des restaurants, tantôt dans des maisons bourgeoises ou chez des patrons de condition plus humble ». Elle n'est pas en mesure de préciser ses gains, que « le plus souvent, elle se faisait payer à la journée ». Enfin, elle n'a pas d'autre lieu que « les locaux de l'Armée du salut », où elle couche chaque soir.

Elle affirme son peu d'intérêt pour « la vie matérielle ». Ce qui la retient, ce sont « les choses de l'esprit », « le langage choisi » ou encore les « mentalités », qu'elle oppose à la grossièreté des masses contemporaines, tout comme elle oppose l' « âme » des femmes aux « appétits » des hommes. C'est pour satisfaire ces goûts qu'elle passe son temps libre au théâtre, en particulier pour y voir des actrices célèbres comme Robine ou Sarah Bernhardt. C'est donc du côté de ces figures féminines, et du théâtre, qu'elle trouve un point de référence et une sorte de polarisation de son expérience. C'est aussi là que va se déployer son délire.

Celui-ci est introduit par une perplexité qu'elle avoue : « Elle n'arrive pas à comprendre pourquoi elle seule de sa famille n'est pas encore mariée, alors que tous les autres sont casés et qu'elle est la plus distinguée. » Mais c'est qu'elle est « la victime d'ennemies acharnées contre elle », qu'elle désigne à l'origine de ce qui lui arrive. Ce sont des actrices, celles-là mêmes qu'elle est allée fréquemment voir jouer, qui tiennent là une place centrale : Robine et Sarah Bernhardt.

Que lui font ces actrices ? « Depuis des années, elles la poursuivent, s'attachent à ses pas, en s'incarnant dans les personnes qui l'entourent ou qu'elle rencontre, pour lui prendre sa pensée, l'empêcher de faire tel ou tel geste, la forcer à en exécuter certains autres, donner des ordres et des envies, et surtout pour la frôler amoureusement ou pour la forcer à se masturber elle-même. »

Ce n'est pas tout : « Non seulement Robine entre elle-même dans la peau des passants ou des voisins, mais elle y fait entrer d'autres personnes, amies ou connaissances de la malade. Actrice, elle peut aisément faire elle-même comme Frégoli, mais en outre, elle peut frégolifier les autres. »

La malade caractérise ainsi les actes de ses persécutrices : elles s'incarnent dans des personnes de son entourage – c'est ce qu'elle désigne en référence à Frégoli[1]. Elles sont, comme lui, capables de revêtir les apparences les plus diverses. Davantage, elles peuvent faire que d'autres personnes s'incarnent ainsi et se métamorphosent. C'est ce qu'elle appelle « frégolifier », verbe qu'elle emploie en forme transitive.

Ce système de la frégolification, qu'elle rapporte entièrement et nommément aux deux actrices Robine et Sarah Bernhardt, mais surtout à Robine, n'affecte pas seulement les autres. Il vise aussi le corps et la pensée de la malade. Par le truchement des semblables frégolifiés qui la côtoient, c'est son être à elle qui est annexé par ses ennemies : prise de la pensée, gestes imposés ou empêchés, ordres déclarés, phénomènes sensoriels imposés.

Elle commente de façon précise la part prise par Robine à cette annexion dont son corps fait l'objet et d'où il résulte, pour certains éléments de ce corps, une partition de chaque côté d'une disjonction entre elle-même et Robine : ces actes masturbatoires que lui impose l'actrice, par l'intermédiaire de ceux dont elle prend l'apparence, « ont pour effet de cerner harmonieusement les yeux de Robine, tout en détruisant son corps à elle. L'actrice, qui tient à la beauté de son propre corps, emploie cet ingénieux procédé pour bistrer ses paupières impunément. Aussi l'index droit de la malade vaut-il plusieurs millions ».

---

1. Leopoldo Frégoli (1867-1936) fut cet acteur italien célèbre, notamment pour pouvoir incarner seul sur scène, à partir de canevas qu'il composait lui-même dans un registre comique, plusieurs dizaines de personnages différents dans une même pièce. Il était suffisamment populaire au début du siècle pour que cette malade pût en l'occurrence désigner en référence à ce nom propre les phénomènes qu'elle décrivait.

Nous nous trouvons là devant la description d'un corps très particulier. Il a un *nom* : Robine, identifiant une série d'effets distribués à travers une pluralité d'images de corps : l'actrice elle-même, ceux qu'elle frégolifie, et la malade. Il est l'objet d'*actions imposées*, comme la masturbation, qui déterminent une partition entre un corps de beauté, celui de Robine, et un corps détruit, celui de la malade. A Robine échoient « les yeux cernés », « les paupières bistrées », tandis que la malade relève de son côté les phénomènes sensoriels et moteurs imposés, et « l'index droit » : décomposition remarquable ici du registre scopique entre d'une part les *insignes du regard*, à dimension fortement persécutive ; et de l'autre cet *index*, qui comporte également une valeur de regard pointé, tout en désignant en même temps la perte de toute référence assignable : il vaut plusieurs millions, c'est-à-dire qu'il est incalculable.

La suite de l'observation précise les occurrences des pouvoirs de Robine. Ils prennent effet soit directement : ainsi, trois ans auparavant, une de ses patronnes a voulu la frôler : c'était Robine. Une femme croisée récemment dans la rue lui a envoyé un « influx » insupportable : c'était encore Robine, et la malade l'a rouée de coups. C'est à la suite de cet incident qu'elle a été internée. A l'asile même, les infirmières, dont elle précise « qu'elles n'ont rien de commun, soit au physique, soit au moral, avec des actrices riches et élégantes », se tiennent pourtant parfois derrière elle pour « la pousser à se masturber, la torturer en l'empêchant de penser ou d'agir, essayer de la prendre pour maîtresse ou pour mari ». Mais c'est qu'alors « elles sont réellement Robine ou Sarah Bernhardt, bien que n'ayant ni leurs traits ni leur aspect ».

Soit ces pouvoirs s'exercent par le truchement de personnages frégolifiés : ainsi, un jour, voyant Robine jouer, elle découvre que les autres acteurs ont pris l'apparence de membres de sa famille. Elle sent que le médecin de l'asile, qui n'a pourtant aucune ressemblance avec quelqu'un qu'elle ait connu, « devient son propre père décédé, ou bien devient le Dr Leroux, médecin qui la sauva à trois mois, qu'elle n'a jamais revu, dont elle ne se rappelle plus aucun trait ». Enfin, elle remarque que l'interne devient parfois son cousin.

La malade distingue ainsi : le cercle réduit de ses persécuteurs, qui tend à se polariser sous les noms de Robine et de Sarah Bernhardt, et qui se diversifie sous des apparences multiples : passantes, infirmières, patronnes, etc. ; et un autre cercle de personnes qu'elle ne compte pas au nombre de ses persécuteurs mais qui sont néanmoins présentes, frégolifiées et sous des apparences d'emprunt, dans son entourage immédiat : son père, décédé, s'incarne dans le médecin de l'asile ou dans le Dr Leroux ; son cousin, de la même manière, s'incarne dans la personne de l'interne. Ces incarnations, sans être directement mentionnées comme persécutives, sont néanmoins rapportées à l'action de Robine.

Enfin, Courbon et Fail mentionnent le caractère apparemment discontinu de ce qu'ils nomment « l'illusion de Frégoli » chez cette patiente : « Elle n'a cette illusion de Frégoli que d'une façon intermittente, en même temps qu'elle s'agite sous l'influence de paroxysmes psycho-sensoriels. Et d'un moment à l'autre, l'illusion disparaît. » Cependant il n'est pas indiqué clairement si les moments où interviennent les personnages du deuxième cercle correspondent eux aussi à des moments de paroxysme psycho-sensoriel. Rien ne le mentionne, ce qui laisse supposer que le délire n'est pas conditionné exclusivement par les troubles sensoriels, ni par conséquent subordonné à leur occurrence pour être actualisé. Le lien est patent entre ces paroxysmes, et Robine, identifiée comme leur cause. Mais les autres éléments du délire faisant intervenir des personnages frégolifiés de l'entourage ne sont pas présentés comme liés à ces paroxysmes. Ce point n'est pas sans importance, puisqu'il détermine si l'on doit ou non rabattre entièrement la causation du délire et son actualisation sur les troubles psycho-sensoriels. Courbon et Fail penchent en faveur de la première hypothèse, rapportant en l'espèce le délire aux « troubles de la sensibilité » de la malade[1].

Ils concluent de quelques remarques générales le résumé de l'observation : « Tel est le résumé assez fidèle des divagations contradictoires de cette malade. Celles-ci constituent donc un délire incohérent de persécution et de grandeur à thème surtout érotique, avec troubles de la sensibilité générale et phénomènes d'automatisme mental au sens de Clérambault. »

---

1. L'inconvénient de cette hypothèse, comme on l'aperçoit facilement, est qu'elle peut dispenser d'interroger ce qui dans le délire ressortit à une logique, et de préciser laquelle. Nous revenons plus loin sur ce point.

Nous laisserons provisoirement de côté les commentaires qui suivent, pour relever brièvement ce qui, dès l'exposé des principaux traits de ce cas, mérite de retenir l'attention.

Il s'agit d'une observation assez brève : une série de notations à partir des propos de la malade, articulées aux quelques points surtout mis en valeur dans le cas. Il n'est pratiquement pas question de l'histoire de cette patiente au sens de ce qui pourrait évoquer une genèse de la maladie. Le peu d'éléments biographiques rapportés le sont pour éclairer ici ou là ses propos : rien de plus.

Au premier plan de ce qu'évoque cette malade, il y a ce qu'elle désigne sous les termes de *Frégoli* et de *frégolifier*. Ces termes renvoient à ce qui se présente à elle directement comme une sorte de rupture de plan dans ce qu'elle éprouve du semblable, de l'autre, de ceux qu'elle côtoie. Le semblable, selon ce qu'elle indique, se fait connaître par des effets bien spécifiques. Son apparence, ou son image, est travaillée et subvertie par quelque chose qui vient par ailleurs annexer l'être de la malade : sa pensée, ses actes, ses perceptions. Aussi la représentation de ce semblable est-elle pour elle détachée de ce qui en principe la désigne individuellement, c'est-à-dire ce que nous appelons le *nom propre*, pour être rattachée à la désignation de ses effets réels (influx, gestes imposés, etc.), lesquels portent un autre nom : cette passante n'est pas cette passante, c'est Robine ; cette patronne, c'est encore Robine ; cet homme n'est pas le médecin de l'asile, c'est le Dr Leroux.

Au centre du matériel clinique apporté par l'observation, nous relevons donc une atteinte prévalente de l'image du corps et de ce qui en soutient la consistance, selon des modalités que l'on peut caractériser comme suit :

1 / Tout d'abord, un déliement entre l'*image* et sa *nomination*. Ce déliement n'est pas si incohérent que le suggèrent Courbon et Fail. Il nous paraît au contraire orienté selon des coordonnées qui font précisément l'intérêt du cas. Il se traduit notamment par l'attribution d'un nom unique – Robine ou Sarah Bernhardt[1] – à l'image de

---

1. Surtout Robine, nous l'avons vu. Mais dans les deux cas, c'est le nom unique de l'actrice incomparable, ce qui porte à interroger ce qui se trouve en l'occurrence identifié et nommé par la malade. Il s'agit d'autre chose que de l'idéal au sens que nous lui donnons par exemple dans la névrose. Relevons ici, par ailleurs, que le prénom de Sarah Bernhardt à l'état civil était *Rosine*.

l'autre, en étroite corrélation avec les effets qu'en reçoit la malade. Autrement dit, entre l'*image* du semblable – telle que les analyses classiques de Wallon, puis de Lacan, nous la présentent liée à l'image spéculaire[1] – et sa *nomination*, vient prendre effet le déploiement des phénomènes sensoriels et hallucinatoires, avec cette conséquence de rapporter cette image à la désignation et à la nomination d'un *x* unique ou tendant à l'unicité : c'est ce que la malade nomme principalement *Robine*, dont il faut remarquer qu'en l'occasion ce n'est plus à proprement parler ce que nous appelons un nom propre. En effet dans ce nom viennent s'équivaloir aussi bien les noms que les images des divers autres que côtoie la malade.

2 / Mais de quelle image du corps parlons-nous ici ? Elle est en effet détachée de la consistance qui la soutiendrait en tant qu'image. Le déliement que nous évoquions détermine une représentation du corps selon un partage distribuant comme nous l'avons vu certains de ses éléments isolés entre la malade elle-même, les autres, et Robine. Nous avons donc affaire également à un délitement de cette image spéculaire, ses éléments disjoints se distribuant selon un ordre décrit et articulé dans le délire.

A cela s'ajoute que le lien établi entre l'image du semblable et le nom qui le désigne ne passe par aucune *médiation de la reconnaissance* : la malade n'a pas à délibérer sur le point de savoir si les infirmières à l'occasion sont Robine, ou si le médecin de l'asile incarne parfois son propre père. L'articulation du nom à l'image ne passe par aucun examen du visage ni de l'apparence : « aucune ressemblance », ni dans les « traits » ni dans l' « aspect », n'est prise en compte ou seulement interrogée. Ce point a son importance par comparaison avec d'autres formes de méconnaissance où le visage et son interrogation tiennent une place éminente, et notamment dans le syndrome d'illusion des sosies, comme nous l'avons vu.

3 / Les remarques précédentes se retrouvent dans ce qui fait l'un des traits les plus significatifs de ce cas, à savoir le mode d'identification qu'il met au premier plan. Nous voulons désigner

---

1. Cf. H. Wallon, « Comment se développe chez l'enfant la notion du corps propre », *Journal de psychologie*, novembre-décembre 1931, p. 705-748 ; et J. Lacan, « Le stade du miroir comme formateur de la fonction du Je telle qu'elle nous est révélée dans l'expérience psychanalytique » (1936), *Revue française de psychanalyse*, n° 4, octobre-décembre 1949, p. 449-455.

par là le ressort de l'*identification,* au sens transitif d'*identifier quelque chose,* telle qu'elle opère chez cette malade. En effet il apparaît que la matrice logique de son délire est articulée à la désignation et à la nomination de ce « quelque chose » qu'elle identifie à ses effets, qu'elle nomme *Robine,* et qui est isolé d'une façon assez spécifique pour aller de pair avec : le corps disjoint que nous avons évoqué ; le court-circuit des médiations de la reconnaissance dans le rapport à l'image du semblable ; enfin, l'altération de l'opération que symbolise en principe le nom propre, jusqu'à sa réduction à la désignation d'un x réel, un et toujours identique[1].

Reprenons maintenant la suite de l'observation. D'une façon plutôt inattendue, elle se poursuit par l'exposé d'un « Point de vue nosologique » qui précède le « Point de vue descriptif », là où l'on attendrait en principe l'inverse. Les deux auteurs rangent le cas présenté sous la notion générale de schizophrénie, sans rapporter très précisément à cette notion générale la description qu'ils ont donnée[2].

Sous le titre « Point de vue descriptif », le cas est cette fois directement articulé au syndrome de Capgras, sous la forme d'une comparaison terme à terme, qui n'est pas sans révéler une certaine difficulté des auteurs à isoler quelque chose qu'ils ont du mal à définir.

1 / Les sosies, remarquent-ils, sont « des êtres différents, mais que l'on peut confondre, à cause de la perfection de leurs ressemblances ». Ce sont des « personnalités distinctes, dont une communauté d'apparences estompe les différences ». Par comparaison, « Frégoli est un seul être, mais que l'on ne peut pas reconnaître, à cause de la perfection de ses dissemblances. C'est une même personnalité que diversifie une multitude d'apparences ».

---

1. Par *réel,* ici, nous voulons dire que cet x n'est pas articulable dans l'ordre du langage – sauf à être désigné par un terme, *Robine,* qui échappe à la distinction du nom propre et du nom commun – non plus que dans celui de l'image, étant précisément ce qui en défait la consistance.

2. Nous constatons en effet une sorte d'embarras sur ce point chez Courbon et Fail, comme s'ils devaient inscrire cette observation d'un côté dans le cadre de la nosologie admise, et de l'autre en référence à ce qui permet effectivement à leurs yeux la délimitation correcte de ladite observation, c'est-à-dire le syndrome de Capgras, mais sans que ces deux références soient véritablement articulées l'une à l'autre. Nous revenons plus précisément sur ce point dans le chapitre suivant.

Ainsi ces phénomènes sont-ils situés dans les deux cas comme des troubles de la reconnaissance. Mais qu'est-ce qui est ou non reconnu ? La notion de personnalité n'est guère appropriée ici : elle suppose en effet que l'objet de la reconnaissance ne peut être en l'occurrence qu'une « personnalité ». Or précisément l'intérêt de ces deux syndromes est de montrer concrètement comment la reconnaissance peut se séparer en plans clairement disjoints, qui n'ont guère de rapport avec la « personnalité ». Dans les deux cas quelque chose est bien, en un certain sens, « reconnu » : disons schématiquement une forme dans l'illusion des sosies, et ce que nous avons appelé un x dans l'illusion de Frégoli. Courbon et Fail l'ont bien remarqué par ailleurs, puisque :

2 / Ils distinguent ce dont il s'agit, dans les deux cas, de la *fausse reconnaissance* : dans l'illusion des sosies, ce n'est pas une fausse reconnaissance, puisque le sujet reconnaît les ressemblances, « sans confondre les sosies entre eux » ; et dans l'illusion de Frégoli ce n'est pas non plus une fausse reconnaissance à proprement parler, puisque les auteurs notent qu'elle ne s'appuie pas sur la perception, ni sur aucune investigation des traits du semblable. Aussi posent-ils que c'est une fausse reconnaissance « particulière ». Ils ajoutent en effet : « *La reconnaissance se fait* selon un mode dont les intelligences normales sont incapables » (nous soulignons). C'est-à-dire qu'il y a bien là quelque chose qui est en un certain sens « reconnu », et que les auteurs définissent dans les termes suivants : « Notre malade reconnaît la présence de Frégoli-persécuteur à ses actes. »

3 / Enfin, ils concluent en distinguant nettement les deux sortes d'illusions. L'illusion de Frégoli n'est pas « l'erreur d'un jugement affectif » – selon les termes d'abord formulés par Capgras pour l'illusion des sosies –, elle est « la production arbitraire d'une imagination malade », production qu'une intelligence saine ne peut « faire éclore », et qu'elle « n'arrive pas à se représenter », sauf à faire appel « à des processus ignorés d'elle et par conséquent plus ou moins hypothétiques »[1].

1. Comme nous le verrons, Courbon est allé ensuite un peu plus loin dans l'élucidation de cette question, en proposant quelques années plus tard le concept d'*identification délirante*. Ce faisant, il réduira de fait la distinction d'abord très nettement posée entre l'illusion des sosies et l'illusion de Frégoli, en les intégrant l'une et l'autre dans une même série clinique.

La discussion qui suit la présentation porte principalement sur la nature du lien à établir entre les fausses reconnaissances diverses de la malade et les troubles psychosensoriels. Pour Courbon et Fail, l'illusion de Frégoli est ponctuelle, *seconde* par rapport à ces troubles, et causée par eux.

Cependant cette explication ne rend pas compte de tout le tableau. Nous avons vu qu'il y avait des cas où la malade identifiait une personne pour une autre tout en reconnaissant que les apparences différaient et en attribuant cette transformation à l'action du persécuteur-Frégoli, sans qu'il s'agisse pour autant d'une incarnation de ce persécuteur : ainsi, le médecin de l'asile devient le père de la malade, ou devient le Dr Leroux, ou bien l'interne devient le cousin de la malade, etc. Dans tous ces cas, les transformations de l'apparence de l'autre et le changement d'identité nominale que lui confère la malade ne sont pas décrits comme accompagnés de la « bourrasque psychosensorielle ». Ils n'en sont toutefois pas moins rapportés à l'action du ou des persécuteurs : nous avons vu comment la malade dit de ceux-ci qu'ils « peuvent prendre *et imposer à autrui*, toutes les transformations » (nous soulignons). Il y a donc des personnes, des semblables, qui sont transformés par le persécuteur-Frégoli, sans être pour autant vecteurs de l'action dont celui-ci est cause en provoquant chez la malade les troubles psychosensoriels. Ce fait invite à désolidariser dans une certaine mesure l'étiologie du délire d'une explication seulement formulée en termes d'interprétation « psychologique » par la malade de ces troubles, afin de mieux situer ce délire dans l'ordre logique que révèlent ses éléments et sa structure. Cette difficulté est pressentie par Courbon et Fail lorsqu'ils concluent, comme nous l'avons vu, que l'illusion de Frégoli est une production « qu'une intelligence normale ne peut se représenter qu'en faisant appel à des processus ignorés d'elle ». Ils reconnaissent ce faisant le risque et l'erreur qui consisteraient à « psychologiser » ce type de troubles, et invitent plutôt au travail d'élucidation des « processus » en jeu.

Mais les réponses qu'ils avancent ne sont ici ni homogènes ni satisfaisantes.

Elles ne sont pas homogènes : Courbon parle de réaction « réflexe » au cours de la discussion, mais à la fin de l'observation il évoque plutôt quelque chose de l'ordre d'une interprétation, la malade rapportant les « actes agressifs » qu'elle subit aux personnes « les plus voisines d'elle-même », et considérant que si ces personnes ont agi ainsi, c'est que « le persécuteur s'est incarné en elles ».

Elles ne sont pas satisfaisantes non plus : car elles ne s'appliquent pas aux éléments du délire qui témoignent d'une stabilité et d'une permanence relativement indépendantes de cette actualité psychosensorielle.

Ce que nous trouvons à l'arrière-plan de cette difficulté, c'est le problème du rapport entre un délire dans son ensemble et les troubles ponctuels qui en précèdent ou en accompagnent la formation, et qui ont été désignés sous le nom de *phénomènes élémentaires*[1]. Sans évoquer ce problème dans le détail ici, nous le mentionnons dans la mesure où il est sous-jacent à la discussion de l'observation, et où nous le retrouverons posé à propos de la question des hallucinations – c'est-à-dire du statut à leur donner. Rappelons qu'il a été formulé en France selon deux problématiques opposées : la première considérant que la psychose proprement dite était entièrement constituée et déterminée par un certain nombre d'éléments qui en formaient ainsi le noyau initial et basal, auquel venait s'adjoindre le délire comme construction dérivée ; la seconde posant que ces éléments initiaux et le délire dans son entier déploiement étaient solidaires et devaient donc être appréhendés comme tels[2].

---

1. La notion est due à Clemens Neisser, qui désigna sous le terme d'*Eigenbeziehung* (relation personnelle) le caractère de *signification personnelle* avec lequel, dans la paranoïa en voie de constitution, certaines représentations se présentent à la conscience du sujet : il considérait que ces représentations étaient déjà formellement solidaires du système délirant lui-même ; cf. Neisser, « Erörterungen über die Paranoïa », *Zentralblatt für Nervenheilkunde und Psychiatrie*, 1892.

2. La première problématique est principalement celle de Clérambault, qui souligne constamment la distinction entre les éléments constitutifs de la psychose, et en particulier de tout ce qui a pu être regroupé sous le nom des *psychoses hallucinatoires chroniques*, d'une part, et le délire induit comme formation seconde, d'autre part. Ces éléments constitutifs sont rassemblés sous la notion de l'automatisme mental : « Le fonds commun de ces phénomènes est un trouble pour ainsi dire moléculaire de la pensée élémentaire » (Clérambault, *op. cit.*, p. 485). Le délire et les « constructions idéiques » ne sont qu'une « décoration » cachant l' « architecture » de la psychose (*ibid.*, p. 486). La seconde a été défendue par J. Lacan, d'abord dans sa thèse de 1932, en une référence abandonnée par la suite à Jaspers, où il critique très précisément Clérambault sur ce point, et lie « les phénomènes dits primitifs ou élémentaires » au « processus psychique » qui va les intégrer dans l'ensemble de la psychose (*De la psychose paranoïaque dans ses rapports avec la personnalité*, Paris, Éd. du Seuil, 1977, p. 207) ; mais surtout dans le séminaire de 1954 sur

C'est au fond ce problème que posent implicitement les interventions de Séglas et de Clérambault qui suivent la présentation du cas, de même que la réponse finale de Courbon.

Séglas, pour rendre compte de l'ensemble du tableau, évoque la notion d'*attitude mentale,* « qui s'applique à beaucoup de fausses reconnaissances. (...) C'est une manière d'être, prise par le malade, qui persévère après disparition des troubles qui l'ont fait prendre ». Cette notion s'appliquerait non seulement à l'illusion de Frégoli telle qu'elle est causée par des troubles psychosensoriels actuels, mais également aux fausses reconnaissances évoquées par la malade sans lien apparent avec ces troubles. Il en va ici de même, remarque Séglas, que dans les cas de malades ayant présenté une illusion de *déjà vu* disparue depuis, ou ayant été hallucinés et ne l'étant plus. Les premiers pourront continuer à déclarer « qu'ils ont la même impression, en vertu de la conservation de cette attitude mentale, qui autrefois était fondée, mais ne l'est plus maintenant ». Et les seconds « continuent à avoir la mimique et la conduite qu'ils avaient lors de leurs hallucinations ».

Toutefois pour Séglas l' « attitude mentale » recouvre ici une sorte de causalité faible, voire sans contenu véritable. Coupée en effet des troubles effectifs, patents, qui ont donné lieu aux fausses reconnaissances initiales, elle se dégrade en « prétendues fausses reconnaissances qui ne sont que des déclarations verbales toutes gratuites ». Et ces troubles sont finalement comme dénués de consistance pour Séglas : ils se rencontrent surtout chez les sujets « dits schizophrènes, au sens des auteurs », c'est-à-dire parmi les sujets « imaginatifs ». Nous sommes donc assez loin d'une conception qui viserait à ranger l'ensemble des fausses reconnaissances présentées par la malade parmi les traits significatifs et articulés, c'est-à-dire élémentaires, de son délire.

---

les psychoses, où l'on peut lire : « C'est toujours la même force structurante, si l'on peut s'exprimer ainsi, qui est à l'œuvre dans le délire, qu'on le considère dans une de ses parties ou dans sa totalité. (...) L'important du phénomène élémentaire n'est donc pas d'être un noyau initial, un point parasitaire, comme s'exprimait Clérambault, à l'intérieur de la personnalité, autour duquel le sujet ferait une construction (...) destinée à l'expliquer, comme on dit souvent. Le délire n'est pas déduit, il en reproduit la même force constituante, il est, lui aussi, un phénomène élémentaire » (*Les psychoses, Séminaire III*, Paris, Seuil, 1981, p. 28).

Clérambault reprend la notion d' « attitude mentale » avancée par Séglas, mais en la tirant du côté d'une probable « désagrégation mentale ». Il suppose une logique à l'œuvre, qu'il compare à celle du rêve, ou à celle du « jugement par participation » dans le « mode de penser des primitifs ». Mais c'est une logique dégradée, qui n'appelle pas non plus la tentative de ressaisir l'ensemble de ces troubles dans la série de leur articulation formelle.

Ces deux remarques ne modifient pas sensiblement l'approche de Courbon : il tient en fin de compte que l'essentiel des troubles est déterminé quasiment de façon réflexe en réponse aux phénomènes psychosensoriels.

Cette manière de rabattre les principaux traits du tableau sur l'incidence ponctuelle de l'automatisme mental mérite d'être interrogée, comme nous l'avons dit (*supra,* n. 1, p. 39). Elle ôte en effet la possibilité de concevoir l'ensemble des phénomènes ici évoqués dans leur série, c'est-à-dire en tant qu'éléments d'une structure isolable dans ses effets. Or c'est précisément cette tentative qui nous intéresse et que nous verrons progressivement se dégager dans le fil de cette clinique.

CHAPITRE III

Sur quelques aspects de la découverte en clinique

Avant d'aller plus loin, nous voudrions reprendre brièvement certains points touchant la découverte proprement dite du syndrome d'illusion de Frégoli. Cet exemple précis et bien délimité donne en effet l'occasion de relever plusieurs aspects importants de ce que nous entendons par la clinique : non seulement son objet, l'approche qu'elle suppose, et la manière dont elle se produit concrètement ; mais également ce qui peut faire qu'une notation ou une observation viennent en déplacer ou en modifier les coordonnées, rendant ainsi possibles une lecture et une appréciation nouvelles des phénomènes.

Ces questions nous intéressent en ce qu'elles permettent un abord articulé de la clinique, et c'est à ce titre que nous les évoquons plus particulièrement dans le présent chapitre. Mais elles déterminent aussi l'objectif et le parcours de ce livre. Nous essayons en effet d'y apprécier, concernant certains troubles caractéristiques de l'image du corps, les délimitations cliniques qui en ont été produites, et en quoi nous pouvons nous-mêmes, à l'aune des catégories dont nous nous servons, les reprendre ou éventuellement les critiquer. Cela suppose un minimum d'information et de réflexion sur la généalogie des notions que nous recevons, afin que nous puissions en user non comme d'un catalogue historique, mais comme de termes définis à la fois par la logique de leur élaboration et par la lecture que nous en faisons aujourd'hui en psychopathologie.

A cet égard, la découverte du syndrome d'illusion de Frégoli nous donne l'occasion de trois remarques.

1 / La première concerne la façon dont ce syndrome a pu être isolé après qu'une élaboration antérieure eut préparé logiquement les coordonnées qui allaient permettre de l'inscrire.

Nous avons dit comment Courbon et Fail l'avaient présenté en 1927, et comment le nom de *Frégoli* était repris des propos mêmes de la malade. Toutefois il est intéressant d'observer que ce n'était pas la première fois que ce nom était évoqué par un malade pour désigner les troubles qu'il éprouvait. Georges Daumézon a pu rappeler, dans un article de 1937 sur lequel nous reviendrons, comment René Charpentier avait relevé en 1919 la mention de *Frégoli* dans les propos d'un patient décrivant ce qui lui était arrivé au cours d'un épisode délirant, et qui se révèle proche de ce qu'évoque la malade de Courbon et Fail[1]. Mais c'était relevé dans l'article de Charpentier seulement de manière périphérique : ce n'était pas encore analysé en une série de traits significatifs, ce n'était pas une entité clinique.

Pour que cela le devienne en 1927, il aura fallu qu'intervienne entre-temps la découverte du syndrome isolé par Capgras et

---

1. R. Charpentier, « Contribution à l'étude des délires toxi-infectieux ; l'onirisme hallucinatoire – ses rapports avec la confusion mentale », *Revue neurologique*, 1919, p. 755-770. Il s'agissait d'un sujet de trente-cinq ans, mobilisé en août 1914, et partant pour sa première permission en septembre 1915, dans un état de fatigue, d'amaigrissement, de malaise, de dépression générale. Peu après le départ du train, il remarque que « les femmes, les civils, portent de fausses perruques et de fausses barbes ». Il acquiert la conviction qu'un zouave présent dans le compartiment est en réalité un terrassier chargé, ainsi qu'un dragon, de le tuer. On dissimule des couteaux, on tient des conciliabules à son sujet. Un jeune homme en pardessus et casquette noirs n'attend visiblement que l'occasion de lui « régler son compte ». Sa frayeur croît de plus en plus, et lorsqu'elle devient paroxystique le malheureux permissionnaire ouvre la portière et saute dans le vide, criant : « Les Boches ne m'ont pas tué, vous ne me tuerez pas. » Il est reconduit le lendemain dans un autre train. « Les *illusions* et en particulier les *fausses reconnaissances*, écrit Charpentier, allèrent en augmentant. » Un jeune homme en chapeau de paille le fixe du regard. Il « ressemble étonnamment » au jeune homme de la veille. « Je supposai, explique le malade, qu'il avait *changé de vêtements* (nous soulignons), et je le désignai à un gendarme en le priant de lui demander ses papiers... Puis je reconnus *sous d'autres aspects et sous d'autres costumes* mes poursuivants de la veille. » Dans une gare où il doit changer de train, il constate que ses poursuivants ne l'ont pas lâché : « Je les trouvai *sous d'autres figures*, moustaches rasées et changées, barbes coupées aux ciseaux, et je me laissai aller pour me convaincre à tirer la moustache d'un caporal qui s'écria : "Qu'est-ce qu'il a celui-là, il est fou !" Je soupçonnai tel d'avoir coupé sa barbe, et j'imaginai *une vaste association de bandits à la Frégoli.* »

Reboul-Lachaux, dont les traits spécifiques allaient rendre possible, au titre de certaines *variations* qu'ils permettaient de distinguer, l'identification du syndrome de Frégoli. Les choses se sont donc passées de telle sorte que, une fois le premier apparu, il indiquait déjà la place logique du second. Aussi le lien de ces deux moments donne-t-il un exemple intéressant de la manière dont une découverte aussi apparemment localisée qu'un syndrome peut recomposer logiquement un champ de la clinique, en anticipant une place vide à partir de coordonnées nouvelles.

Nous avons vu en quoi consistait le *symptôme*, tel qu'ils le désignèrent d'abord, isolé par Capgras et Reboul-Lachaux sous le nom d'*illusion des sosies*. Nous avons vu également comment Courbon et Fail s'y réfèrent d'emblée, quoique de façon approximative, pour souligner que ce qu'ils apportent s'en rapproche superficiellement tout en étant « d'une nature essentiellement différente » : alors que « les sosies sont des êtres différents », Frégoli est « un seul être, mais que l'on ne peut pas reconnaître, à cause de la perfection de ses dissemblances ».

Quatre ans après la découverte de Capgras et Reboul-Lachaux, cette découverte en produit ainsi une autre, de structure logique analogue mais dont les termes paraissent inverses. Dans le premier cas, la reconnaissance du semblable échoue devant le même, et ouvre une réduplication infinie d'autres reconnus comme toujours autres ; dans le second cas, la reconnaissance échoue cette fois devant l'autre, et ouvre l'incessante récurrence du même reconnu comme toujours le même. Dans les deux cas, on hésite à parler de *fausse reconnaissance* au sens classique, car ce qui est en jeu, les auteurs l'ont bien saisi, ne relève pas d'une erreur de la perception, malgré ce qu'évoque le terme d'*illusion*. De plus, dans les deux cas il y a bien « reconnaissance » de quelque chose : d'une forme dans l'illusion des sosies, quoique ce ne soit pas *la même*, et d'un x toujours identiquement nommé – Courbon et Fail disent : « un seul être » – dans l'illusion de Frégoli, quoique la forme en soit toujours *autre*.

2 / Une seconde remarque concerne la façon dont ce nouveau syndrome prit place dans les coordonnées de la nosographie existante. Nous observons en effet qu'il n'était plus exactement articulable selon ces coordonnées, bien qu'elles aient donné la référence

sous laquelle il a d'abord été inscrit. Cette remarque peut d'ailleurs s'appliquer également au syndrome de Capgras.

C'est à la notion de *schizophrénie* que le syndrome de Frégoli a d'abord été rapporté. Toutefois l'on constate un écart sensible entre cet étiquetage nosographique et l'exposition concrète du syndrome. Et les auteurs procèdent d'une façon inhabituelle en pareil cas, puisqu'ils donnent d'abord un point de vue nosographique, et seulement ensuite le point de vue descriptif[1].

Ils commencent par invoquer la dégénérescence de Magnan, référence classique à l'époque, à l'intérieur de laquelle ils estiment pouvoir distinguer un groupe qu'ils qualifient du terme de *schizoïde*. C'est ainsi qu'est amenée la référence à la schizophrénie de Bleuler. Cependant la définition qu'ils donnent immédiatement après de ce trait « schizoïde » est si générale, voire si confuse, que l'on voit mal quelle limite assigner à son extension. « C'est, disent-ils, le groupe des rêveurs, des imaginatifs, des détachés du réel, des êtres chez qui la vie intérieure l'emporte sur la vie positive. » En un mot, c'est « le groupe des autistiques ».

En fait, nous retrouvons là l'élasticité conceptuelle et clinique inhérente à la définition donnée par Bleuler de la schizophrénie et de l'autisme, mais ce n'est pas ce qui nous intéresse ici[2]. Ce que nous retenons plutôt, c'est le fait que, pour avancer des observations qui comportaient une réelle nouveauté, Courbon et Fail aient été conduits à les présenter sous une catégorie qui ne semble pas avoir eu en l'occurrence d'autre fonction que de donner au nouveau syndrome un titre d'accès à la nosologie. Ce qui est donc remarquable, c'est que ce syndrome est amené par ses inventeurs dans une cote mal taillée, où le cadrage nosographique du cas importe mani-

---

1. Le point de vue nosographique est introduit par une remarque qui témoigne de leur difficulté : « L'épithète *schizophrénie* ici employée, indiquent-ils, n'est pas un simple hommage à la terminologie à la mode, ni un masque destiné à cacher l'embarras de notre diagnostic. »

2. L'ouvrage principal de Bleuler, *Dementia praecox oder Gruppe der Schizophrenien*, paru en 1911, n'était pas du tout traduit en français à l'époque, ce qui ne l'empêchait pas d'exercer au moins superficiellement une influence importante en France. Le terme d'*autisme* a surtout servi aux auteurs, dans le cas qui nous occupe, à introduire en clinique des phénomènes qui n'avait pas grand rapport avec lui. Mais, comme on le sait, il est fréquent que des formulations neuves requièrent, pour être prises en compte, d'être rapportées à des généralités qui ne leur sont pas du tout essentiellement liées.

festement moins que sa *description*. C'est aussi pourquoi le point de vue descriptif est plus développé et significatif que le point de vue nosographique.

Une bonne description ne vient cependant pas par hasard : elle procède toujours d'un dispositif articulatoire, quand bien même celui-ci n'est pas directement explicité, ou qu'il l'est dans des termes différents de ceux dans lesquels il prendra après coup sa portée de connaissance. Ici, au départ, c'est le syndrome découvert par Capgras, et non la schizophrénie invoquée, qui permet l'articulation clinique et nosographique du cas.

Ce fait nous paraît illustrer concrètement le passage d'une clinique fondée sur de grandes entités classificatoires, celles héritées du XIXe siècle et du début du XXe, à une clinique de l'*élémentaire*, où la valeur significative des troubles n'est plus rapportée qu'à un syndrome, c'est-à-dire à une mise en série d'éléments suffisamment précise pour permettre un diagnostic et qualifier une pathologie.

Relevons qu'à peu près à la même époque, la formalisation très élaborée du syndrome S, syndrome d'automatisme mental, de G. de Clérambault, ou encore du syndrome de Cotard, témoignait du même souci : faire ressortir la valeur suffisamment significative de ce qui était mis au jour des *éléments* de la psychose, au détriment d'une clinique plus « historique », c'est-à-dire plus familière de grands tableaux d'ensemble surtout appréhendés dans leur évolution, et classés en fonction des thèmes ou du « contenu » du délire [1].

---

1. L'œuvre de Clérambault en particulier fut à cet égard décisive, notamment par le remaniement qu'elle apporta de tout le champ des psychoses hallucinatoires chroniques. Elizabeth Renard résume bien l'enjeu de ce remaniement dans sa thèse de 1942, *Le Dr Gaëtan Gatian de Clérambault. Sa vie et son œuvre (1872-1934)*, rééd. Paris, 1992. Clérambault, rappelle-t-elle, montre que « toutes ces psychoses chroniques, quelles que soient leur forme, ont un élément commun essentiel, qui est basal, nucléaire », et qui « signe la nature délirante de la maladie ». Le genre ou le thème du délire est dès lors considéré comme accessoire, il est une « superstructure » à rapporter fondamentalement au « syndrome d'automatisme mental, élément générateur de toutes les psychoses hallucinatoires chroniques ». C'est la thèse fameuse de la secondarité du délire par rapport aux phénomènes élémentaires, à laquelle nous avons déjà fait allusion. E. Renard rappelle combien les tenants d'une origine affective du délire et d'une définition de celui-ci en fonction de son contenu, notamment Claude et ses élèves, réagirent contre ces nouvelles conceptions, ce qui éclaire le contexte dans lequel tentait de se dégager aussi bien la problématique que reprend notre étude. Nous avons déjà relevé chez Capgras, et nous retrouverons chez d'autres, le recours au « jugement affectif » pour rendre raison des

La notion de *syndrome* se trouve prendre ainsi, on le voit, une valeur centrale. Sans doute pouvons-nous considérer que la manière dont elle fut concrètement enrichie et réarticulée à cette époque constitua un pas important vers les conditions d'un abord explicitement structural de la psychopathologie.

En ce qui concerne le syndrome d'illusion de Frégoli, nous avons vu comment sa description *princeps* se référait de fait à ce qui était désigné comme le *syndrome* de Capgras. Capgras et Reboul-Lachaux n'avaient d'abord évoqué qu'un *symptôme* à propos de l'illusion des sosies. C'est Halberstadt qui le premier parlera de « syndrome », dans l'article d'octobre 1923 que nous avons relevé. Capgras lui-même, avec Carrette, reprendra cette dénomination dans l'article cité de mai 1924, et c'est ainsi qu'elle sera désormais établie, J. Lévy-Valensi lui conférant pour ainsi dire officiellement ce titre en 1929[1]. Or, c'est bien parce que ce syndrome avait été identifié et nommé comme tel que Courbon et Fail purent aller directement à désigner le leur également comme un syndrome, étant donné la parenté qu'il présentait avec celui de Capgras.

Ce qui est ici en jeu, on le voit, c'est l'incidence concrète, en clinique, des effets de nomination. Ceux-ci constituent un enjeu

troubles qui nous intéressent. Cependant il ne paraît pas avoir eu chez Capgras cette valeur polémique. D'une façon générale, l'importance accordée aux catégories de l'*affectif* et du *sentiment*, en grande partie sous l'influence des idées de Bleuler et de ce que l'on recevait à l'époque de la doctrine freudienne, fut considérable et durable, puisqu'elle se perpétue encore aujourd'hui, héritée notamment de Claude, de Janet et d'Henri Ey.

1. « Si *sosie* est entré dans la sémiologie psychiatrique, la responsabilité en incombe à M. Capgras qui le présenta trois fois au public médical (1923-1924) avec Reboul-Lachaux, Carette, Lucchini et Schiff. L'illusion des sosies est certainement, comme tout symptôme, contemporain de la morbidité psychique, et j'en ai déjà relevé une observation dans Magnan (1877) ; mais c'est à M. Capgras que revient le mérite de l'avoir nettement individualisée, et ce serait justice de désormais l'appeler *syndrome de Capgras* » (*Gazette des hôpitaux*, n° 55, juillet 1929, p. 1001). L'observation de Magnan mentionnée ici est très probablement celle que l'on trouve rapportée à la fin (p. 64 sq.) d'une thèse de 1935 due à Mlle Derombies sur l'illusion des sosies, que nous évoquerons par la suite. Mais Magnan ne relevait pas le syndrome comme tel. Lorsque Lévy-Valensi considère que tout symptôme est contemporain de la morbidité qu'il désigne, il défend de la clinique une conception naturaliste, comme si celle-ci inventoriait un donné déjà là, attendant d'être découvert. Certes la clinique n'invente pas le réel du symptôme. Mais ce réel est indéterminé avant d'être nommé, et les termes dans lesquels il le sera en définiront la portée clinique, théorique, voire sociale, qui réagiront à leur tour sur ce réel lui-même.

important de la nosologie, et ont évidemment des conséquences en doctrine et dans la pratique.

Il est notable à cet égard que ce soit de la tradition anglo-saxonne, où peut être considéré comme dominant le modèle neurobiologique dans l'abord de la psychopathologie, que soient venues principalement les objections opposées à ce que les syndromes de Capgras et de Frégoli puissent être tenus pour des entités cliniques autonomes et suffisamment déterminées. C'est ainsi par exemple que Silvano Arieti, dans un ouvrage de 1974, considère qu'il ne s'agit en l'occurrence de rien de plus que de symptomatologies particulières de la schizophrénie, ne présentant pas de consistance propre : « Le tableau décrit par Capgras est-il un syndrome spécial, demande-t-il, ou seulement un symptôme apparaissant dans une des entités classiques de la clinique ? La question est controversée. En général les auteurs français tendent à donner au syndrome de Capgras une place à part entière dans la nosologie psychiatrique, tandis que les auteurs allemands ont tendance à le voir comme un symptôme (...). J'ai vu quelques cas typiques chez des patients américains, et j'ai estimé qu'ils souffraient de schizophrénie paranoïde ou d'états paranoïdes. J'incline à interpréter aussi les cas décrits dans la littérature comme des cas de schizophrénie présentant une symptomatologie particulière et inhabituelle. Aussi le syndrome de Capgras serait-il plus proprement appelé le symptôme de Capgras. De fait, des phénomènes similaires ont été décrits dans la littérature européenne dans des syndromes encore plus rares : par exemple, l'illusion de Frégoli, décrite par Courbon et Fail. »[1]

Ce point de vue est aujourd'hui prévalent parmi les auteurs de la tradition anglo-saxonne, qui, tout en continuant de se référer régulièrement aux syndromes de Frégoli, de Capgras et d'intermétamorphose, tendent à considérer que ce sont en réalité des symptômes isolés pouvant apparaître dans des tableaux très divers, construits à partir d'analyses tout ensemble perceptives, comporte-

---

1. S. Arieti, *Interpretation of Schizophrenia*, Londres, Crosby Lockwood Staples, 1974. Le point de vue d'Arieti nous paraît trop général pour permettre une articulation précise de ce dont il s'agit en l'occurrence. Et c'est cette articulation qui est en jeu dans la reconnaissance de ces syndromes.

mentales, neurologiques et psychiatriques, dans une orientation à tendance globalement organiciste[1].

Notre point de vue est ici très différent, puisque nous souhaitons montrer comment, au contraire, à partir de ce qu'isolent ces syndromes, et tout spécialement l'illusion de Frégoli, nous pouvons faire ressortir une problématique déterminant un champ clinique inédit, dont les premières coordonnées ont été mises au jour par Capgras.

Du point de vue nosologique, et pour conclure sur ce point, nous paraît plus intéressante la position de G. Lanteri-Laura, qui proposait de regrouper ce type de syndromes aux côtés notamment des psychoses passionnelles, du syndrome de Cotard et des délires que Clérambault nommait « associations d'aliénés », dans une catégorie qu'il intitule : « Délires chroniques de l'adulte en dehors de la paranoïa et de la schizophrénie. »[2] Cela rend compte d'un aspect caractéristique de ces syndromes : il est manifeste qu'ils présentent une systématisation, et en ce sens ils sont différents des tableaux que l'on a coutume de ranger sous le terme de « schizophrénie » ; mais cette systématisation se distingue, au moins de prime abord, des délires riches d'interprétations et de grande ampleur qui caractérisent classiquement la paranoïa, et dont le cas du Président Schreber donne le type.

3 / Indiquons brièvement une troisième remarque, qui se déduit en fait de la seconde.

Nous avons constaté le décalage entre le cadrage nosographique du syndrome de Frégoli et son articulation clinique. Nous avons vu également que Capgras et Reboul-Lachaux, lorsqu'ils identifient l'illusion des sosies, commencent par essayer d'en déterminer la nature et la genèse dans les termes d'une « psychologie de la reconnaissance ». Nous n'avons évoqué de leur analyse que sa partie conclusive, c'est-à-dire la mise en série qu'ils effectuent des troubles de la reconnaissance, dans la mesure où c'est ce crible qui allait permettre la découverte du syndrome de Frégoli.

---

1. Cf. par exemple Hans Förstl, « Capgras' delusion : an example of coalescent psychodynamic and organic factors », *Comprehensive Psychiatry*, 31, 1990, p. 447-449. Nous revenons sur cette orientation dans la deuxième partie de ce livre.
2. G. Lanteri-Laura, E. Khaiat et G. Hanon, « Délires chroniques de l'adulte en dehors de la paranoïa et de la schizophrénie », Paris, Éditions techniques, *Encycl. méd. chir.*, « Psychiatrie », 37299 A[10], 11-1990, 4 p.

Si nous reprenions cependant le détail de cette analyse, nous pourrions constater combien les termes dans lesquels ils pensent leur découverte se révèlent en deçà de leur objet[1]. N'est-ce pas l'indication de ceci, que le ressort de la découverte doit être cherché ailleurs ? Il nous semble à cet égard que la finesse que nous trouvons à l'occasion dans les examens cliniques de ces auteurs, ils la devaient à la distinction attentive de ce qui, dans les propos de leurs patients, pouvait faire *trait*, c'est-à-dire méritait d'abord tout simplement d'être relevé. Or cette distinction renvoie de fait à une logique qui, en son fond, est celle du langage et de ses formations, et nous en donnerons ici un exemple. Dans leur « point de vue descriptif », Courbon et Fail développent, comme nous l'avons vu, une comparaison entre le cas qu'ils amènent et le syndrome d'illusion des sosies : « Les sosies sont des êtres différents, mais que l'on peut confondre, à cause de la perfection de leurs ressemblances. » Au contraire, dans le cas de leur malade, « Frégoli est un seul être, mais que l'on ne peut pas reconnaître, à cause de la perfection de ses dissemblances ». Lorsqu'ils écrivent très justement : *Frégoli est un seul être*, que vise leur description ? S'agit-il de nous donner une idée de la réalité telle qu'elle est perçue par cette malade ? Dans ce cas la description serait celle d'une sorte de donné empirique, certes erroné, mais tel que le percevrait ce sujet. Cependant ce n'est pas du tout une perception qui est visée ici, les auteurs le soulignent explicitement : « L'illusion de Frégoli n'a pas son point de départ dans la perception sensorielle des individus. » Par conséquent, ce que décrit « Frégoli est un seul être » ne renvoie pas à une perception. La preuve en est évidente, écrivent-ils, « lorsque la malade affirme que telle ou telle personne de son entourage, "frégolifiée" par ses persécuteurs, est un personnage qu'elle n'a jamais vu ». Autrement dit, pour isoler le trouble, ils s'appuient sur des éléments jugés suffisamment probants du seul fait que la malade les affirme, c'est-à-dire sur ce qu'elle énonce. Ainsi, « Frégoli est un seul être » doit être entendu non comme un constat empirique, mais comme résumant

---

1. Nous avons vu quelle était la conception de la reconnaissance à laquelle Capgras et Reboul-Lachaux adossaient leur observation. Elle élucide moins, à proprement parler, qu'elle ne permet d'indiquer ce dont il s'agit, dans les termes d'une psychologie plus « spontanée » et populaire que savante. Ce n'est pas là que réside l'originalité clinique de Capgras.

une certaine logique à l'œuvre. Or, où trouvons-nous le déploiement de cette logique ? Sinon dans ce qui nous est rapporté des propos de cette malade. C'est en les lisant que nous pouvons spécifier ce que les auteurs décrivent en le résumant dans la formule : *Frégoli est un seul être*. Nous trouvons alors, par exemple, ceci : « Une de ses patronnes d'il y a trois ans, qui voulait la frôler, *était Robine* », ou : « La femme rencontrée dans la rue et qu'elle roua de coups, à cause de l'influx exaspérant qu'elle en recevait, *était Robine*. » Il est sensible que ce que les auteurs ont relevé chez cette patiente, c'est la manière dont elle *nommait* toujours identiquement ce qui se présentait à elle sous des apparences diverses, et *en quoi ces nominations différaient de la logique individualisante que symbolise le nom propre*. En effet, il est notable que « Robine », dans ces énoncés, n'a pas exactement la fonction d'un nom propre, comme nous l'avons remarqué. Il paraît ainsi avéré que ce qui a retenu Courbon et Fail chez cette malade, c'est une certaine modalité de la nomination. C'est cela qu'ils ont concrètement noté, et c'est bien ce qu'ils visent lorsqu'ils le résument dans la formule : Frégoli est un seul être.

Ce n'est pas ainsi qu'ils l'explicitent, mais il nous semble que c'est pourtant là que gît le ressort de leur découverte. La description renvoie ici concrètement, comme toute description utile, à une analyse, et cette analyse supposait qu'ils fussent arrêtés, dans l'écoute, c'est-à-dire dans une certaine lecture des propos de leur patiente, par certains traits spécifiques. Il est clair que ce crible qui était le leur était déterminé d'une part par leur propre maniement de la langue, c'est-à-dire par ce qu'ils étaient susceptibles d'en entendre, et d'autre part par la trame que leur apportait leur connaissance du syndrome de Capgras[1].

Cela nous paraît un exemple intéressant de la façon dont un syndrome bien identifié vient rendre possible ensuite de nouvelles lectures cliniques : en fait, nous pourrions dire qu'il contribue à déterminer plus concrètement, c'est-à-dire de façon plus complexe, le rapport des cliniciens à la langue telle qu'elle est parlée et telle

---

1. Nous pourrions faire une analyse semblable de la description *princeps* de l'illusion des sosies. Nous avons d'ailleurs vu comment Capgras en était venu à faire passer au second plan l'élucidation du syndrome en termes de genèse psychologique, pour mettre l'accent sur les seuls éléments formels relevables dans le discours du patient.

qu'ils peuvent l'entendre. Mais dans tous les cas c'est ce rapport, et les lectures qu'il permet ou ne permet pas, qui nous paraît au fondement de la clinique, et c'est l'un des enseignements que nous pensons pouvoir relever dans les descriptions que nous laisse la tradition psychiatrique. Si ces descriptions nous retiennent, c'est qu'elles participent d'une lecture qui reste au plus près de l'interrogation et de l'explicitation formelles des énoncés produits par les patients. Il est d'ailleurs significatif à cet égard que la même époque, à peu près, ait vu en France l'élaboration de cette *clinique du syndrome* dont nous avons parlé, au sens d'une clinique de l'élémentaire, assortie de descriptions très précises, et la célèbre *Grammaire du français* de Damourette et Pichon – laquelle était intitulée *Des mots à la pensée*[1]. Il y a là de quoi rendre sensible ce fait que la clinique des praticiens renvoie avant tout à la manière dont est criblée la langue qu'ils entendent, c'est-à-dire dont ils peuvent être amenés à lire les productions formelles de ses énoncés. C'est cela qui détermine le style de la clinique : les scansions, les points d'arrêt et d'interrogation permettant d'isoler, dans le langage d'un patient, les linéaments d'une structure. C'est aussi cela qui peut nous permettre de considérer, lorsque nous reprenons comme ici le fil de descriptions anciennes suffisamment précises pour avoir reçu le statut de syndrome, que ce fil est assez solide pour nous orienter.

---

1. Jacques Damourette et Édouard Pichon, *Des mots à la pensée. Essai de grammaire de la langue française,* 1911-1940, Paris, 7 vol., rééd. D'Artrey, 1968-1971.

CHAPITRE IV

Discussion du syndrome de Frégoli et descriptions complémentaires

A la suite de sa découverte, le syndrome de Frégoli a été discuté et défini surtout en liaison et par comparaison avec l'illusion des sosies et l'illusion d'intermétamorphose[1]. Nous relèverons d'abord un article de Jacques Vié et deux contributions de Pierre Janet, qui précisent certains aspects cliniques des illusions des sosies et de Frégoli, et nous intéressent surtout à ce titre[2].

Comme Capgras et ses élèves, puis Courbon et Fail, Vié rapporte ces syndromes aux troubles de la reconnaissance, où il distingue les *fausses reconnaissances*, qui s'élucident suffisamment au titre d'un déficit des fonctions mentales normales, et les troubles qui se présentent *« sous forme d'affirmations ou de négations systématiques »* : ceux-ci sont liés à des « convictions délirantes », formations secondes à valeur explicative, que Vié rapporte au sentiment d'étrangeté et au transitivisme, c'est-à-dire à ce que

---

1. Ces trois syndromes renvoient en effet, selon des modalités différentes, à ce sur quoi Capgras et Reboul-Lachaux ont tout d'abord attiré l'attention en isolant l'illusion des sosies, c'est-à-dire à ce que Courbon et Tusques résumeront quelques années plus tard comme *l'illusion de fausse reconnaissance des aliénés*. Nous les abordons conjointement, de la même manière qu'ils ont été découverts en corrélation.

2. J. Vié, « Un trouble de l'identification des personnes : l'illusion des sosies », *Ann. méd.-psych.*, 1930, t. I, p. 214-237 ; et P. Janet, « L'hallucination dans le délire de persécution », *Revue philosophique*, 1932, janvier à juin, p. 61-98 et 279-331, et « Les sentiments dans le délire de persécution », *Journal de psychologie*, 1932, mars-avril, p. 161-241, et mai-juin, p. 401-461.

l'on regroupait alors sous les termes de dépersonnalisation ou d'acénesthésie[1].

Vié propose une théorie unitaire des syndromes de Capgras et de Frégoli, comme deux modalités possibles de ce qu'il nomme « affirmations ou négations systématiques ». Mais il donne à l'illusion des sosies une acception plus large que ce que Capgras avait d'abord isolé : il en fait une structure générale dont le cas *princeps* de Capgras et Reboul-Lachaux ne décrivait qu'une forme particulière, celle qui se rencontre « dans le plus grand nombre de cas publiés ».

Dans quelques cas nouveaux, il considère avoir affaire à une forme différente de ce syndrome, qu'il caractérise ainsi : alors que dans le cas *princeps* la malade décrit les sosies comme « des personnes ayant la même ressemblance » mais que l'on ne saurait « reconnaître » comme étant une même personne, dans ces autres cas au contraire, « les malades affirment l'*identité* de personnes qui pour les gens normaux ne présentent aucun point de ressemblance ». C'est ici qu'il mentionne l'illusion de Frégoli, mais sans la distinguer au titre d'un syndrome autonome : « Ces faits, écrit-il, se rapprochent singulièrement du cas rapporté par Courbon et Fail sous le nom d'illusion de Frégoli. La malade attribue ici à sa persécutrice supposée le pouvoir de s'introduire dans les personnes de son choix qui deviennent par ce fait ses "sosies", malgré la diversité des apparences. »[2]

---

1. Il conclut d'ailleurs en inscrivant le syndrome des sosies parmi les troubles graves de la cénesthésie, « base primordiale de l'affectivité ». Après Capgras et Courbon et Fail, Vié s'attache à distinguer le problème posé par les syndromes de Capgras et de Frégoli de celui de la perception. Ces auteurs tentaient de dégager la question de la reconnaissance de son ancrage dans une problématique traditionnelle de l'adéquation à la réalité, et c'est l'une des raisons de l'intérêt que nous trouvons à la manière dont ce problème s'est trouvé alors remanié. Remarquons qu'il avait commencé de l'être en profondeur dès les thèses produites par Freud en 1895 dans l'*Esquisse d'une psychologie scientifique*, travail non publié à l'époque mais dont on retrouve certaines orientations principales dans les œuvres ultérieures.

2. En réalité, dans l'observation de Courbon et Fail, la malade ne parle à aucun moment de « sosie ». Elle parle de personnes « frégolifiées », et cette différence recouvre une distinction des plans où se joue la question de la « reconnaissance » : puisque dans le syndrome de Frégoli, cette reconnaissance que Courbon et Fail qualifiaient d'emblée de « particulière » ne tient précisément pas compte des apparences. Mais Vié laisse de côté ce trait et force les choses en parlant de « sosies » à propos du syndrome de Frégoli, tout comme lorsqu'il en spécifie immédiatement après l'illusion comme reposant sur une affirmation de « ressemblances imaginaires », alors qu'il ne s'agit nullement de *ressemblances*, et que ce qu'identifie la malade, nous l'avons déjà souligné, n'est pas à proprement parler du registre de l'*image*.

Aussi pose-t-il une exacte homologie de structure entre les deux syndromes, l'un et l'autre procédant respectivement de l'*affirmation* et de la *négation* appliquées à l'identité : « Nous proposons pour la première catégorie de sosies, celle qui repose sur la perception de dissemblances inexistantes, sur la négation d'identité, le terme de *sosies négatifs* ; pour la seconde catégorie, dans laquelle il y a affirmation de ressemblances imaginaires, le terme de *sosies positifs*. »

Sur le début et l'évolution du syndrome, Vié souligne le caractère *postérieur et explicatif* de la période où se constitue le délire, par rapport à un automatisme mental souvent présent initialement. Il reprend ce faisant la thèse de Clérambault sur la secondarité du délire, mais en s'écartant de ce que Capgras, nous l'avons vu, faisait valoir : s'il considérait en effet l'illusion comme une *interprétation*, celle-ci n'était pas de l'ordre d'une hypothèse seconde et explicative, elle était immédiatement commandée par la cénesthésie. C'est pourquoi Capgras tenait à la notion de jugement affectif : elle permettait de ne pas rabattre le trouble sur le travail d'une construction seconde, mais de lui conserver toute la valeur de ce que nous appellerions un phénomène élémentaire.

Du point de vue doctrinal, le principal intérêt de cet article consiste en la proposition d'une théorie unitaire des deux syndromes. Toutefois Vié ne paraît pas avoir suffisamment distingué certains de leurs traits respectifs, et la symétrie inverse qu'il invoque de l'un à l'autre ne semble pas tenable telle qu'il la détermine : « affirmation systématique d'identité » dans un cas, « négation systématique d'identité » dans l'autre. Elle appelle d'abord l'objection que l'*identité* ne s'entend pas de la même manière dans les deux cas. Dans le syndrome de Capgras c'est l'image qui tombe sous ce que Vié appelle une négation d'identité. Dans le syndrome de Frégoli c'est autre chose que l'image qui est reçu par le sujet comme le même et nommé par lui à l'identique. De plus, il ne nous paraît pas avéré que l'on puisse caractériser le syndrome de Capgras comme une négation d'identité. Nous avons remarqué en effet – Vié lui-même le souligne par ailleurs – que ces sujets identifient bien quelque chose : ils relèvent des traits, accumulent des détails, recensent des différences. En ce sens nous pourrions dire qu'ils essaient bien plutôt d'établir des identités, là où elles se délitent et où elles ne se présentent à eux que comme un foisonnement infini de distinctions. C'est pourquoi l'*agnosie d'identification* de Capgras nous paraît plus près de ce dont il s'agit : ce terme rend mieux compte de l'effort manifeste de ces sujets vers une identité qu'ils ne peuvent conclure, que celui de *négation d'identité* pure et simple. C'est bien parce que ces sujets ne peuvent pas ne pas affirmer ces différences toujours aperçues et reprises, qu'ils ne peuvent identifier le défaut de différence, l'arrêt de la différenciation indéfinie, d'où peut seul procéder l'identification de quoi que ce soit.

La valeur de cette contribution tient davantage à certaines notations cliniques, ainsi qu'aux observations apportées[1]. Nous nous en tiendrons à celles des « sosies positifs », c'est-à-dire du syndrome de Frégoli.

Le premier cas cité par Vié est celui d'une femme dont le mari a été mobilisé pendant la guerre de 1914-1918. Internée en 1923, elle affirme que son mari n'est en réalité jamais parti. Il est resté, car elle a eu de fréquents rapports sexuels avec lui, mais il dissimulait son identité sous des apparences d'emprunt. Après la guerre, il a continué à mener une vie mystérieuse, mais elle l'a rencontré à diverses reprises sous des formes différentes. Il y avait bien quelques différences physiques, dit-elle, mais son mari *est un véritable illusionniste, il change de figure comme il veut*. Elle a eu des relations avec *beaucoup d'hommes, qui semblent différents, mais qui sont en réalité le même : son mari*. Ce *même*, elle le précise de la façon suivante : c'est que *ce sont toujours les mêmes façons de faire... Au moment des rapports sexuels, c'est toujours la même façon de faire*. Ce qui vient

---

1. Parmi les notations cliniques on relèvera celle-ci, déjà suggérée par Capgras, mais que Vié souligne plus explicitement à propos de l'illusion des sosies *stricto sensu* : « Nous avons été frappé de ce que l'illusion des sosies, contrairement à ce que l'on pouvait attendre, consistait non pas à affirmer des ressemblances entre des sujets différents, mais à *rechercher des dissemblances entre les apparitions diverses d'un même individu*. » Il souligne là l'un des traits les plus intéressants du syndrome, que présentait très bien la malade du cas *princeps*, en énumérant longuement tous les traits particuliers, uniques, qui devaient permettre de la reconnaître en la distinguant de ses nombreux sosies. Ce relevé d'indices individualisants ne lui permet cependant jamais de conclure à une identité : elle essaie toujours en vain de rassembler la série extensive des traits réels qui l'identifierait, faute d'une inscription de cette identité dans un registre que nous dirions symbolique, différent de la pure sommation. Si Vié avait rapporté cette remarque au syndrome d'illusion de Frégoli, il n'aurait sans doute pas manqué d'apercevoir que la question de l'identification s'y présentait différemment de la symétrie inverse à laquelle il la réduit ici.

polariser chez elle l'identification du même trait récurrent, auquel peut indifféremment s'accrocher n'importe quelle apparence d'homme, c'est quelque chose à quoi son propos attache une valeur caractéristique d'énigme ou de bizarrerie, à savoir la fonction sexuelle ici détachée comme telle, dans une répétition indifférenciée. Ce trait, c'est son mari, un, unique et le même quelle que soit l'image. Notons enfin qu'elle présente une très importante xénopathie, et qu'elle se plaint de la façon dont *elle-même se transforme* : elle remarque comment ses robes sont certains jours trop courtes ; ou bien, mangeant de la viande, se demande si ce qu'elle mange n'a pas été prélevé sur elle. Comme dans le cas *princeps* de Courbon et Fail, nous avons là d'un côté un délitement généralisé du registre de l'image du corps, chez le sujet comme chez le semblable, délitement solidaire de l'identification récurrente et univoque d'un x qu'aucune image n'habille plus.

Le second cas présente plusieurs traits originaux par rapport au cas *princeps*. Il s'agit d'une malade internée une première fois en 1920, à l'occasion d'un épisode onirique avec hallucinations impératives ; jalouse, méfiante, inquiète de sa santé, elle accuse son mari de « la délaisser physiquement ». En 1924, à l'occasion d'une fausse couche, elle se sent prise par « l'influence » du médecin qui la visite. Elle est en butte aux pratiques de sorcellerie d'un certain nombre de Lorrains qui agissent sur elle par fluides et lui procurent des « sensations internes désagréables ». Vié remarque que l'automatisme mental constitue « la note dominante ». Elle est sous l'emprise et l'influence d'un médecin, d'un Lorrain, etc. : un certain nombre de personnes, qu'elle désigne, s'emparent d'elle. Elle est « dépossédée », ne « s'appartient pas du tout ». Les hallucinations et la xénopathie sont très importantes.

Tout ceci évoque une ébauche de syndrome de Frégoli, la malade rapportant les effets de la xénopathie à des persécuteurs qui peuvent à l'occasion se polariser en un seul. Mais cette polarisation se fait selon un mode spécial. Il y a en effet des personnes que la malade appelle ses « sosies », mais pas à la manière de l'illusion des sosies de Capgras : ce ne sont pas des personnes avec lesquelles on pourrait la confondre par l'apparence, et elle ne cherche pas, comme la première malade de Capgras, à donner son « réel signalement » pour parer à d'éventuelles méprises. Ce sont des personnes dont elle dit qu' « elles lui ressemblent », mais pas au titre des traits qui étayent la *reconnaissance* ordinaire : autrement dit *ce n'est pas sur le plan de l'image.* Elle reconnaît ces personnes *au fait qu'elles exercent sur elle* « *une action particulière* », une « *influence* ». « Elles se sont rapprochées de moi dans la physionomie ; de ce moment-là, elles ont de l'influence sur moi, je suis dépossédée. » Elle connaît six sosies de cette sorte. Le premier est un homme, dont elle dit : « *Il représente ma tête, il me ressemble,* il vient au parloir, il a jugé nécessaire d'opérer de cette façon. » Un autre sosie est « une tête que j'ai vue dans le journal, dans le tennis, avec Suzanne Lenglen »[1] : ainsi, elle lit dans un journal un article sur la célèbre sportive, illustré d'une photographie, et elle aperçoit à proximité immédiate, sur la même photographie, ce qu'elle désigne comme un sosie : quelqu'un qui va opérer sur elle, et qui pour cela va lui « ressembler », non au sens de l'image, mais plutôt de ce que désignait la malade de Courbon et Fail à travers la persécution de Robine-Frégoli. La malade mentionne encore : « La sosie Laf..., celle-là j'en ai par-dessus la tête, elle est spéciale, elle joue sur mon cœur, elle a dit que depuis des années elle agissait sur mon cœur, elle est jalouse. De chez moi, j'ai envoyé ma photographie à son ami, c'est alors qu'elle a *fait sosie* avec moi. »

L'intérêt de ce cas tient à ce que les sosies renvoient ici à ce que la malade identifie bien comme *le même* à chaque fois récurrent. Mais ce même qui lui revient à travers différents autres – les six sosies qu'elle mentionne –, c'est *elle*, en l'espèce non pas d'une *image* à proprement parler, mais d'un *trait scopique* : une semblance de tête, une photographie dans un journal, une photographie envoyée. Ce sont des *transfigurations continuelles*, dit-elle. C'est ce trait qui, présentifié par les diverses images d'autres, réduit celles-ci chaque fois à une réduplication de l'identique.

Mentionnons un troisième cas brièvement rapporté par Vié, qui nous intéresse surtout en ce que l'illusion des sosies paraît y céder la

---

1. Suzanne Lenglen, joueuse française de tennis plusieurs fois championne du monde, était célèbre à l'époque. Dans le cas *princeps* de Frégoli, le nom de l'actrice Robine identifiait pour la malade le principe de ce qui annexait son corps. Ici, la malade mentionne le nom d'une célébrité féminine à portée contiguë de cet *x* qui la « dépossède d'elle-même ». Il y a dans les deux cas contiguïté ou identité de l'idéal et de l'objet persécuteur.

place à un syndrome de Frégoli. La malade est « atteinte depuis 1919 d'un délire hallucinatoire systématisé ». Elle présente « des troubles multiples de l'identification des personnes, de fausses reconnaissances, une illusion systématisée des sosies. En 1919, elle "a idée" qu'on la remplace, elle sait qu'une personne l'a remplacée deux fois. Elle remarque que les passants se succèdent et se ressemblent, les sosies défilent ». Cette illusion des sosies va ensuite évoluer vers une forme différente : elle rencontre un certain D^r Gr..., qu'elle dit avoir connu déjà pendant la guerre. Elle le reconnaît, ce ne peut être un sosie, car « un sosie n'aurait pas la même façon de marcher que lui ». Elle va le rencontrer à différentes reprises : une fois en face de chez elle, rue Nollet ; une autre fois au Père Lachaise, devant son caveau de famille. Interrogée sur l'identité qu'elle affirme entre ces trois personnes, elle la confirme en déclarant : « Je suis physionomiste. » Vié conclut que « l'illusion des sosies, d'abord proposée comme procédé d'explication, fut donc ici transitoire : elle aboutit à une assimilation totale des personnages rencontrés ». Il mentionne ce cas comme exemple de disparition de l'illusion des sosies, sans relever toutefois la proximité de ce que la malade évoque ensuite avec le syndrome d'illusion de Frégoli. Nous retiendrons de ce cas ce qui paraît être une stabilisation du délire dans une ébauche de syndrome de Frégoli, après un temps pendant lequel la problématique des sosies a été prévalente. Ce passage de l'une à l'autre forme est en tout cas indicatif de la proximité des deux syndromes[1].

Deux ans après cet article de Vié, Pierre Janet publie les deux travaux que nous avons cités sur le délire de persécution, contribuant au débat alors en cours sur l'hallucination[2]. Ces deux articles

---

1. Il peut suggérer aussi l'idée qu'ils représenteraient respectivement deux états distincts de décomposition de la forme spéculaire de l'image du corps. Ces deux états sont donnés ici dans une succession. Nous verrons qu'un peu plus tard Courbon et Tusques tenteront une théorie générale de ces syndromes, dans laquelle ils feront de l'illusion des sosies un moment souvent *initial* du délire. Nous rencontrerons aussi des cas où ils se présentent en simultanéité.

2. Nous ne pouvons reprendre ici le détail de ce débat ancien et récurrent (il avait commencé dès les années 1830) sur la nature et les causes de l'hallucination. Mais nous devons en dire un mot, puisqu'il concerne également la spécification des troubles de la reconnaissance qui nous occupent, les auteurs discutant aussi bien de leur nature (illusions ou hallucinations, par exemple) que de leur étiologie (troubles de la cénesthésie, sentiment d'étrangeté, etc.). Ce débat a d'abord porté sur le point de savoir si

mentionnent et commentent l'un et l'autre brièvement les syndromes de Capgras et de Frégoli. Nous y trouvons quelques indications cliniques, et l'essai de préciser plusieurs notions récurrentes dans la problématique qui nous intéresse.

«L'hallucination dans le délire de persécution» est l'occasion pour Janet de critiquer la manière dont le concept d'hallucination est trop souvent évalué en référence à une problématique de la perception. Il faut discuter et reprendre, dit-il, la différence entre hallucination et illusion, trop vaguement rapprochées, « en distinguant sous le nom d'*illusions* les troubles qui se rattachent nettement à une modification de la perception elle-même, et sous le nom d'*hallucination* proprement dite ceux qui ne présentent avec la perception qu'une ressemblance apparente et qui ne sont que des formes de la croyance délirante ». L'étude de l'hallucination, résume-t-il, « n'est pas un chapitre de la perception, c'est un chapitre de la croyance »[1].

l'hallucination relevait d'une reviviscence de la sensation, selon une théorie des images mentales héritée du sensualisme, ou si elle renvoyait à un trouble de la croyance, lié à un affaiblissement de la conscience et au jeu prévalent de la mémoire et de l'imagination. Cela n'empêchait d'ailleurs pas que les deux théories puissent éventuellement se rejoindre pour des raisons inverses, comme le notait Clérambault : « L'identité totale de l'hallucination avec la perception réelle a été autrefois admise par deux écoles antagonistes et pour deux motifs juste inverses, les uns la regardant comme issue de la perception, les autres de l'imagination, tous admettant que par un trajet soit ascendant, soit descendant, elle arrivait à occuper intégralement les deux terminus opposés de la sensation et tout l'espace compris entre eux » (*op. cit.,* p. 539). Au moment qui nous occupe, la ligne de partage passe entre les adversaires de la psychogenèse, tels Clérambault refusant toute « idéogenèse » au principe des hallucinations vraies, sans pour autant d'ailleurs les rabattre sur le versant perceptif, et d'autre part les tenants d'une psychogenèse plus ou moins importante, développée notamment dans les distinctions proposées par H. Claude et H. Ey entre hallucinose, hallucination et pseudo-hallucination. Ces distinctions sont bien précisées dans « LXXXIVe Assemblée de la Société suisse de psychiatrie ; sur le problème des hallucinations », compte rendu par J. Lacan, *L'Encéphale,* 1933, 11, p. 686-695. Ces positions recoupaient en partie celles prises à propos de l'*automatisme,* selon que celui-ci se trouvait intégré, comme chez Janet, au registre du fonctionnement « psychologique » proprement dit, ou qu'il en était précisément distingué comme chez Clérambault.

1. Cependant, évoquant des « niveaux psychologiques » distincts dans l'hallucination, Janet ménage en fait une série de degrés intermédiaires qui interdisent de la distinguer clairement du registre perceptif, et par conséquent d'indiquer spécifiquement son ordre de détermination. Tout en relevant dans l'hallucination un mode spécifique d'affirmation et de croyance, dont il rend compte sous le terme de *sentiment,* Janet l'évalue néanmoins en même temps comme *défaut* par rapport à une appréhension « vraie » de la réalité : c'est une « affirmation fausse », dit-il en un sens qui la maintient tributaire des coordonnées de la perception.

Il remarque ensuite que l'on met le plus souvent l'accent dans les délires de persécution sur « les hallucinations de l'ouïe », qui seraient prévalentes, alors que les « hallucinations visuelles » sont selon lui également très fréquentes. Cette remarque présente l'intérêt de mettre en parallèle les deux registres de la *voix* et du *regard*, comme deux versants d'un même phénomène, repéré par Janet dans toute une série de troubles, parmi lesquels il compte ceux qui ont été découverts dans le sillage du syndrome de Capgras et en particulier le syndrome de Frégoli : « Il y a un phénomène fort curieux qui joue un grand rôle dans ce délire [de Frégoli] et qui me semble nous montrer des hallucinations visuelles plus nettement réalisées à l'extérieur, je veux parler des *fausses reconnaissances*. Mis en présence d'un individu qu'il ne connaît pas et qu'il n'a jamais vu, le malade se comporte comme s'il le reconnaissait immédiatement pour un membre de sa famille, ou un de ses ennemis. » Janet qualifie ces fausses reconnaissances d' « erreurs » : « Ces singulières erreurs ont été baptisées d'une manière pittoresque par MM. Courbon et Fail qui les appellent des illusions de Frégoli. » Ce sont clairement des délires : « On connaît aussi le délire des sosies que j'ai souvent étudié autrefois et auquel M. Jacques Vié vient de consacrer un article intéressant. MM. Courbon et Fail rapprochent ces deux délires (...) Ils rappellent ce que j'étudiais autrefois, le rôle considérable des sentiments dans l'un et l'autre délires. »

Nous allons revenir sur ce que Janet appelle les *sentiments*. En ce qui concerne l'hallucination, la notion qu'il en propose à partir de ces syndromes ne la départage pas réellement du registre perceptif : « Il s'agit encore ici, écrit-il, d'une hallucination *associée* comme l'hallucination auditive en écho, puisque cette reconnaissance *demande pour s'effectuer la perception d'une personne réelle* et même d'une personne déterminée » (nous soulignons). Il est difficile dans cette perspective de déterminer où finit la perception et où commence l'hallucination, dès lors que celle-ci peut être « associée » à une perception, non plus que ce qui dans la perception relève du « réel » ou du « vrai », puisqu'elle peut comporter une part hallucinatoire. C'est la même difficulté ou le même embarras que traduit l'idée évoquée plus haut d'hallucinations visuelles « plus nettement réalisées à l'extérieur », puisqu'elle laisse entendre que la perception et l'hallucination différeraient seulement du plus au moins de « réalisation ». Les deux termes sont distingués, mais définis selon des critères qui sont fondamentalement ceux de la perception, et plus précisément d'une psychologie « réaliste » de la perception. Il devient dès lors impossible de séparer les deux plans, tout comme de définir ce qui distingue une hallucination d'une illusion. Nous sommes ici dans un cercle dont on ne cesse de mesurer l'incidence chez les auteurs quand ils abordent la clinique à partir de ces termes[1].

Ce cercle et cette difficulté, il n'était possible d'en sortir qu'à la condition de saisir l'hallucination dans un registre délibérément distinct de celui de la perception. La doctrine de Clérambault en représente une tentative, et c'est ce qui donne son sens au modèle organiciste chez lui, en affirmant le caractère élémentaire et exogène de l'hallucination, et son irréductibilité aussi bien à toute « idéogenèse » qu'aux modalités de la perception normale[2].

Comment devons-nous situer à cet égard les troubles de la reconnaissance dans le syndrome de Frégoli et les syndromes apparentés ? Les auteurs les ont qualifiés, au départ, d'*illusions*. Mais la distinction d'avec l'hallucination s'établit surtout en référence au registre de la perception, et nous ne pouvons que constater l'embarras des auteurs à rendre compte de la clinique dans ce registre, comme le caractère approximatif des théories qu'ils en donnent[3].

---

1. Bergson, qui portait aux questions de psychologie un intérêt documenté, analysait déjà cette difficulté dans la critique de la psychologie associationniste de la représentation que comportait *Matière et mémoire*, dès 1896.
2. Il distinguait à cet égard ce qu'il appelait la « perception illusoire » dans l'hallucination, de la « perception normale », sous plusieurs aspects précisément notés. Elles n'ont pas, disait-il, la même *structure* : « Dans la perception illusoire ni le nombre ni l'ordre des éléments mis en jeu ne seraient le nombre ni l'ordre normaux » (*op. cit.*, p. 538). Elles n'ont pas la même *qualité subjective* : « Étrangeté intrinsèque et extranéité presque immédiatement supposée », « impression de facticité » des sensations hallucinatoires. Elles n'ont pas la même *intensité* : « Les sensations hallucinatoires sont généralement moins aiguës, moins précises et moins douloureuses » (p. 541). Enfin elles n'auraient pas la même *localisation neurologique (ibid.)*. Ces notations s'attachaient en fait surtout à saisir les faits hallucinatoires dans un registre spécifique, en les rapportant à un système de déterminations autonomes.
3. Il n'y a guère lieu de s'en étonner, dès lors que la perception vraie renvoie déjà en elle-même à la question de son *critère*. Or c'est une question que la philosophie n'a pu trancher autrement que par les pétitions de principe qui y fondent la notion d'un sujet constituant, dont les descriptions cliniques qui nous retiennent ici disent précisément l'inadéquation dans l'ordre de faits qu'elles découvrent. Il est dès lors manifeste que

Dans le second article que nous évoquions, « Les sentiments dans le délire de persécution », Janet tente de répondre à cette difficulté par le recours à un troisième terme que nous trouvons très souvent sous la plume des auteurs : les *sentiments*, dont il avait déjà traité notamment dans *De l'angoisse à l'extase*, précisément pour rendre compte de l'ensemble des troubles qu'il subsume sous le délire de persécution, et cela sans plus en passer par une référence trop directe à la perception. C'est en effet à l'*action* et non à la perception que s'articule le sentiment pour Janet. Il représente dans l'ordre psychologique une instance tenant à la fois de la réceptivité, dans la mesure où le sentiment est présent à la conscience comme s'imposant à elle et pouvant par là déterminer sa croyance ; et de la spontanéité, dans la mesure où les sentiments sont liés aux *tendances*, dont ils ont fonction d'assurer la régulation[1].

Les sentiments seraient ainsi ce par quoi l'organisation psychologique réfléchit la réalité dans les modalités de l'action : régulations de l'action, ils « sont intermédiaires entre les actes élémentaires et les croyances », et déterminent largement celles-ci, surtout quand il s'agit des « croyances élémentaires » où l'affirmation est « entraînée immédiatement par les sentiments ».

C'est de cette façon que Janet confère aux sentiments une grande valeur étiologique dans les délires et les phénomènes halluci-

---

l'aune du témoignage des sens ou de la perception, quel que soit le moment de la théorie où ils servent de référence pour mesurer la rectitude ou le défaut du jugement, ne sont pas d'un grand secours pour essayer de situer ces faits dans leur portée. Par ailleurs il nous est plus difficile qu'aux auteurs de l'époque d'ignorer ce que la psychanalyse a pu mettre au jour, de son côté, du caractère *dérivé*, *ponctuel* et *fragmentaire* de ce que Freud appelait « le système perception-conscience ». C'est une seconde raison de ne pouvoir reprendre aujourd'hui ces questions comme si elles devaient se rapporter, d'une manière ou d'une autre, au registre de la perception comme à leur mesure naturelle. Mais de ce fait, nous n'avons plus lieu de tenir de la même façon que ces auteurs à la distinction entre hallucination et illusion, pour autant du moins que cette distinction supposerait une référence à la saisie droite et originaire d'une réalité univoque. A ces termes, nous préférons celui de *phénomène élémentaire*, dont la notion renvoie à une logique articulée dans son ordre, qui est celui du délire et de ses éléments fondamentaux (cf. *supra*, n. 2, p. 45).

1. En fait c'est surtout ce que Janet appelle la tendance, en tant qu'elle est liée au sentiment, qui confère à celui-ci un double versant de spontanéité et de réceptivité, puisqu'elle est à la fois la modalité selon laquelle le sujet se rapporte au « donné » de l'objet, et celle selon laquelle il y répond par une action.

natoires[1]. Nous n'entrerons pas dans le détail de la théorie qu'il en donne, censée à ses yeux expliquer « bien des caractères souvent observés par les aliénistes et qui les embarrassaient », notamment « l'immédiateté des hallucinations ». Nous relèverons seulement comment il y inscrit les troubles qui nous intéressent.

A côté des sentiments *communs* (sentiment d'*intimidation*, sentiment de *jalousie*, sentiments d'*amour* et de *haine*), Janet distingue les *sentiments d'emprise* comme spécifiques des persécutés, et les décompose comme suit : sentiments d'imposition, de privation et de vol, de pénétration, de dédoublement, enfin sentiment du vide.

Nous retiendrons une intéressante notation clinique citée pour illustrer le sentiment de *dédoublement*. Il s'agit d'une femme, Simone, âgée de 24 ans, qui observe que certaines parties de son corps ont fait l'objet d'une substitution : elles ont été remplacées par d'autres, répugnantes, appartenant à une certaine dame, donc à un autre qui se sustente au détriment de la malade. Voici le compte rendu qu'en rapporte Janet : « Il s'est fait, dit-elle, un changement dans mon corps, certaines parties ont été substituées à d'autres. Une partie de mon poignet qui était à moi, qui m'était indispensable, est partie, elle a été remplacée par une de ces vieilles, crasseuses parties dont je ne veux pas, ça me dégoûte, j'ai bien peur qu'une autre partie de mon bras ne s'en aille aussi... Ma main, elle n'est pas tout à fait à moi, est-ce que ces types de grosses femmes dégoûtantes l'ont déjà prise ? C'est comme si leurs sales membres étaient venus à la place des miens, ce sont les pattes d'une autre, ce ne sont plus les pattes à moi... Il y a une bonne partie de mon corps qui n'est plus à moi, cela gêne mes mouvements, je me frictionne pour tâcher de me retrouver, pour que les parties de la grosse dame s'en aillent... Depuis ce changement dans mes mains, je ne peux plus supporter qu'on les touche, je ne sais pas pourquoi... Cela me donne une peau jaune et gluante, tandis que j'avais auparavant une peau blanche et ferme, ça m'agace... Ça m'est venu tout d'un coup, une nuit que je pensais trop à cette personne qui me dégoûtait, il m'a fallu faire un effort violent pour conserver à

---

1. Notons que l'hallucination n'est pas pour Janet d'un ordre différent du délire : « Nous avons dit, avec M. Séglas, que l'hallucination est déjà le délire. » Remarque cliniquement intéressante, puisqu'elle autorise à articuler l'une comme l'autre aux éléments d'une même logique.

moi le reste de mon corps : il me semble qu'on se nourrit à mon détriment. (...) Je voudrais tant reprendre les parties qui étaient à moi. » Janet poursuit en évoquant la dépersonnalisation : « Simone se plaint de ne plus être la même, que "ses facultés, ses souvenirs, ses sentiments se soient abaissés, que d'elle-même elle ne puisse plus rien faire de bien... C'est triste de voir partir tous les sentiments que l'on a eus depuis son enfance et qui ne reviendront jamais... *Tout en moi est devenu à moitié*, je voudrais une chose, je la veux à moitié ; quand j'ai une joie, il y a une partie physique de mon être qui ne peut plus se mettre au niveau. Je ne peux plus prendre confiance, ni aimer ; il me manque quelque chose pour cela, ma tête est vide, je ne suis plus moi-même... Je suis raide, je suis sale, depuis que mes mains ne sont plus à moi, je ne peux plus les nettoyer, je n'essaye même plus... Tous les jours je perds quelque chose que j'avais auparavant, je sens une partie de mon intelligence, de mon jugement qui est partie, je sens très bien la partie de ma figure qui s'en va, c'est le haut du front qui se rapetisse... Tout en moi est devenu étroit, c'est une vie dans un dé à coudre, je suis inachevée, donnez-moi le coup de pouce pour me continuer". »

Cette riche observation amène au premier plan un délitement actuel de l'image du corps auquel la malade essaie de parer. Cette image se défait, devient méconnaissable. Plus précisément, ce corps est annexé, littéralement en train d'être ingéré par un autre, par quelque chose[1], par ce qui fait ici cette modalité caractéristique de doublure parasitaire et absorbante adhérant aux membres du sujet, lui collant à la peau (« cela me donne une peau jaune et gluante »), corps distribué dans certaines de ses parties (poignets, mains, bras, membres, « pattes ») entre celui de la malade et celui de certaines femmes résumées en « types de grosses femmes dégoûtantes » tendant à se réduire à une seule, « la grosse dame ».

Cette rupture de consistance de l'image du corps, quand elle est décrite sur le mode de la *disjonction* et du démembrement, se polarise entre d'un côté une prolifération de déchets remplaçant

---

1. Une autre malade citée par Janet évoque également ce mode de *présence parasitaire*, de *redoublement* opaque au sujet : « Il me semble, dit Voc., f., 17, que je dois tout le temps lutter contre quelque chose qui est en moi. Ce quelque chose que je ne connais pas veut m'empêcher de manger, de travailler, j'ai bien de la peine à manger tout de même, qu'est-ce que c'est que ce quelque chose qui est si gênant ? »

les membres, modifiant la peau, et de l'autre la désignation, l'identification des grosses dames, sinon de l'unique dame, le « quelque chose » se nourrissant de ce corps. Quand elle est décrite au contraire sur le mode d'une tentative de *recollement* pour y parer, elle amène au premier plan une *esthésie d'enveloppe*, de peau : « Je me frictionne pour tenter de me retrouver, pour que les parties de la grosse dame s'en aillent. » Ces parties sont en effet désignées par la malade comme *ce qui entrave la coordination motrice de son corps* : « Cela gêne mes mouvements », dit-elle.

Ces traits sont proches de ceux que nous avons relevés dans le syndrome de Frégoli : décomposition de l'image du corps, partage de ses éléments entre le sujet et un autre tendant à être identifié comme un à travers les effets que le sujet en reçoit, court-circuit de la reconnaissance dans l'identification de cet autre. A cela s'ajoutent une certaine *élection de la peau détachée comme telle*, support à la fois d'une jouissance unifiante et d'une contamination de déchet ; et une désintégration du visage, que la malade qualifie en disant qu' « une partie de sa figure » s'en va.

C'est sous la rubrique des *sentiments du vide* que Janet évoque le « défaut de reconnaissance » au départ du « délire des Sosies ». Mais il en propose une psychologie qui n'ajoute rien de notable à celle qu'avait indiquée Capgras en 1923[1]. Quant au « délire des Frégolis » *[sic]*, il est défini simplement par « la permanence et la prépondérance d'un même sentiment malgré la différence des perceptions », sentiment à rapporter plutôt au « sentiment d'emprise » qu'au « sentiment du vide ».

Nous mentionnerons deux autres brèves notations cliniques de Janet qui nous paraissent plus pertinentes que les hypothèses doctrinales qui les encadrent. Dans la première, Janet signale la difficulté que présente le fait que, « chez certains délirants, on peut observer à la fois les deux phénomènes inverses »[2]. C'est ainsi que « Qea., h.,

---

1. « La perception d'un individu, écrit-il, reste correcte et éveille bien l'attitude primaire qui lui correspond, mais l'ensemble des sentiments, des conduites secondaires qui d'ordinaire accompagne cette conduite perceptive est complètement supprimé, *le sujet reconnaît et ne reconnaît pas.* »

2. C'est-à-dire les effets conjugués, quoique opposés, d'un « sentiment d'emprise » et d'un « sentiment du vide ». Rendons à Janet cette justice qu'il n'hésite pas à faire état d'observations qui démentent la cohérence voire la nature des hypothèses proposées, en privilégiant le plus souvent l'observation, dût la cohérence en souffrir.

25 (...) déclare tous les objets faux, truqués : "C'est un faux journal que vous me montrez... Ce n'est pas mon frère qui est là, mon vrai frère est mort assassiné... Oui, il ressemble à mon frère, je ne crois pas qu'un individu dans Paris puisse lui ressembler autant, il a fallu qu'il se grime beaucoup et habilement." (Voilà la méconnaissance et le délire des Sosies.) Mais, quelque temps après, il va se fâcher contre ce même individu et le menacer parce qu'il l'appelle M. X..., du nom d'un clerc de notaire qu'il accuse de l'avoir frustré dans son héritage et dont il se croit persécuté depuis plusieurs mois. (Voilà la fausse reconnaissance et le délire des Frégolis chez le même malade à propos de la même personne à quelques heures d'intervalle.). » Observation succincte mais importante, puisqu'elle montre effectivement que les deux syndromes peuvent être présents simultanément dans le même tableau.

Une dernière notation, bien que très brève, relève ce qui se trouve être un aspect essentiel du syndrome d'illusion de Frégoli. « J'ai déjà décrit Med., f., 26, ajoute Janet, qui me prend toujours pour Raoul, quoi qu'elle reconnaisse bien que les traits sont différents ; la même malade, avant de venir à l'hôpital, refusait de reconnaître ses parents et même le vrai Raoul. » Cette remarque résume le syndrome de Frégoli en un seul trait, ici dégagé isolément dans une valeur clinique et diagnostique suffisante : à savoir *la disjonction manifestée entre le nom d'un côté, comme support de l'identification de quelque chose, et de l'autre côté l'image comme ensemble de traits normalement articulés à la reconnaissance, mais en l'espèce détachés de la reconnaissance*. La malade nomme *Raoul* quelque chose, un autre qu'elle identifie mais qu'elle ne reconnaît pas : elle admet que les traits sont différents. A l'inverse, devant les traits du nommé Raoul, elle refuse de l'identifier comme tel. Autrement dit, elle présente une disjonction exclusive entre le nom et l'image dans la reconnaissance.

CHAPITRE V

La découverte du syndrome d'intermétamorphose

Le troisième syndrome isolé à la suite de la description *princeps* de l'illusion des sosies fut présenté par Courbon et Tusques devant la Société médico-psychologique le 14 avril 1932[1]. Comme Courbon et Fail l'avaient fait pour l'illusion de Frégoli, les présentateurs se réfèrent d'emblée au syndrome de Capgras pour introduire ce trouble inédit : c'est l'illusion des sosies, remarquent-ils, qui a initialement attiré l'attention sur « l'illusion de fausse reconnaissance des aliénés »[2].

Les troubles présentés par la malade affectent, comme dans les deux précédents syndromes, les registres de la reconnaissance et de l'identification, mais selon des modalités plus diversifiées, allant de la variation ponctuelle et limitée aux transformations complètes, incessantes et généralisées. La description en distingue trois sortes.

---

1. Paul Courbon et Jean Tusques, « Illusions d'intermétamorphose et de charme », *Ann. méd.-psych.*, XIVe série, t. I, avril 1932, p. 401-406.
2. Notons que dans tous ces travaux, la notion de fausse reconnaissance a été critiquée comme inadéquate pour rendre compte de ce type de troubles, au bénéfice de nouvelles formulations comme l'*agnosie d'identification* ou les *méconnaissances systématiques* de Capgras. Elle n'a pourtant jamais été abandonnée, probablement parce qu'elle en est venue à désigner une difficulté spécifique que la clinique ramenait régulièrement au premier plan, et que Courbon et Tusques essaieront d'articuler sous la notion d' « identification délirante ». Ici, l' « illusion de fausse reconnaissance *des aliénés* » renvoie aux formes spéciales que peut prendre la fausse reconnaissance dans les psychoses, et au problème de l'élucidation de ces formes. Nous nous sommes tenu à l'usage en l'occurrence, en désignant cette série de syndromes sous l'appellation de « syndromes psychotiques de fausse reconnaissance ». Nous proposerons par la suite (cf. seconde partie, *Remarques préliminaires*) une définition de la reconnaissance telle que permet de la poser la clinique que nous reprenons.

1 / La malade évoque les nombreux changements qui affectent les objets et les animaux qui l'entourent, ses propres vêtements, les personnes qu'elle rencontre. Objets et animaux sont déplacés ou changés : « Ils m'ont changé mes poules, dit-elle, ont mis deux vieilles au lieu de deux jeunes, elles avaient de grandes crêtes au lieu de petites. » Ses vêtements sont transformés : sortant avec un manteau neuf, « on dit autour d'elle en la regardant qu'elle a un manteau sale et déchiré (ce qu'elle constate) ». Enfin les personnes se transforment : « Ils allongent leurs oreilles... J'ai vu des femmes se transformer en hommes, des jeunes en vieux... »

Cette première série de changements permet quelques remarques :

— ils affectent électivement ce qui touche à la *reconnaissance de l'image,* de l'apparence. Les traits n'en sont plus stables au regard de la reconnaissance. Il s'ensuit pour la malade un doute portant sur l'identification de ce qu'elle désigne, qui évoque effectivement le syndrome de Capgras : ses poules ont été changées, ce ne sont donc pas les mêmes ; son manteau a dû être changé, puisque celui-ci est sale et déchiré, ce n'est donc pas le même, etc. ;

— ils sont polarisés de façon binaire en une série de termes *inverses* : jeunes et vieilles poules, petites et grandes crêtes, manteau neuf puis sale ou déchiré, femmes devenant hommes, jeunes devenant vieux, etc. ;

— enfin, ils mettent au premier plan : d'une part ce qui a trait au *vêtement,* c'est-à-dire à l'enveloppe formelle en tant que détachable et altérable, sans plus de consistance ; d'autre part ce qui a trait au *regard* et à la *voix,* en tant qu'ils se sont autonomisés, revenant au sujet de l'extérieur sous le « on » qui l'épingle : « *on dit* autour d'elle *en la regardant,* etc. ».

2 / Une seconde série de troubles concerne l'entourage proche de la malade. Courbon et Tusques relèvent d'abord plusieurs illusions qu'ils rangent du côté de l'illusion des sosies. La malade dit ainsi : « On m'a fait voir trois garçons comme mon fils à un quart d'heure de différence, dans la rue, à Paris. » Elle évoque les traits de ressemblance : même vêtement, même nez, même visage, même bouche. Toutefois elle se refuse à les identifier comme son fils : « Aucun d'entre eux n'était mon fils, parce qu'ils se moquaient de moi,

riaient comme des gens heureux, avec une poule. » Elle dit d'autre part avoir vu sa tante « dans le même moment à deux endroits différents, comme dédoublée »[1].

Les auteurs évoquent également des illusions d'une autre sorte, plus récentes et remplaçant les premières épisodiquement, qu'ils appellent « de fausses reconnaissances avec fausses ressemblances »[2]. Elles concernent le mari et le fils de la malade, et intéressent à la fois la *reconnaissance* et la *nomination* : le changement des apparences chez ces proches la conduit à identifier – à nommer – un autre que celui qu'elle reconnaît.

Ainsi, son mari se transforme : « En une seconde, mon mari est plus grand, ou plus petit, ou plus jeune (...). Il change d'allure, de conduite, de visage », et prend une « expression mimique » qui n'est pas la sienne. C'est que tel ou tel voisin est venu s'incarner en lui. C'est donc « l'individu en qui il est transformé qui vit, qui est dans sa peau, qui agit. *C'est comme si vous vous mettiez dans sa peau, ce serait vous et pas lui* ». La malade peut nommer éventuellement tel autre qui s'incarne dans le mari : « Un jour il s'est transformé en M. Panier jeune. » Il est notable que la forme ou l'apparence du mari, quoique transformée, conserve cependant certains traits : « Il ne perd jamais sa propre main, dont un doigt est amputé, ni la couleur grise de ses yeux. » Ce délitement et cette « complète transfor-

---

1. Ces phénomènes se distinguent cependant de l'illusion des sosies au sens de Capgras. La tante « dédoublée » présente une pure réduplication, sosie au sens propre, qui n'amène pas la malade à interroger l'identité : c'est un *dédoublement du même*, méritant d'être relevé à ce titre. Ce qui concerne le fils ressemble à une illusion des sosies, à ceci près que ce ne sont pas un trait ou un détail relevés dans l'apparence qui empêchent la malade de poser l'identité. Il s'agit de quelque chose de différent, plus directement déployé dans un registre d'agression et de rivalité spéculaires : ces pseudo-fils « se moquent » d'elle, l'agacent de leurs rires « heureux », osent s'exhiber devant elle « avec une poule ». C'est pourquoi ils ne peuvent être son fils. Plutôt qu'à ce que vise l' « agnosie d'identification », nous avons là quelque chose de l'ordre d'une négation, aux accents de jalousie passionnelle. L'important au demeurant n'est pas de rechercher pour elle-même une conformité à la lettre des descriptions *princeps*, mais de suivre les lignes de partage et les variations cliniques qu'elles permettent de sérier.

2. La notion de *ressemblance*, « vraie » ou « fausse », pose des difficultés du même ordre que celle de fausse reconnaissance. Qu'est-ce en effet qu'une vraie ressemblance, par opposition à une fausse, et en vertu de quel critère ? Ces notions sont surtout déterminées par l'usage qu'en font les auteurs. Ils y recourent en général comme à des termes courants et admis, sans trop se soucier de leur élaboration théorique, mais utiles pour indiquer des difficultés, des observations ou des précisions cliniques.

mation » de l'image isolent ainsi certains points électifs, qui demeurent. Nous nous trouvons donc devant une configuration complexe de plusieurs plans distincts de reconnaissance et d'identifications, puisque la malade, lors de ces transformations de son mari, reconnaît, identifie et nomme tel ou tel autre qui s'est « incarné » en lui, tout en identifiant également son mari aux deux seuls traits qui en subsistent. Ce n'est pas sans évoquer certains aspects du syndrome d'illusion de Frégoli, notamment par cette disjonction entre d'un côté le même x toujours identifié, et de l'autre la diversité changeante de l'enveloppe, de la forme. Ici, le même tient à ces deux traits : main au doigt amputé, gris des yeux – où nous retrouvons l'incidence du regard. A ces deux marques viennent s'accrocher, comme à un portemanteau, toute une diversité de vêtements, c'est-à-dire les voisins qui viennent s'incarner. Notons que la malade se situe elle-même corrélativement du côté de ce « même ». Évoquant les multiples métamorphoses de son mari, elle indique en contrepoint : « Moi, je suis changée par l'âge, mais pas transformée, *je suis toujours la même personne.* »

Son fils est également l'objet d'incarnations, dont elle distingue moins précisément l'instigation : elle soupçonne « les voisins Gaston, Gabriel, Maurice ou le cousin Roger ». Mais contrairement au mari, le fils conserve en grande partie son aspect, ce qui fait douter un temps la malade. Non seulement il garde son aspect, mais il conserve, comme le mari, quelques traits identificatoires, qu'elle relève en constatant que le faux fils a réussi cependant à se les approprier : « La même taille, et la même marque sur la nuque. » Elle doute donc si c'est le vrai ou non, mais ses doutes seront levés par la recension de plusieurs différences qui lui font conclure qu'elle n'a décidément pas affaire à son fils. Celui qui se fait passer pour tel « n'avait pas de grands pieds comme lui, ses chaussures étaient propres, tandis que celles du vrai fils étaient toujours crottées ». D'autre part, « sa conduite n'était pas la même : son fils ne lui manquait pas de respect, tandis que ce jeune homme, dit-elle, "refusait de sortir avec moi, laissait voir son bout... faisait dans les draps de lit... venait sur une moto avec une poule et faisait l'amour devant la maison, dans le jardin..." ». Ces différences, notamment celles portant sur l'apparence, évoquent l'illusion des sosies de Capgras.

Les troubles que présente cette malade ne semblent cependant pas de nature très différente selon qu'elle évoque son mari ou son fils : si nous essayons de dégager les *éléments* principaux de l'observation, nous constatons qu'ils s'ordonnent de façon similaire dans les deux cas.

Le mari est ici réduit à une sorte de portemanteau, disions-nous, en ce sens que « la peau », pour reprendre les termes de la malade, le vêtement ou l'enveloppe, l'image en un mot de ce mari tel qu'elle le décrit, n'a plus de consistance propre : n'importe qui vient s'y loger. Son mari, c'est n'importe qui, tout un chacun peut faire l'affaire : l'image n'est plus lestée ou arrêtée par rien, elle se réduit aux oripeaux changeants. Toutefois, et c'est ce qui nous intéresse, la malade continue d'identifier ce qu'il en reste, c'est-à-dire deux traits : la main au doigt amputé, la couleur des yeux. Ce reste, ce support identifié comme le *même,* à quoi s'accrochent tant de vêtements différents, ne se situe plus sur le plan de l'image, mais renvoie à ce que nous appelions un x, au même titre que dans les cas de syndrome de Frégoli que nous avons rencontrés jusqu'à présent[1].

Pour le fils, s'il est vrai que son image paraît moins altérée, ce n'est pas non plus au point où elle trouverait arrêt dans une consistance, ni au point d'être identifiée en tant qu'image, c'est-à-dire liée à une nomination stable, puisque malgré une certaine communauté d'aspect, la malade nie qu'il s'agisse de son fils. Or, les traits qui altèrent cette image renvoient une nouvelle fois à un autre registre, c'est-à-dire à quelque chose que l'image a en principe précisément pour fonction de voiler : exhibition obscène, incontinence, etc. D'une façon assez proche de ce qu'elle évoque concernant son mari, il y a là aussi quelque chose *qu'elle identifie, qui ne s'inscrit pas dans le registre de l'image*, et dont la présentification bruyante est corrélative d'une rupture de consistance de l'image.

3 / Un troisième type de troubles est rapporté dans l'observation : les transformations sont cette fois généralisées. « Tous les

---

1. Le statut de cet x, tel qu'il est par ces malades identifié, est éclairé par ces diverses observations : c'est ce qui fait la valeur clinique de chacune isolément, comme de leur série. Leur analyse permet en particulier de souligner combien ce que l'on nomme *identification* (aux deux sens subjectif et objectif) échappe aux normes ordinaires de la *reconnaissance*, et ne se laisse pas articuler adéquatement dans ce registre.

habitants de la zone, sauf la malade elle-même, ont la propriété de se transformer les uns dans les autres : "Ils se transforment comme ils veulent... toute la société qui pratique cela est d'une grande agileté *(sic)*." C'est une société "de cinéma et de publicité", dont le comportement semble mené par un charme. Elle-même, bien que n'étant pas transformée, est "un pantin dont on tire les ficelles". » Ces troubles portent à son maximum la labilité de l'image et de la reconnaissance : tous les semblables échangent indifféremment leurs apparences. Il n'y a plus du tout d'arrêt sur image, pour user d'un terme cinématographique proche du langage de la malade : c'est bien un cinéma, mais où les images seraient substituables et réversibles dans un ordre aléatoire.

Elle souligne qu'elle-même n'est pas transformée ; et nous avons vu comment, bien que ses vêtements à l'occasion deviennent autres, elle disait rester « la même personne ». Proposons cette hypothèse que, si elle est du côté du *même* cependant que les images, y compris la sienne propre, se délitent sans cesse, c'est qu'elle est passée elle-même du côté du x toujours identifié, c'est-à-dire ici du trait isolé qui commande cette fantasmagorie des apparences, et qui est le *regard*. Les propos de la malade attestent cette prévalence du regard dans le tableau : on critique son manteau « en la regardant », on lui « fait voir » des garçons comme son fils, ce n'est autour d'elle que « cinéma et publicité », etc. Mais le regard est détaché ici de quoi que ce soit qui le lierait dans une fonction de stabilisation et de reconnaissance spéculaires, c'est-à-dire dans cette fonction qui permet ordinairement de reconnaître le semblable comme tel, dans le même mouvement où l'on suppose être reconnu de lui ; d'autre part il a chez cette malade le plus grand rapport avec une certaine modalité de l'identification – au sens où elle identifie ce regard à travers la diversité de ses effets, et où elle s'identifie également, « pantin dont on tire les ficelles », à ce regard comme au « même » que signalent ces différents effets. Aussi, lorsqu'elle énonce : « Moi, je suis toujours la même personne », pouvons-nous l'entendre là encore dans un registre qui n'est pas celui de la reconnaissance, mais celui de l'identification.

Cette riche description est suivie d'une discussion sur la spécification de ce syndrome, sur ce qui le distingue du syndrome de Frégoli et du syndrome des sosies, enfin sur son étiologie.

A côté d'un « sentiment du fabuleux et du merveilleux » et de l'effet d'un « charme » évoqués par la malade pour expliquer ce qui lui arrive, les auteurs désignent l'essentiel de l'observation et le principal du syndrome dans « la conviction que le mari est métamorphosé en diverses personnes, et que certaines personnes se métamorphosent en le fils, plus ou moins complètement : d'où le nom d'*illusion d'intermétamorphose* » qu'ils lui donnent. Par la suite il sera surtout mentionné dans la littérature sous le nom de *syndrome d'intermétamorphose*.

Cette définition laisse de côté plusieurs traits, comme les transformations du vêtement, les transformations des objets, ou le dédoublement des personnes (la tante). Elle n'évoque pas la diversité des noms propres rapportés aux métamorphoses du mari ou du fils, ni l'ampleur différente de l'altération observée dans les deux cas, ni enfin l'identification persistante de certains traits malgré la décomposition de l'image.

Elle réduit en fait le cas à un trouble de la reconnaissance des personnes, caractérisé par une labilité et un délitement plus ou moins prononcés de l'image du semblable, en fonction de la proximité de celui-ci par rapport à la malade : l'image du fils est moins labile que celle du mari. Hors de ce cercle rapproché, cette labilité de l'apparence devient complète et généralisée : « Tous les habitants de la zone ont la propriété de se transformer les uns dans les autres. » C'est cet ensemble de troubles de la reconnaissance des personnes chez leur malade que Courbon et Tusques isolent au titre de l' « illusion d'intermétamorphose », et qu'ils vont s'attacher à distinguer de l'illusion de Frégoli ou des sosies. Dans les deux cas il y a bien « fausse reconnaissance », notent les auteurs, mais dans l'un elle s'accompagne de l'affirmation erronée de « ressemblances physiques », dans l'autre non : « Le malade, dans l'illusion de Frégoli, reconnaît la personnalité du même persécuteur sur des individus avec lesquels il avoue que ce persécuteur n'a aucune ressemblance physique (...). Il affirme sa présence dans tout individu à côté duquel il éprouve des phénomènes d'influence. »

L'illusion d'intermétamorphose est différente, estiment les auteurs, dans la mesure où « il y a à la fois fausse reconnaissance et fausses ressemblances physiques ». Si la malade y conclut à l'identité de personnages différents, c'est qu'elle relève chez eux une *communauté d'apparences.* C'est du moins de cette façon que Courbon et Tusques tentent de représenter ce dont il s'agit[1].

Pour expliquer ce trouble, ils en rapportent l'étiologie à trois facteurs différents[2] : un trouble de la cénesthésie, une imagination « représentative », enfin une « attitude mentale ». *Trouble de la cénesthésie*, d'abord : ce sont « les sentiments d'étrangeté, de déjà vu, de jamais vu qui apparaissent dans les états de dépression psychique mélancolique ou psychasthénique ». Alors, « les impressions sensorielles des êtres et des choses ne s'intègrent plus avec la même aisance silencieuse à la masse des autres impressions plus ou moins subconscientes, que produit le reste de l'activité psychique ». La cénesthésie « normale » est ordinairement soustraite à l'attention du sujet : elle ne se signale que lorsqu'elle devient pathologique. *Imagination « représentative »,* ensuite : elle interviendrait secondairement, « alertée par le trouble de l'élément cénesthésique de la perception ». Certains sujets seraient ainsi, par imagination représentative, capables de forger la « représentation visuelle » d'un individu à la place d'un autre, lorsque le sujet confond déjà la « personnalité morale » de l'un et de l'autre : nous avons alors le syndrome d'inter-métamorphose. En l'absence de cette imagination, nous avons le syndrome de Frégoli : le sujet identifie également une personne à une autre, mais sans confondre leurs apparences respectives[3]. *Atti-*

---

1. Nous avons fait remarquer en quoi certains traits de cette observation évoquaient un syndrome d'illusion de Frégoli. De fait, la distinction ici proposée et défendue par Courbon et Tusques s'appuie sur les critères qu'ils indiquent, et vaut ce que valent ces critères. Poser que dans un cas « des individus différents s'incarnent corps et âme dans le corps du même individu », tandis que dans l'autre « le même individu transforme son corps des façons les plus différentes », c'est interpréter les troubles selon des catégories qui donnent sens à l'expérience ordinaire de la reconnaissance, mais dont le sens n'opère précisément plus pour délimiter les éléments et isoler la structure de tels tableaux.

2. Avec un succès très relatif, dans la mesure où l'explication est toujours cherchée du côté de ce qui, chez le sujet, serait censé fausser ou avoir faussé une perception correcte de la réalité. Cela conduit les auteurs à devoir supposer un certain nombre de déformations ou d'altérations de cette perception, selon une psychogenèse hasardeuse en ses hypothèses. Clérambault était plus économe de telles hypothèses, lorsqu'il récusait cette psychogenèse au profit d'une recension et d'une analyse des éléments de la psychose.

3. Cette explication est évidemment opportune : l'imagination représentative « invente », disent les auteurs, des changements dans la perception du sujet, induisant une « paracénesthésie », de telle sorte que cette perception corrobore exactement les troubles observables. L'hypothèse est ici plus obscure que ce qu'elle prétend expliquer.

tude mentale, enfin : nous avons déjà rencontré cette notion due à Séglas, dans la discussion du syndrome de Frégoli. Les auteurs la reprennent ici pour expliquer comment l'illusion d'intermétamorphose, induite par le trouble paracénesthésique, perdure alors même que celui-ci n'est plus actuel.

Courbon et Tusques concluent en rapprochant les hypothèses étiologiques qu'ils formulent à propos du syndrome d'intermétamorphose, des observations générales de Capgras à partir de l'illusion des sosies. Ils trouvent dans la présente observation deux caractéristiques qui leur paraissent confirmer et résumer la théorie de Capgras.

Premièrement, « l'intuition, le jugement affectif, sont antérieurs au témoignage des sens, qui n'interviennent que secondairement pour les corroborer ». Le « témoignage des sens » est donc sollicité par les auteurs seulement dans un temps second pour entériner les termes du délire, comme s'il fallait que ces termes fussent marqués du cachet de la perception pour être pensables et articulables. Capgras ne faisait intervenir à aucun moment le témoignage des sens, non plus qu'aucune référence à la perception pour caractériser les troubles. C'est ce présupposé qui oblige ici à formuler des hypothèses étiologiques particulièrement lourdes – à la fois hasardeuses et peu économiques, supposant elles-mêmes de nombreuses hypothèses supplémentaires. Le second point évoqué par Courbon et Tusques en référence à la « théorie de Capgras » rappelle l'importance conférée aux troubles de la *cénesthésie* dans ces syndromes[1].

L'incidence étiologique accordée au « jugement affectif » et à la cénesthésie les conduise à la conclusion suivante : « Nous croyons que toutes les fausses reconnaissances des aliénés quelle que soit leur forme (...) ont pour base l'intuition et non l'interprétation. » C'est cette remarque que va développer leur article consacré à l'identification délirante. Elle est importante, d'abord en ce qu'elle traduit la tentative de ramener la diversité de ces troubles à l'*unité* d'un certain champ, les auteurs y indiquant ce qui fonde à leurs yeux cette unité : *toutes* les fausses reconnaissances des aliénés ren-

---

1. C'est l'une des notions les plus souvent sollicitées à l'époque pour rendre compte des fausses reconnaissances psychotiques, voire plus généralement de la genèse des psychoses. Nous y reviendrons dans le prochain chapitre.

voient à une « base » commune, quelles que soient les formes sous lesquelles elles se présentent. Ensuite, cette base relève de ce qu'ils appellent l' « intuition », non de l' « interprétation » : Courbon et Tusques considèrent, suivant ici Capgras, que de tels troubles ne sont pas des constructions secondes à valeur explicative pour le sujet. L'*intuition* renvoie à ce que le malade éprouverait au titre d'une perception supposée *endogène* : c'est ce que tentaient d'expliciter les notions de *cénesthésie* et d'*imagination représentative*.

CHAPITRE VI

L'identification délirante

Nous allons examiner maintenant la première tentative d'élaborer une théorie d'ensemble des troubles résumés sous la notion d' « illusion de fausse reconnaissance des aliénés ». Neuf ans après la découverte du syndrome d'illusion des sosies, nous y trouvons une description différenciée et une approche étiologique générale de ce syndrome et de ceux que nous avons vu découvrir à sa suite : les syndromes de Frégoli et d'intermétamorphose[1].

Nous relèverons le plus notable de cette contribution, à savoir la notion d'*identification délirante*, qui essaie de préciser ce que Capgras avait d'abord évoqué en parlant d'*agnosie d'identification*. Nous nous arrêterons sur ce que les auteurs dégagent d'une série *graduelle* des troubles de l'identification délirante, depuis le syndrome des sosies jusqu'au syndrome d'intermétamorphose, et sur l'éventail des facteurs étiologiques rapportés respectivement aux différents degrés de cette échelle. Nous trouvons là, et c'est ce qui nous intéresse surtout, la visée de *rapporter l'ensemble de ces syndromes à un système de coordonnées communes*, résumées en une seule notion.

Capgras avait d'emblée souligné que l'illusion des sosies n'était pas exactement ce qu'on appelle une fausse reconnaissance, puisque le sujet était capable de reconnaître l'apparence d'autrui, tout en faisant valoir que certains traits, certains détails n'étaient pas les mêmes. Il reconnaissait l'apparence, mais la récusait comme *autre* :

---

1. Paul Courbon et Jean Tusques, « Identification délirante et fausse reconnaissance », *Ann. méd.-psych.*, XIVe série, t. II, juin 1932, p. 1-12.

ce n'est pas ma fille, disait Mme de Rio-Branco, c'est un sosie. Aussi avait-il proposé le terme d'agnosie d'*identification*. C'était déjà indiquer que les plans de la reconnaissance et de l'identification n'étaient pas nécessairement solidaires[1].

Par la suite, les auteurs n'ont cessé de faire remarquer comment le syndrome d'illusion des sosies et les syndromes apparentés présentaient quelque chose dont ne rendait pas bien compte le concept de reconnaissance, et en particulier de fausse reconnaissance au sens où il était couramment utilisé. C'est ce que Janet résumait par exemple en écrivant que dans l'illusion des sosies, « le sujet reconnaît et ne reconnaît pas ». C'est encore plus manifeste dans le syndrome de Frégoli : même s'il paraît confondre celui qu'il désigne avec un autre, en l'appelant par le nom de cet autre, le sujet reconnaît bien quelque chose en lui, notaient les auteurs[2], et il ne méconnaît pas non plus que les apparences ne sont pas semblables. Cela ne l'empêche pas d'affirmer : c'est bien le même, il sait se transformer comme il veut.

On ne pouvait donc pas exactement dire que ces sujets ne reconnaissaient pas. C'est bien pourquoi Capgras avait proposé en 1924, avec Carette, la notion de méconnaissance systématique. Il semblait plutôt qu'il y eût en jeu, à côté de ce qui touchait à la reconnaissance de l'image, de l'apparence ou de la forme, quelque chose d'autre. C'est ce quelque chose d'autre que Capgras, le premier, rapporte au concept d'identification[3].

1. Capgras et Reboul-Lachaux, art. cit., p. 13 : « Partout Mme de Rio-Branco saisit la ressemblance et partout elle méconnaît l'identité. Il n'y a donc pas fausse reconnaissance, à proprement parler ; le phénomène se borne, peut-on dire, à une agnosie d'identification. »
2. Courbon et Fail relevaient que si c'était une fausse reconnaissance, elle était tout de même « particulière » : elle visait bien la « présence » et l' « être » de Frégoli-persécuteur.
3. L'identification s'entend chez Capgras et les autres auteurs auxquels nous nous référons comme identification *de*, en un sens objectif et transitif. Elle renvoie, du point de vue le plus général, à l'idée implicite selon laquelle si un sujet peut s'orienter dans la réalité, c'est que la conscience l'y précède parmi des objets qu'elle a d'abord identifiés comme siens. Aussi, pour ces auteurs, la question ne portait-elle pas de prime abord sur l'identification en tant que telle – sur sa nature, son objet, ses modalités – mais surtout sur le point de savoir *si* le sujet identifiait ou non quelqu'un ou quelque chose. Et c'est en quoi la problématique de l'identification se confond chez eux jusqu'à un certain point avec celle de la *reconnaissance*, puisque identifier correctement quelqu'un ou quelque chose, c'est, suivant le langage courant et le sens commun, le reconnaître. Mais jusqu'à

Mais l'« agnosie d'identification » est une détermination négative : elle suppose une carence ou un défaut. Or, lorsque Courbon et Tusques reprennent et tentent de systématiser toute cette problématique, ils conservent le concept d'identification sous lequel Capgras avait isolé la difficulté, mais ils en changent notablement la portée, puisqu'ils le déterminent cette fois positivement comme identification *de quelque chose* : c'est cela qu'ils appellent l'identification délirante, et qu'ils vont poser au principe de toute la série des troubles dont ils proposent ici la théorie.

C'est à ce titre que cette élaboration nous retient. Elle tente d'avancer quelque chose sur la question de l'identification dans la psychose, autrement que sous les seuls termes d'erreur ou de déficit. Elle déplace la problématique telle que la posait Capgras, d'un défaut ou d'une insuffisance dans ce registre, pour demander également : à quoi renvoient les modalités de l'identification dans de tels cas ? Il n'y avait pas très loin de là à la question : qu'identifie le sujet en l'occurrence ?[1]

Certes, Courbon et Tusques ne posent pas aussi explicitement la question dans ces termes-là. Ils restent tributaires d'une probléma-

---

un certain point seulement : l'un des aspects les plus intéressants de ces observations est en effet qu'elles ont été amenées à distinguer les deux registres, en indiquant la voie d'un abord inédit de l'identification dans la psychose. Le syndrome de Frégoli apporte un matériel de première importance pour l'établissement de cette nouvelle problématique, puisqu'il présente une configuration dans laquelle reconnaissance et identification sont nettement disjointes.

1. L'*agnosie d'identification* de Capgras n'est d'ailleurs pas incompatible avec la notion positive d'une identification délirante, l'une et l'autre renvoyant à des plans différents. Ce que vise Capgras sous ce terme peut être explicité comme une atteinte du moment logique où la reconnaissance requiert pour s'effectuer une incidence du symbolique, et spécialement de ce qu'on appelle un *nom propre*. L'identification délirante quant à elle, si nous nous rapportons à la clinique qui l'exemplifie, renvoie à un registre dont nous pouvons dire qu'il n'est pas celui du *comptable* : c'est-à-dire qu'elle ne peut être *arrêtée*, comme on arrête un compte. Cette opération suppose une origine, un premier temps qui n'est pas lui-même pris dans le compte. Dans l'ordre du langage, c'est le nom propre qui traduit cette fonction au regard de la nomination et de l'identification : le sujet participe de la nomination en tant qu'il parle, mais pour autant qu'il ne peut *se* nommer, du moins originairement. Cette fonction spécifique du nom propre n'opère justement pas dans l'identification délirante, comme le montrent en clinique de façon très immédiate le syndrome de Frégoli, mais également les autres syndromes de la série : nous avons pu relever par exemple chez Mme de Rio-Branco combien l'énumération des traits censés identifier elle-même ou autrui venait au premier plan, en même temps que l'incertitude du comptage et l'ouverture infinie des réduplications possibles.

tique de l'illusion, c'est-à-dire d'une appréciation de cette clinique avant tout comme déviance ou aberration par rapport aux normes supposées d'une perception droite, et la définition qu'ils donnent ici de l'identification est très sommaire. Ils ne développent pas ce que nous-mêmes pouvons distinguer *a posteriori* dans leur approche : à savoir que derrière la question de la reconnaissance chez les aliénés, il y en a une autre, celle de savoir ce qu'identifient ces sujets, dans un registre qui se présente comme différent de celui de l'image. Au contraire, ils se donnent beaucoup de mal pour forger la notion d'une représentation intuitive ou pseudo-perceptive qui corresponde un tant soit peu à la clinique qu'ils interrogent. Ils ne peuvent admettre, en effet, qu'un objet puisse être identifié sans être *représentable* d'après les coordonnées supposées être celles de la perception. Cependant c'est tout de même bien cela qu'interroge leur article. Au-delà de ce qu'il présuppose d'une problématique de l'illusion, il indique la question d'une détermination positive de l'identification délirante. Cette question n'est pas si fréquemment abordée qu'elle ne mérite d'être relevée, et elle nous paraît soulever une difficulté toujours actuelle dans la clinique des psychoses.

Elle fait également ressortir la valeur singulière du syndrome d'illusion de Frégoli. On notera en effet que Courbon et Tusques opèrent le déplacement que nous indiquions principalement à partir de ce qu'apporte cliniquement ce syndrome, c'est-à-dire à partir d'un point où ce qui est en jeu dans l'identification est clairement détaché du registre de la reconnaissance[1]. Les troubles que nous considérons se déploient en effet entre deux limites schématiques : l'une où le sujet reconnaît mais n'identifie pas, dans le syndrome d'illusion des sosies ; l'autre où le sujet identifie mais ne reconnaît pas, dans le syndrome d'illusion de Frégoli. Or c'est du côté de l'illusion de Frégoli que Courbon et Tusques vont chercher la *raison*

---

1. Il est possible de montrer en quoi la psychanalyse a hérité de cette problématique d'abord découverte cliniquement, on le voit, par la psychiatrie, et comment elle a pu apporter par la suite un certain nombre d'éléments d'articulation de ces questions, en clinique et en doctrine. La formule $i(a)$ en particulier, telle que l'utilise J. Lacan, renvoie concrètement à la « mise entre parenthèses » d'un objet qui, s'il est identifié comme tel, désintègre l'image. Elle désigne l'image spéculaire i en tant qu'elle tient sa consistance d'un objet, noté a, qu'elle recèle et habille à la fois : elle résume donc la *liaison* d'éléments que les travaux initiés par Capgras ont d'abord révélés à l'état *isolé* dans la psychose, et cela de façon exemplaire dans le syndrome de Frégoli.

de la série, c'est-à-dire ce qu'ils appellent l'identification délirante, à laquelle ils vont rapporter également l'illusion des sosies comme l'une de ses fréquentes modalités, notamment en période de début.

Courbon et Tusques distinguent dans cet article trois groupes de troubles bien distincts dans le champ traditionnel des fausses reconnaissances, dont seul le troisième les intéresse en l'occurrence. 1 / Le premier renvoie à une identification « hyperbolique » : un individu est identifié par le sujet à la place d'un autre, à partir d'une ressemblance perçue entre les deux. Cela se rencontre banalement chez des sujets dont on dira qu'ils ont « la manie des ressemblances », ou simplement qu'ils les distinguent mieux que d'autres. Il ne s'agit pas de fausse reconnaissance. 2 / Le second concerne l'identification « amnésique », la perte de la mémoire y étant une condition principale. Ce type de fausse reconnaissance se rencontre chez les déments et les confus. Courbon et Tusques le distinguent de la fausse reconnaissance dans les syndromes qu'ils envisagent[1]. 3 / Le troisième type de troubles se présente positivement et sans rapport avec ce qui pourrait être mis au compte d'un déficit, notamment de la mémoire : « C'est la fausse reconnaissance des délirants chroniques », et c'est ce que les auteurs proposent ici de rapporter à l'identification délirante. Cette fausse reconnaissance « se manifeste souvent *au début*, précisent-ils, par le syndrome que M. Capgras et ses collaborateurs ont isolé sous le nom d'illusion de sosie et dont ils ont montré les rapports avec l'état cénesthésique et affectif ». Ils déterminent donc pour la première fois ces syndromes en une série, une en ses diverses modalités, celles-ci pouvant également être considérées comme différents moments de son déploiement.

Courbon et Tusques partent d'une définition générale de l'identification, à partir de laquelle ils déterminent ensuite les conditions de l'identification « correcte », puis celles de l'identification délirante. Enfin, ils détaillent les différents syndromes qui, rapportés à cette identification délirante, définissent l'éventail nosographique de la fausse reconnaissance des aliénés.

---

1. Nous reviendrons sur ce type de troubles de la reconnaissance quand nous aborderons l'investigation neurologique de ces questions, et le problème de la distinction entre des pathologies présentant une étiologie organique patente, comme le syndrome de Korsakov, et ce qui relève proprement de la psychose.

La définition qu'ils proposent de l'identification n'est pas ce qui nous retiendra ici[1]. Mais elle leur sert au moins négativement à situer l'identification délirante comme relevant d'un tout autre ordre : « L'investigation (...) ne joue aucun rôle dans l'identification délirante. Aussi celle-ci peut-elle confondre des individus n'ayant aucun trait commun. » Comment est-elle causée ? Trois facteurs nécessaires interviennent : cénesthésie, affectivité et jugement, auxquels peut s'adjoindre éventuellement l'imagination. Nous ne reprendrons pas le détail de cette étiologie, déjà évoquée dans le précédent chapitre.

Dans tous les cas l'identification délirante, déterminant le jugement avant toute investigation sensible, est une « croyance »[2]. Cette croyance, Courbon et Tusques vont la poser au principe de toute la série des troubles qui nous intéressent, articulés à l'échelle graduée de son déploiement. Chaque degré de cette échelle est rapporté à un facteur étiologique différent, mais ces facteurs sont liés les uns aux autres comme autant de moments du progrès de l'identification délirante. Celle-ci se manifestera donc successivement dans les registres de la *cénesthésie*, de l'*affectivité*, de l'*intuition morbide*, enfin éventuellement de l'*imagination*.

1 / Le facteur de la *cénesthésie* qualifie pour les auteurs l'horizon étiologique le plus général de ces syndromes sous la forme de ce qu'ils appellent un *état paracénesthésique*, qui « constitue parfois presque à lui seul la longue période d'incubation des délires chroniques ». C'est la reprise d'une thèse et d'une notion très fréquemment sollicitées en psychiatrie au début du siècle, mais également criti-

---

1. Elle participe d'un réalisme sommaire lourdement adossé au présupposé d'une caractérologie objective de l'identification, à la fois morphologique et psychologique, individuelle et sociale. L'identification étant définie comme « une opération mentale qui consiste à établir la personnalité d'un individu », l'identification morphologique individuelle aura pour critère la fiche anthropométrique ; l'identification sociale établira « à quelle collectivité : nation, profession, association, l'individu appartient », etc.
2. Si les auteurs abordent d'un côté les faits dont nous parlons en référence à une problématique de l'illusion, c'est-à-dire de la perception fausse, il ne leur échappe pas, d'un autre côté, que ces troubles mettent en relief quelque chose demandant à être situé selon d'autres coordonnées. Il est significatif qu'ils résument *in fine* tout le champ de l'identification délirante sous le terme de *croyance*, moins inadéquat que ceux d' « erreur » ou d' « illusion », et ne comportant plus en lui-même de lien nécessaire avec la perception.

quées dès cette époque[1]. Relevons seulement que, si nous considérons le type de questions qu'elle venait régulièrement soulever, elle apparaît comme ayant anticipé dans la clinique au moins certains aspects de ce qui allait ensuite être mieux déterminé en référence à l'image du corps, et surtout à la fonction de l'image spéculaire dans l'économie subjective de la représentation. On notera en effet qu'elle renvoie depuis le début chez les auteurs corrélativement à la question du *moi* et à celle de la *réalité*, c'est-à-dire aux conditions générales de l'expérience du sujet, en tant que celle-ci se présente comme intégrée ou non.

Courbon et Tusques relèvent que le « sentiment cénesthésique » est « tellement adhérent à toutes nos sensations que normalement nous n'avons pas conscience de lui ». Le terme d'*adhérence* suggère la contiguïté de surfaces superposées : quelque chose de l'ordre d'une doublure restant ignorée tant qu'elle tient. Elle n'apparaît que lorsqu'elle se défait : « Ce sentiment, nous n'en prenons conscience que lorsqu'il cesse d'adhérer à nos sensations. Elles nous paraissent alors ne plus se passer en nous, ne plus s'intégrer en nous. (...) Nous avons l'impression de nous dépersonnaliser. » Cette adhérence, susceptible de se décoller telle une pelure devenant externe au sujet, essaie ici de caractériser ce qui touche aux phénomènes de doublure et de réduplication dans les psychoses – cela aussi bien dans le registre scopique, comme le montrent plus spécifiquement ces syn-

---

1. Cf. par exemple H. Wallon, « Comment se développe chez l'enfant la notion du corps propre », art. cit., 1931. L'historique de la notion est bien résumé dans la thèse de J. Lacan, *op. cit.* p. 128 sq. : « Par ce terme on entend l'ensemble des sensations proprio- et intéroceptives : telles que sensations viscérales, sensations musculaires et articulaires, mais seulement pour autant qu'elles restent vagues et indistinctes (...) et que, comme cela se passe dans l'état de santé, elles restent à l'état de sensations pures, sans venir à la perception consciente. » Lacan rappelle, à la suite de Janet, comment c'est T. Ribot qui a fait admettre la théorie selon laquelle « ces sensations diffuses seraient la base du sentiment psychologique du moi individuel » (*Les Maladies de la personnalité*, 1885). Il relève le caractère à la fois séduisant et très hypothétique de cette théorie, et se rallie à la critique qu'en avait déjà produite Janet dans « Les sentiments dans le délire de persécution », déjà évoqué : « Les explications par la cœnesthésie sont une variante des fameuses explications par le reflet, si à la mode en philosophie (...). Les sentiments cœnesthésiques ne sont que le reflet de phénomènes viscéraux qui ont précisément les caractères de ces sentiments. » Notons, pour ce qui concerne Janet, que sa propre théorie des sentiments dans les psychoses ne serait pas sortie indemne d'une critique au titre de l'explication « en reflet », telle qu'il la formulait ici très bien lui-même.

dromes, que dans celui de la voix, déjà relevé notamment par Séglas et Clérambault.

Les auteurs déterminent comme moments initiaux de ce décollement une série graduelle de symptômes qui ne relèvent pas nécessairement de la psychose, mais où celle-ci trouve fréquemment les modalités de son commencement : « Un tel sentiment, lorsqu'il est à peine ébauché, se traduit par une impression d'étrangeté, de jamais éprouvé, de jamais vu. Il apparaît de façon fugace en dehors de toute psychose dans les moments de fatigue ou d'épuisement. Il dure longtemps chez les psychasthéniques et chez les mélancoliques avant la formation du délire. Tant que le sens critique du malade n'est pas touché, celui-ci attribue la naissance de ce sentiment non à un changement dans les objets, car il reconnaît que leurs caractères sensoriels ne sont pas modifiés, mais à un changement dans lui-même : "Je reconnais mon fils, mais il ne me fait plus le même effet, je suis changé", dit un mélancolique au début. "Le printemps a la même couleur qu'autrefois, mais il ne m'émeut plus parce que je ne puis plus m'émouvoir, je ne suis plus le même", dit un autre. »

2 / Le second facteur est celui de l'*affectivité*, que nous avons déjà eu l'occasion d'évoquer. Courbon et Tusques y trouvent la raison du syndrome d'illusion des sosies, au titre de ce qui n'est encore pour eux qu'une *méconnaissance* : « A ce premier degré, l'erreur délirante est donc une simple méconnaissance. C'est le syndrome des sosies. Elle se manifeste par un simple reniement. »[1]

Mais ce « reniement » ne prend pas en compte un trait qu'ont souligné Capgras puis Vié, qui ne permet pas de réduire le syndrome seulement à un refus ou à un défaut de l'identification : c'est l'insistance fréquente chez ces sujets à relever des traits singuliers,

---

1. Ce « reniement », comme l'appellent curieusement les auteurs, est présenté comme différant seulement en degré de ce que l'on observe dans l'expérience ordinaire : « On constate l'ébauche de cette attitude chez les gens normaux. Le reniement est la réaction des parents vis-à-vis de l'enfant dont l'infamie a tué en eux l'amour paternel : "Tu n'es plus mon fils", dit le père d'un criminel. "Ciel, j'ai donné le jour à l'Antéchrist", gémit la sainte mère du héros de Mirbeau, en entendant son déséquilibré de fils déclarer, au milieu de jurons sacrilèges, qu'il veut se faire curé. » On ne passe pourtant pas par degrés de la perception ou des sentiments « normaux » au registre de la folie : l'identification, en particulier, n'y renvoie pas à la même logique, non plus que la négation. C'est d'ailleurs ce que pouvaient indiquer aux auteurs la clinique et le concept d'identification délirante qu'ils introduisaient.

des détails, des différences, soit pour dénoncer le sosie comme tel, soit pour se distinguer eux-mêmes de leurs « doublures ». Pour intégrer cet aspect clinique, les auteurs sont obligés de faire intervenir l'hypothèse *ad hoc* de l'imagination représentative, susceptible d' « inventer », quand elle est vive, des différences[1].

3 / Le dernier facteur est l'*intuition morbide*. C'est celui qui déterminerait l'identification délirante sous sa forme achevée. Il ne s'agit plus là de *méconnaissance*, mais d'une fausse reconnaissance ainsi caractérisée : « Le délirant croit que deux ou plusieurs individus sont le même. » Contrairement aux moments antérieurs, il y a là un phénomène positif et pas seulement une négation : « Il n'y a pas simple reniement de la personnalité réelle, mais affirmation d'une fausse personnalité. » Étant donné qu'il est difficile de dériver ce trouble de la perception, il est rapporté à une « croyance » dont le mécanisme « échappe à notre compréhension, car l'investigation n'y est pour rien ». C'est un « acte délirant » qui ne peut être reconstitué : « On l'a comparé à une intuition, à un jugement affectif, et on peut le désigner du nom d'intuition morbide. »

Ainsi Courbon et Tusques, arrivant au terme ultime de la série, et à la notion même qui donne son titre à leur article, déclarent-ils que ce terme comme cette notion sont irréductibles à une compréhension d'ordre psychologique. Ils tentent cependant de les interpréter, soit comme une croyance « illogique et contradictoire que son absurdité interdit à l'homme normal », soit comme la « participation mystique » des « primitifs », dont elle se distingue toutefois en ce qu'elle n'a pas de « règles », et que « seul le délirant la sent ». C'est pourquoi les auteurs la réduisent à un sentiment objectivé. Et ils considèrent le syndrome de Frégoli *comme donnant en clinique l'expression pratiquement pure du phénomène*[2].

---

1. Cette hypothèse, due initialement à Sollier, témoigne surtout du caractère circulaire et autoréfléchissant des représentations du sens commun appliquées aux phénomènes de la psychose.
2. « L'existence d'un même état subjectif chez le malade lorsqu'il est en présence des individus qu'il confond ou lorsqu'il pense à eux, voilà, semble-t-il, l'élément essentiel de la fausse reconnaissance. Le malade (...) a le sentiment d'une même présence dans tous ces individus, présence qui exerce sur lui une emprise. *Ce sentiment constitue presque à lui tout seul le syndrome de Frégoli.* »

Relevons en marge de ces hypothèses deux notations qui ne sont pas autrement développées, mais qui indiquent une attention portée à la logique articulée par le langage des malades dans l'identification délirante, et en l'occurrence dans le syndrome de Frégoli.

Courbon et Tusques remarquent d'abord que dans ce type d'identification, « le nom propre que l'aliéné emploie désigne une collectivité ». C'est ici la première fois que nous voyons évoqué dans ces travaux l'aspect logique et grammatical du syndrome. Il est dommage que les auteurs n'aient pas cru devoir expliciter cette remarque incidente. Elle recoupe deux points importants et liés que nous avons déjà eu l'occasion de relever : en premier lieu, que le nom dont le sujet désigne ce qu'il identifie n'est pas un nom propre ; ensuite, que ce qui est ici identifié n'est pas de l'ordre du comptable. Cela ne relève pas du comptage *un par un*, corrélatif de la fonction individualisante du nom propre.

Une seconde notation vient préciser ce que les auteurs évoquent de la *collectivité*, en y ajoutant la dimension apparemment contradictoire de l'*unicité* de ce que vise le nom dans le syndrome de Frégoli, et en opposant cette unicité à la diversité des enveloppes formelles qui le recouvrent : « L'aliéné reconnaît le persécuteur sous n'importe quel vêtement et même sans vêtement. *"Tu es insectator in aeternum"*, pourrait-il lui dire. »

Nous relèverons la distinction ici très bien soulignée entre ce qui vient prendre valeur d' « *insectator in aeternum* », au singulier, et la pluralité des vêtements qui peuvent indifféremment s'y accrocher. Cette formulation n'était pas loin de distinguer le registre de cet *insectator* et celui de l'*image*, du vêtement, comme hétérogènes.

Ces deux brèves remarques constituent une matrice logique et psychologique certes réduite, mais suffisante pour donner à l'identification délirante une portée précisant son objet dans l'ébauche d'une analyse du langage, et autrement que sur le mode de l'aberration ou de l'erreur : un nom propre ramené au statut de nom commun, ou plus exactement une fonction du nom pour laquelle cette distinction ne vaut plus ; un objet – ce que nomme ce nom – persécutif, et impliquant à la fois le caractère de l'unicité et celui de la collection ; enfin une image ici indifférente, tombant séparément de cet objet et contingente au regard de l'identification[1].

Nous retiendrons donc surtout de cet article : 1 / Le concept d'identification délirante, tel qu'il précise ce que Capgras avait commencé à déterminer sous les termes d'agnosie d'identification. 2 / Une mise en série des différents syndromes successivement identifiés au titre de « l'illusion de fausse reconnaissance des aliénés ». Cette mise en série en elle-même et indépendamment des hypothèses auxquelles la rapportent les auteurs, est indicative du point de vue clinique, de par les affinités élémentaires qu'elle relève. Elle distingue, dans l'ensemble des troubles que les auteurs résument sous la notion de fausse reconnaissance dans les psychoses, deux groupes de syndromes représentant deux actualisations distinctes de l'identification délirante : les *syndromes de méconnaissance*, c'est-à-dire l'illusion des sosies de Capgras et ce que Vié appelait l'illusion des « sosies négatifs ». Ces troubles relèvent de l'agnosie d'identification, alors que le sujet reconnaît par ailleurs l'image. Et les *syndromes de fausse reconnaissance*, où ils rangent l'illusion de Frégoli et l'illusion d'intermétamorphose. Là, le sujet affirme une identité sans qu'elle puisse être rapportée à une reconnais-

---

1. Nous avons indiqué (*supra*, n. 1, p. 90) en quoi certaines élaborations de Lacan nous semblent avoir trouvé dans les travaux que nous reprenons, entre autres, un terrain initial et un point de départ de leur articulation. Relevons aussi que Freud, quelques années auparavant, et justement sur la question de l'*identification*, proposait une réflexion évoquant à certains égards ce que les auteurs appellent ici l'identification délirante. Nous pensons en particulier à l'article « Psychologie collective et analyse du moi », de 1921. Sans forcer la comparaison entre des démarches formulées en des termes très différents, l'on ne peut néanmoins méconnaître que cet objet participant de l'unicité et de la collection, dans le syndrome de Frégoli, recoupe certains traits de l'objet que Freud situait au principe de l'économie psychique d'une « foule primaire ». On relèvera en particulier que selon les propres termes de l'article, cet objet unique fondait le collectif par sa collusion avec l'Idéal du Moi de chacun dans la foule, substituait ses propres déterminations à toute autre évaluation de la « réalité », et reléguait la diversité des différents « Moi » dans une équivalence indistincte (cf. art. cit., in *Essais de psychanalyse*, Paris, 1973, p. 139-141). Nous trouvons là des éléments qui, autrement distribués, désignent dans un registre social ce que présente individuellement le syndrome de Frégoli : un x unique, nommé toujours le même par le sujet, fondant le collectif des autres-persécuteurs en tant qu'ils vont le présentifier, et reléguant l'image ou l'enveloppe formelle de ces autres, c'est-à-dire le support de la « reconnaissance », au rang de défroque indifférente et tout à fait secondaire.

sance : pour les auteurs, c'est la fausse reconnaissance sous sa forme achevée, celle qui porte à son point d'actualisation maximum l'identification délirante. 3 / La valeur de référence exemplaire qui revient au syndrome d'illusion de Frégoli dans cette série. 4 / Enfin les éléments que nous avons notés, susceptibles de donner au concept d'identification délirante un commencement d'articulation logique et psychologique.

CHAPITRE VII

Le problème spécifique des syndromes de fausse reconnaissance dans les psychoses

Isolant ce qu'ils appellent l'identification délirante pour rendre compte de la diversité clinique des troubles de la reconnaissance dans les psychoses, Courbon et Tusques n'ont pas caché leur difficulté à définir ce terme. C'est précisément la délimitation de cette difficulté qui nous intéresse. L'identification délirante désigne une inconnue, un x supposé au principe de la série des troubles. La nature de cet x est hypothétique, et la fonction qui lui est supposée est déduite de la seule sériation clinique : Courbon et Tusques font en somme valoir que si celle-ci est pertinente, elle doit pouvoir être rapportée à une notion, qu'ils proposent.

Cette difficulté, Capgras l'avait relevée au titre de ce qu'il nommait une agnosie d'identification. Par la suite, nous l'avons vu, elle en est venue à porter plus généralement sur ce que Courbon et Tusques ont désigné comme *les syndromes de fausse reconnaissance*. Ces syndromes présentaient un certain nombre de variations de ce que le syndrome de Capgras avait d'abord identifié. Mais leur caractérisation et leur étiologie n'ont pu être produites seulement à partir de celles que Capgras avait d'abord proposées pour l'illusion des sosies. Si ce syndrome a donc rendu possible la *découverte* de la série clinique que nous considérons, son élucidation ne suffisait pas pour *rendre compte* de cette série en doctrine.

C'est ici que prend sa valeur proprement problématique la notion de fausse reconnaissance. Tous les auteurs ont noté qu'elle ne permettait pas exactement de qualifier ce dont il s'agissait. Et cependant c'est tout de même à elle que recourent Courbon et Tusques pour résumer en fin de compte les troubles qui, de cette série, sont censés donner au dernier terme la raison : le syndrome de Frégoli en particulier, et le syndrome d'intermétamorphose.

Une thèse de doctorat en médecine publiée trois ans plus tard, due à Mlle Derombies et portant sur l'illusion des sosies, témoigne bien de cette difficulté et confirme qu'elle gît au cœur du problème[1]. L'auteur se propose de donner une description clinique complète, et de produire la théorie en termes psychogénétiques, des troubles inventoriés au titre de l'illusion des sosies et de ce que Capgras proposait de regrouper dans le syndrome des méconnaissances systématiques[2]. Comme chez Courbon et Tusques, il s'agit d'essayer de ressaisir la diversité de cette clinique et de lui donner un statut en doctrine. Mais dans le cas présent, l'auteur ne peut avancer une théorie qu'en excluant de la série les fausses reconnaissances, tout en étant obligé d'admettre que celles-ci font souvent partie du tableau, parmi les symptômes associés ou proches. Elles apparaissent dès lors comme un reste inélucidé dans ce champ clinique.

Nous trouvons donc chez Courbon et Tusques une théorie d'ensemble de ces troubles, articulée à une notion dont la compréhension fait difficulté. Et chez Mlle Derombies, nous avons une théorie définie en compréhension – psychogénétique, dit-elle – mais au prix d'une limitation de son extension clinique. Dans les deux cas *la difficulté porte essentiellement sur les syndromes de fausse reconnaissance.*

Nous ne reprendrons pas toute l'étude clinique, au demeurant de grande qualité, de Mlle Derombies[3]. Nous en indiquerons ce qui recoupe directement les questions que nous traitons, pour en venir ensuite au problème des fausses reconnaissances et à la difficulté

---

1. *L'illusion de Sosie. Forme particulière de la méconnaissance systématique*, Cahors, Imp. A. Coueslant, 1935.
2. Davantage que les hypothèses de l'auteur, qui amplifient seulement celles de Capgras, ce sont ses observations cliniques qui nous intéressent, et la difficulté qu'elle rencontre à intégrer à sa théorie les différents syndromes de fausse reconnaissance.
3. On relève dans cette thèse une proximité de préoccupation, sinon de fond, avec les premiers travaux de J. Lacan sur les psychoses et sur la question de l'image spéculaire. L'une des observations cliniques d'illusion des sosies, la neuvième, est d'ailleurs indiquée avoir été communiquée à l'auteur par Lacan.

qu'elles représentent dans la problématique générale des troubles qui nous intéressent. Certaines des remarques avancées par l'auteur nous seront aussi l'occasion de préciser plusieurs éléments principaux de cette clinique.

Sur l'illusion des sosies et les méconnaissances systématiques en général, l'auteur résume bien les données déjà inventoriées[1], et souligne plus précisément certains points. Sans parler d'erreurs de perception proprement dites, elle relève que les malades « se plaignent dans la perception de sentiments d'artificiel, d'irréel, d'étrangeté, très fréquents (...). Janet, écrit-elle, signale qu'en même temps, parfois, les objets apparaissent avec un détail excessif, une précision brutale des formes, un éclat métallique des couleurs. Ces malades voyaient les feuilles des arbres avec une précision anormale : "Je pouvais les compter". Ils voient tous les petits trous des murs et des parquets ». Elle indique aussi comment leur « amour de la minutie » les conduit à « négliger les traits caractéristiques d'un objet, la forme essentielle, les lignes générales, pour s'attacher à des nuances subtiles, à des différences insaisissables, à des modifications imperceptibles démesurément grossies ». Elle remarque aussi que le sosie est rarement un persécuteur direct : ainsi telle malade « ne se plaint jamais d'être injuriée par le sosie ni que celui-ci la fasse souffrir ». Le sosie n'est le plus souvent qu'un « homme de paille », pâle reflet, image sans relief. Ce trait nous renvoie à la distinction de plans que nous avons déjà relevée dans ces syndromes : celui de l'image, réduite à l'enveloppe vide, factice, à une doublure sans consistance ; et celui de ce qui est éprouvé par le sujet au titre de phénomènes imposés[2].

---

1. Elle remarque notamment une première période d'hésitation et de doute, à laquelle succède « une certitude délirante complète » qui une fois installée ne se démentit plus. Elle observe également la recension minutieuse des détails, l'accumulation des traits censés révéler le sosie ou attester l'identité du sujet lui-même, et la logique des *attributs antithétiques* qui commande souvent la prolifération des sosies. Elle mentionne enfin l'absence de déficit mental dans la plupart des cas.

2. Ces deux plans sont ainsi clairement séparés, mais également corrélés : ce qui s'impose au sujet de façons diverses comme sentiment d'étrangeté, prolifération de détails ou écho de la pensée, par exemple, c'est cela même dont l'autonomisation défait le registre de l'image. L'illusion des sosies présente aussi des cas où l'image redoublée, le sosie, est agressée dans la mesure où vient s'y conjoindre ce qui persécute le sujet. L'inconsistance du sosie, bien relevée par Mlle Derombies, participe de celle de l'image en

A côté de ces remarques cliniques, l'auteur relève le problème spécifique des fausses reconnaissances, sans pouvoir en donner de théorie satisfaisante. La psychogenèse proposée de l'illusion des sosies et des troubles apparentés achoppe sur la difficulté des fausses reconnaissances. Dès l'introduction, elle souligne la différence à ses yeux entre les méconnaissances systématiques et d'autres troubles qui se résument au fond à ce que présente le syndrome de Frégoli. La « découverte de ressemblance et même plus, d'identité entre plusieurs personnes, écrit-elle, ne constitue pas l'illusion des sosies, mais un trouble *apparemment bien différent* (nous soulignons), qui est l'illusion de fausses reconnaissances. Les malades affirment des ressemblances imaginaires et par exemple croient reconnaître leur mari dans plusieurs individus très différents ». C'est bien là, en résumé, le syndrome de Frégoli. L'auteur l'oppose à la suite de Vié, en l'inscrivant parmi les *fausses reconnaissances*, aux *méconnaissances*, tout comme l'*affirmation d'identité* s'oppose à la *négation d'identité*.

Nous avons déjà eu l'occasion de critiquer ce point de vue : tout d'abord l'identité visée ne porte pas sur le même plan dans les deux cas ; d'autre part et surtout la notion même de *négation d'identité* ne nous paraît ni rendre raison de l'illusion des sosies, ni conforme à ce qu'en avait dès l'observation *princeps* noté Capgras. En l'espèce, il nous semble que le sujet, en réponse aux effets d'écho et de doublure qui s'imposent à lui, s'efforce en vain vers la position d'une identité. C'est moins une négation d'identité qu'une saturation du champ de la reconnaissance par un certain type d'identification, celle qualifiée par Courbon et Tusques de délirante.

A la fin de son étude, Mlle Derombies revient à nouveau sur ces différences lorsqu'elle énumère une série de « symptômes associés » à l'illusion des sosies. C'est l'un des aspects les plus intéressants de son travail. Ces symptômes associés éclairent en effet pour nous non seulement le syndrome de Capgras, mais tout le champ clinique que nous avons vu découvrir à sa suite.

---

général dans toute la série de ces troubles. La dangerosité et l'éventualité des passages à l'acte chez ces malades sont à la mesure du morcellement et de l'inconsistance de l'image spéculaire, puisque cette inanité factice de la doublure, c'est aussi bien la leur, toujours menacée de se décompléter sous les effets proliférants d'un objet autonome qui ne s'y inscrit plus.

Elle y relève d'abord « le sentiment de vide, d'irréel, d'étrangeté mis en lumière par Janet ». Elle note ensuite que « l'illusion de Sosie peut être prise dans un ensemble d'idées de négation formant tout un *système de méconnaissance* ». Elle donne la « méconnaissance de lieu » comme relativement rare, mais observe la fréquence de « la méconnaissance de la durée, malgré l'intégrité parfaite de la mémoire. Certains délirants, même parmi ceux qui se tiennent au courant de l'actualité, n'apprécient pas exactement le temps vécu (...). Aucun rapport avec la désorientation du confus ou du dément : c'est une orientation nouvelle originale et systématique à laquelle le malade conforme ses actes ». Elle cite également « les méconnaissances des objets familiers » et en particulier, trait que nous avons plusieurs fois noté, du *vêtement* : telle malade « refuse de changer de vêtement : "On a truqué sa malle, on lui a fait faire des vêtements copiés sur les siens, on a imité les faux plis et l'usure, mais elle se rend bien compte de la supercherie" »[1].

Enfin, dit-elle, « un symptôme apparemment très différent peut tout de même coïncider, chez quelques malades, avec l'illusion de Sosie, ce sont les *fausses reconnaissances*. Dans ce cas c'est un même personnage qui, par des déguisements heureux, change constamment son apparence, le malade croit alors reconnaître un des siens dans toutes les personnes de l'entourage ». C'est encore le résumé du syndrome de Frégoli. L'auteur cite l'une de ses observations comme présentant à la fois une illusion des sosies et ce type de fausses reconnaissances. La malade, Mme Cha..., 46 ans, présente un accès mélancolique à la suite du décès d'une amie soignée avec dévouement. Elle développe des idées de culpabilité : « Je n'ai pas eu le remords que je devais avoir » – « Je vais de plus en plus vers le châtiment que je mérite. » Elle développe une illusion des sosies surtout à l'égard de sa fille, dans une moindre mesure à l'égard de son mari : « On me montre mon enfant mais ce n'est certainement pas elle (...). Elle l'imite tellement bien, mais ce n'est pas possible que ce soit elle » – « J'ai vu aussi mon mari comme ma fille, c'était lui mais d'après mes idées il me semble que ce ne peut être lui. » Ce sont là,

---

1. Observation empruntée à Maurice Bouvier, *Le syndrome « Illusion des sosies »*, Thèse, Paris, 1926. Mais on retrouve fréquemment en clinique cette attention portée au vêtement volé, substitué, etc.

dit-elle, des idées « que ma mémoire me fournit ». Les fausses reconnaissances sont mentionnées comme suit : « Au quartier, prend les infirmières tantôt pour des personnes de sa famille qu'elle croit reconnaître, tantôt pour des juges. »

Cette malade présente donc à la fois des fausses reconnaissances au sens du syndrome de Frégoli, et une illusion des sosies. L'auteur cite également une observation de Janet que nous avons déjà évoquée, où les deux syndromes sont réunis. Mais elle se borne à relever cette coïncidence en clinique, et s'en étonne sans en tirer de conséquences : « Il semble curieux, note-t-elle, de pouvoir observer à la fois ces deux phénomènes inverses. »[1]

Enfin, dans un chapitre intitulé « Les autres formes de la méconnaissance », Mlle Derombies revient sur les fausses reconnaissances et cite l'illusion de Frégoli, qu'elle assimile à celle d'intermétamorphose : « Courbon et Fail, sous le nom d'"illusion de Frégoli", décrivent ce symptôme. La malade est persécutée par Sarah Bernhardt et Robine, celles-ci s'incarnent dans les personnes qui l'entourent, partout elle les rencontre, "elles peuvent se mettre dans la peau de n'importe quel passant". D'autres malades croient reconnaître dans le personnel infirmier tous les gens qu'ils ont connus au-dehors. Parfois, le malade assiste à des transfigurations continuelles. »

L'auteur relève la fréquence de l'association de ces divers troubles sans pouvoir en rendre compte, et sans craindre l'incohérence de reconnaître leur coexistence possible chez les mêmes malades, tout en les déterminant comme exclusifs les uns des autres. Elle évoque toutefois à la fin de son étude la cohérence possible, quoique non élucidée en doctrine, de l'ensemble de cette clinique. La coexistence fréquente de ces troubles invite à se demander, écrit-elle, « si ces symptômes divers ne relèvent pas d'une même pathogénie ». C'était revenir à ce qu'indiquaient déjà Courbon et

---

1. L'étonnement de l'auteur tient à sa définition de ces troubles comme négation d'identité vraie d'un côté, fausse affirmation d'identité de l'autre. Cette définition ne peut tenir que moyennant l'incohérence qu'elle relève. Elle la résume ainsi : « Nous séparerons la *méconnaissance proprement dite,* qui est la négation d'un souvenir ou d'une perception exacte, des *fausses reconnaissances* qui sont l'affirmation d'une erreur de perception. » Nous avons déjà mentionné et critiqué cette position du problème.

Tusques : la solidarité de toute cette série, et la possibilité au moins supposée d'en délimiter les éléments selon des coordonnées communes.

Nous proposerons, pour conclure ce chapitre, trois remarques sur quelques points appelant un commentaire plus précis.

Rem. 1. Sur la question de l'*image* tout d'abord, Mlle Derombies souligne après Janet ce que le sujet relève à l'occasion, nous l'avons vu, de l'excès, de l'artificiel dans le registre perceptif : objet apparaissant avec un détail excessif, précision brutale des formes, éclat métallique des couleurs, etc. Ces notations sont intéressantes en ce qu'elles permettent de relever *a contrario* quelque chose de l'ordre de la *monotonie* qui caractérise ordinairement le registre de l'image en dehors de la psychose ou de certains moments de crise chez des sujets non psychotiques. Ces traits relevés par Janet, qui se rencontrent dans l'illusion des sosies comme dans les autres syndromes que nous évoquons, montrent l'incidence, dans ce registre de l'image, d'un objet dont nous pouvons dire, en nous appuyant sur l'ensemble de cette clinique, que le sujet ne le *reconnaît* pas mais qu'en revanche il l'*identifie*, et qu'il l'identifie sans doute d'autant plus nécessairement que le registre de l'image, délité, s'avère incapable de l'articuler à aucune métaphore. C'est cet objet que les syndromes désignés par Courbon et Tusques comme *fausses reconnaissances* dans les psychoses permettent d'isoler de façon particulièrement pure.

Cette remarque suppose, précisons-le, que ce registre de l'image, dans l'ordre humain, ne peut présenter de consistance propre – cette consistance étant à prendre au sens de condition de possibilité de tout ce que la psychologie classique a pensé sous la notion de reconnaissance – qu'en tant qu'il est tributaire d'une logique symbolique, c'est-à-dire métaphorique et différentielle[1]. Il appartient certes à l'imaginaire comme tel, comme le montre la clinique ordinaire, de méconnaître cette logique différentielle en croyant identifier purement positivement ce qu'il reconnaît, c'est-à-dire précisément en le méconnaissant. Mais c'est pourtant bien une articulation fondamen-

---

1. Sur la question du rapport de l'image en général au symbole, tel que le souligne notamment la psychanalyse, cf. Pierre Fédida, « Le souffle indistinct de l'image », p. 190, in *Le site de l'étranger. La situation psychanalytique*, Paris, PUF, 1995.

tale de l'image à la différence symbolique qui permet seule de nous orienter – bien ou mal – dans le monde visible comme dans la pensée, pour paraphraser une question kantienne. Il serait difficile autrement de rendre compte du moindre effet de ce qu'on appelle classiquement une « reconnaissance »[1].

D'une manière générale, ces notations nous donnent l'occasion de remarquer que l'*image* comme telle ne se constitue que sur le fond de cette monotonie, et que son délitement est corrélatif d'une *discontinuité* introduite par un objet qui se présente pour le sujet comme radicalement autonome[2].

Nous avons vu comment Mlle Derombies relevait la négligence de ces malades touchant les « traits caractéristiques » d'un objet – forme, lignes générales – au profit des « nuances subtiles », « différences insaisissables », « modifications imperceptibles démesuré-

---

1. La référence à Kant se justifie du début de l'opuscule *Qu'est-ce que s'orienter dans la pensée ?* (1786), Paris, Vrin, 1972, p. 75-89. Kant y relève en effet très précisément comment l'articulation d'un concept au réel, c'est-à-dire le fondement de tout ce que nous appelons reconnaissance, suppose comme sa condition de possibilité une articulation de l'ordre conceptuel en général à la « représentation imaginée ». Kant rapporte cette articulation primordialement au principe de l'orientation dans l'espace. Et ce principe, remarque-t-il, implique nécessairement le corps du sujet et son rapport à l'espace concret, en tant que ce corps est d'abord lui-même orienté par la *différenciation entre la droite et la gauche*. Cette différenciation, qu'il met au compte d'un « sentiment » *(Gefühl)*, il ne nous paraît pas illégitime de la considérer comme une métaphore première. Nous pouvons en effet la rapporter, d'après ce qu'il en dit, d'une part au symbolique, puisque c'est d'abord dans le langage que prend effet une différenciation entre droite et gauche ; et d'autre part au réel, puisque ce « sentiment » ne peut pour Kant être explicité que moyennant une construction réelle dans l'espace : si je trace un cercle, et si je distingue sur ce cercle le mouvement allant de la gauche vers la droite puis le mouvement de sens inverse, je détermine dans le réel l'image (le mouvement vectorisé) d'une différence (entre droite et gauche) qui me permet primordialement de m'y orienter. Cf. *op. cit.,* p. 77. On ne peut mieux souligner combien la consistance du registre de l'image est tributaire d'une symbolisation initiale du réel, en l'espèce ici du trait métaphorique de différenciation gauche/droite. La psychanalyse est allée un peu plus loin depuis dans la définition de ce trait métaphorique premier, en le spécifiant logiquement comme trait unaire, et en montrant comment sa mise en place conditionne de façon plus générale l'accès du sujet à la métaphore dans le champ symbolique, et à la distinction de l'actuel et du virtuel dans le champ imaginaire. Ce dernier aspect intéresse immédiatement notre sujet, puisque c'est le défaut de cette distinction que traduisent dans les psychoses les divers phénomènes de « doublure » qui retiennent ici notre attention.

2. Ce que nous disons ici de l'image pourrait être également développé, de la même manière, en ce qui concerne les autres registres sensoriels, et notamment l'auditif.

ment grossies ». Or, relever les traits caractéristiques, la forme essentielle, les lignes générales, cela suppose précisément que soit « tempéré » ce qui se présente au sujet, autrement, sur le mode autonome et étranger que signale et résume le *sentiment d'étrangeté* : aussi bien dans l'ordre de la *quantité* – prolifération indéfinie de traits décomposant l'objet en une multitude de détails – que dans celui de la *qualité* – les intensités inhabituelles relevées par Janet. La monotonie de l'image, comme de tout le champ sensoriel en tant qu'il est susceptible d'être reconnu, suppose le préalable de ce tempérament.

Rem. 2. La logique antithétique de l'illusion des sosies que relève Mlle Derombies donne également l'occasion de préciser certains points importants pour notre propos. Il est vrai que l'on observe fréquemment comment les réduplications des êtres ou des objets sont articulées dans les propos de ces patients à des couples de contraires. On se rappelle par exemple comment, dans l'observation *princeps* du syndrome d'intermétamorphose, les transformations que relevait la malade autour d'elle étaient ordonnées à des paires antithétiques : jeunes et vieilles poules, manteau neuf ou déchiré, jeunes changés en vieux, hommes en femmes, etc. Ces traits, plutôt qu'à une logique des sentiments, toujours hypothétique, paraissent pouvoir plus précisément et plus directement être rapportés à la logique de la grammaire, ou plus généralement à celle du code linguistique, telle qu'elle est remaniée par la psychose. Ils indiquent en effet, isolée dans sa valeur élémentaire, la facilitation que présente celle-ci au figement de la signification de certaines formes grammaticales, et peut-être en particulier, comme le relève ici l'auteur, des formes antithétiques, mais pas seulement. Les phénomènes d'écho dans l'ordre auditif ou de doublure dans l'ordre scopique – pour ne citer que les modalités les mieux relevées de cette structure réduplicative – trouveraient ainsi dans ces formes du code grammatical certains points d'appui électifs de leur signification telle que la reçoit le sujet.

Mais cette facilitation en elle-même, c'est-à-dire cette structure de décomposition réduplicative affectant l'ordre entier du langage, nous paraît constituer un trait plus général de la psychose, qui s'observe aussi bien chez des sujets ne présentant pas de façon déclarée de troubles de la reconnaissance ou de phénomènes d'écho[1]. Il paraît en ce sens justifié de relever la valeur élémentaire de ce que Mlle Derombies note d'une logique antithétique de l'illusion des sosies, mais en intégrant cette logique dans la série plus étendue des effets de réduplication tels qu'ils s'avèrent dans les psychoses directement articulés au code linguistique entier, et pas seulement à ses formes explicitement antithétiques[2].

Rem. 3. Enfin, nous relèverons ce que l'auteur mentionne parmi les symptômes associés au titre d'une « méconnaissance de la durée », participant d'un système plus vaste de méconnaissance, et par elle explicitement souligné.

La question du rapport du sujet à la durée et au temps est en effet de première importance dans la psychose en général et dans ces syndromes en particulier. Elle semble devoir être posée en étroite corrélation avec ce qui détermine la structure de réduplication que nous avons déjà évoquée. Cette structure en écho, voire en réduplications sans nombre, renvoie de façon tangible à ce qui peut être désigné comme une indistinction des plans de l'actuel et du virtuel. Cette indistinction caractérise spécialement ce qui constitue le registre spéculaire dans la psychose. Si l'image du corps chez un sujet psychotique est toujours susceptible de tourner à une menace duelle, c'est qu'elle est détachée de ce qui pourrait en tempérer l'incidence d'intrusion réelle : autrement dit elle ne participe pas de ce que le registre du virtuel, en tant que tel, autorise de variations dans les limites d'une forme – objet même de la reconnaissance.

---

1. Un patient que nous recevions dans le service du Dr Claudine Capron, au CHS Barthélémy Durand, avisa un jour en entrant les deux chaises devant le bureau, demandant sur laquelle il devait s'asseoir. Restant debout il enchaîna : « On dit un Anglais et une Anglaise, un Américain et une Américaine, un Français et une Française, un Italien et une Italienne, etc. », développant une longue série de ces dichotomies, sans pouvoir prendre place : exemple de ce figement de la signification, ici selon la forme de la réduplication spéculaire, investi occasionnellement en un point défini du code grammatical. Citons également, développé par M. Czermak in *Passions de l'objet* (p. 299-326), le cas d'un homme qui redoublait systématiquement dans des parenthèses une signification pourtant assurée en principe implicitement : « Mon fils Georges (S...) », « sa mère (ma femme) », « le Créateur (Moïse) », « flemmingite très aiguë (paresse de travailler) », « maladie de Parkinson (tumeurs du cerveau) », etc. L'usage des parenthèses voulait suturer une défaillance du code supposée par le sujet chez l'interlocuteur, obligeant à expliciter en message toute signification normalement portée implicitement par le code.

2. On en trouve dans les *Mémoires* du président Schreber des modalités nombreuses et variées.

Nous avons déjà pu relever précédemment que cette carence était liée au défaut d'articulation du registre de l'image à celui de la métaphore.

Or, si l'on considère que toute structure temporelle suppose comme condition de possibilité cette dimension du virtuel, on doit admettre que là où celle-ci est absente, celle-là fait défaut ou se trouve profondément modifiée. Dans les psychoses, ce remaniement de la structure temporelle, tout comme son lien très étroit à la représentation du corps psychotique, trouvent probablement leur plus systématique déploiement dans le syndrome de Cotard[1].

Pour ce qui concerne les troubles de la reconnaissance dans l'illusion des sosies – mais cette remarque s'applique à l'ensemble des syndromes qui nous intéressent – Mlle Derombies souligne à juste titre la distinction entre la désorientation temporelle des déments ou des confus, et celle de ces cas. La première peut renvoyer à une étiologie organique, comme dans le syndrome de Korsakov. La seconde met en jeu les conditions structurales d'accès d'un sujet à la distinction de l'actuel et du virtuel.

Ce problème recoupe très étroitement celui de la distinction entre la reconnaissance et l'identification. En effet le champ du virtuel n'existe, nous l'avons déjà noté, que dans la mesure où il est rapporté à une logique symbolique, c'est-à-dire différentielle. C'est en tant qu'elle est articulée à des éléments symboliques et différentiels qu'une image admet une série de variations possibles dans les limites où le sujet peut toujours la reconnaître, l'anticiper, voire la modifier : c'est là la logique de la reconnaissance au sens classique. Mais que ce champ du virtuel, et l'ordre symbolique différentiel qui le fonde, ne soient pas constitués comme tels, dès lors ce que nous appelons la reconnaissance se trouve rabattu sur une identification d'un mode spécial, en ce sens que les traits qu'elle distingue n'admettent pas de différenciation : ils sont toujours uniques, sans comparaison ni variation, c'est-à-dire *actuels*. Et ils le sont d'autant

---

1. Cf. M. Czermak, « Signification psychanalytique du syndrome de Cotard », *op. cit.*, p. 205-234. A l'énormité que décrit le sujet d'un corps simultanément décomplété (« je n'ai plus d'organes ») et identifié à un univers compact, sans manque comme sans vide, correspond une pétrification du registre temporel : le temps n'est plus scandé, il est gelé dans l'éternité, le sujet s'y voyant condamné à ne jamais mourir.

plus que ce qu'ils visent est reçu par le sujet, simultanément ou par ailleurs, sur un mode hallucinatoire et xénopathique. C'est pourquoi dans l'illusion des sosies, par exemple, le même autre à deux moments distincts ne peut être dit « le même » par le sujet : les variations et occurrences successives dans le temps deviennent réduplications dans l'espace. La reconnaissance se défait : le sujet « reconnaît et ne reconnaît pas », comme le dit Janet. Mais c'est qu'il *identifie*, au sens que nous indiquons, qui n'est évidemment pas celui dont nous parlons dans l'usage ordinaire. Dans le syndrome de Frégoli, cette modalité de l'identification est radicalisée, puisque c'est le même et unique Un qui est redoublé dans une même série tendant à intégrer tous les « autres ». Le registre de la reconnaissance est alors entièrement délité.

Concluons sur ce point en relevant le propos de la malade mélancolique citée par Mlle Derombies, à propos de l'illusion des sosies qu'elle présente : ce sont, dit-elle, des idées « que ma mémoire me fournit ». Elle attribue ainsi à sa *mémoire* les phénomènes de réduplication qu'elle constate dans l'ordre de la reconnaissance. Ce sont la vectorisation et l'orientation temporelles qui sont identifiées ou conjointes par elle à ces modalités de doublure. Elle présente par ailleurs des phénomènes d'écho : « On répète mes pensées, on dit les choses abominables que j'ai faites » ; des hallucinations : « On la traite de chameau, de putain, etc. » ; enfin « des troubles cénesthésiques discrets : mauvaises odeurs qu'on lui fait sentir, mauvais goût des aliments assaisonnés d'une poudre spéciale ». Chez elle, c'est le champ entier de ce qui se présente habituellement à un sujet comme son expérience – en tant qu'il la « reconnaît », c'est-à-dire qu'elle ne se signale pas trop à son attention – qui se trouve redoublé de telle sorte que les éléments lui en reviennent séparément (dans l'ordre du regard, mais aussi de la voix, de l'odorat et du goût) et d'une manière autonome où elle, comme sujet, n'a plus de part : c'est ce qu'identifie le « on » dans ses énoncés[1].

---

1. Comme il arrive fréquemment dans les psychoses. Nous évoquions plus haut comment les modalités de réduplication qui s'y observent peuvent venir investir occasionnellement tel ou tel point du code grammatical. Le « on » en français a à cet égard une valeur privilégiée, puisqu'il est très souvent le terme identifiant pour les sujets psychotiques ce que nous avons désigné comme un x au principe de ce qui désarticule l'image et plus généralement le champ de la reconnaissance.

CHAPITRE VIII

L'unité clinique des syndromes de fausse reconnaissance dans les psychoses

Deux autres contributions complètent l'exposition et la discussion initiales par l'école française des syndromes psychotiques de fausse reconnaissance, considérés individuellement et dans leurs corrélations. L'une est due à Georges Daumézon en 1937[1]. La seconde, de 1962, est sans doute l'une des dernières à reprendre cette clinique selon les termes et la problématique d'abord mis au jour par Capgras et Reboul-Lachaux[2].

Georges Daumézon, dans la suite des travaux de Courbon avec Fail puis avec Tusques, essaie de dégager à partir de deux observations les principaux points de corrélation des trois syndromes d'*illusion des sosies*, de *Frégoli* et d'*intermétamorphose*.

La première observation est celle de Mme G..., femme Ch..., marchande de vins, 52 ans, internée en 1932 avec un certificat de G. de Clérambault[3]. Après deux ans à Vaucluse, où Courbon pose

---

1. « Le délire d'intermétamorphose, variété d'illusions de sosie et de Frégoli », *Ann. méd.-psych.*, XVe série, 95e année, t. I, janvier 1937, p. 19-26.
2. H. Cenac-Thaly, C. Frélot, M. Guinard, J.-C. Tricot et M. Lacour, « L'illusion de sosies », *Ann. méd.-psych.*, 120e année, t. II, novembre 1962, p. 481-494. On a certes continué par la suite à s'intéresser au syndrome de Capgras et à ce que l'on appelle fréquemment aujourd'hui, en anglais, les *delusional misidentification syndromes*. Ils suscitent d'ailleurs de nos jours un regain d'intérêt, mais dans une perspective surtout neurobiologique, très différente de celle des travaux que nous rappelons. Nous évoquons cette approche dans la deuxième partie.
3. Le certificat portait : « Alcoolisme chronique. État ébrieux subintrant. Syndrome hallucinatoire, gestes vus et pensées entendues, réponses par le fait d'une table tournante

un diagnostic de délire de persécution, elle est transférée à Plouguernevel et interrogée par G. Daumézon.

Invitée à exposer les agissements de ses persécuteurs, elle indique : « Ils changent la figure des gens : le Dr H..., quand je le voyais dans la salle, puis quand il passait dans la cour, il n'avait pas la même figure. » C'est une réduplication de l'image : la malade identifie et nomme identiquement le Dr H..., sous deux images disjointes. La disjonction est ici inverse de celle de l'illusion des sosies, où l'image est reconnue, sans que l'identité du nom puisse être conclue. D'autres fois, le trouble se rapproche du syndrome de Frégoli : le même Dr H..., « c'est René V... un petit jeune homme que je connaissais », dit la malade, à qui ce jeune homme aurait fait des « propositions malhonnêtes ».

Les troubles ont commencé ainsi : « C'était un monsieur qui consommait au comptoir, sa figure est devenue celle de quelqu'un que je connaissais et qui venait souvent là, puis il a repris sa figure à lui et est venu me serrer la main. » Autre variante, donc : un personnage au comptoir échange passagèrement son apparence avec celle d'un autre, un habitué. Ensuite, « ils ne m'ont refait cela que longtemps après, à Vaucluse, et puis surtout ici ». Elle décrit ainsi ce qui lui arrive : « Ils changent la physionomie complète. Tantôt c'est un petit changement qui permet tout de même de reconnaître la véritable personne, tantôt c'est un changement complet. » Cette remarque indique une décomposition principielle de l'image : le « petit changement » qui permet tout de même la reconnaissance n'est pas une simple variation. Il est un élément déjà hétérogène, non intégré, pouvant aller jusqu'au « changement complet ». Ces changements sont à rapprocher des détails et des différences relevés dans l'illusion des sosies, où l'image est morcelée en une prolifération de traits dont chacun est unique, excluant de la reconnaissance toute variation, c'est-à-dire toute autre modalité que l'*actuelle*.

Les changements affectent « tout le monde, toutes les figures. » « Ainsi, tenez, le soir, au dortoir, toutes les personnes qui sont sur

---

installée dans le voisinage. Machines dans le sous-sol, bourdonnant et envoyant des picotements. Réfugiée à l'hôtel deux fois, mêmes phénomènes. De même au poste. Couple de buveurs. » Relevons les phénomènes d'écho dans les registres du regard et de la voix, et la xénopathie de la peau.

la route, ils leur donnent la tête de gens que je connais. » Pas une figure ne tient, et ces changements sont incessants : « Ils vont vous changer une figure dix fois, vingt fois, cent fois. »[1]

A côté des figures et de l'apparence, le *regard* est directement impliqué dans ces modalités de redoublement. Il l'est d'abord en ceci qu'il est isolé et manipulé par les persécuteurs : « S'ils veulent, ils vont vous changer tout de suite, et vous ne vous en apercevrez pas, ce sont ceux qui vous voient qui constatent le changement. » – « Demain vous aurez une autre figure, d'autres personnages vous regarderaient et ne vous trouveraient pas changé, ils ne font pas cela à tous les yeux. » – « Ils projettent une autre figure sur la vôtre. » Nous avons là bien explicitée une décomposition élémentaire du registre de l'image entre d'un côté ce que la malade nomme la *figure*, éminemment labile, prise dans une série de substitutions s'imposant au sujet ; et de l'autre le *regard*, détaché, entièrement passé du côté du « ils ». De plus, ce regard est pris dans une série de redoublements : non seulement il est ce point hors champ à partir duquel quiconque est vu mais ne peut voir ni s'apercevoir de quoi

---

1. Ces indications fréquentatives : « Dix fois, vingt fois, cent fois », donnent la forme la plus élémentaire de ces réduplications, celle où elles sont le moins spécifiées au regard d'un quelconque objet à reconnaître, et au plus près de ce que Courbon et Tusques appelaient l'identification délirante, sans pouvoir beaucoup l'expliciter, mais relevant qu'elle impliquait quelque chose de l'ordre du « collectif ». Les propos de cette malade permettent de préciser ici un peu plus : le *x* diversement évoqué à travers cette clinique, et que le sujet *identifie* au sens où il le *nomme,* c'est d'abord cette prolifération réduplicative elle-même, saisie dans sa forme purement fréquentative. On se souvient de Mme de Rio-Branco disant avoir vu plusieurs milliers de sosies de sa fille en un jour, ou bien de cette malade identifiant son mari en tout homme de rencontre, au motif qu' « au moment des rapports, c'est *toujours la même chose* ». Ces modalités de la *répétition* reconduisent à la question du temps dans la psychose, et aux effets d'une indistinction des registres de l'actuel et du virtuel. C'est cette indistinction qui produit, en lieu et place d'une vectorisation temporelle, le retour d'un trait qui est toujours le même. Mais cette « identité » n'est pas, comme dans la reconnaissance, une identité d'apparence, d'image ou de ressemblance. Si ce trait peut être dit *toujours le même,* la clinique nous indique que c'est d'abord au sens où il n'est pas *comptable*, nous l'avons dit. C'est pourquoi les diverses modalités de l'innombrable dont font état ces malades nous en donnent la forme pure. C'est aussi pourquoi ce trait peut sans contradiction être désigné par le sujet soit dans l'ordre de l'unique, comme dans le syndrome de Frégoli, soit dans l'ordre d'une prolifération multiple, comme dans le syndrome de Capgras. Ces deux modalités, schématiquement conjonctive et disjonctive, renvoient l'une et l'autre à un trait indifférencié qui ne peut être *rapporté* à aucun autre. En d'autres termes, il ne peut être lié par aucune opération métaphorique.

que ce soit ; mais il est partagé également dans ses effets entre ceux à qui « ils font cela » et ceux à qui ils ne le font pas.

Enfin Daumézon rapporte ce point important : « Parallèlement à ces conceptions, Mme Ch... sait qu'une autre personne prend sa figure et va partout à sa place, dans sa famille, dans son pays, dans ses anciennes places, et à la mort de ce personnage on l'a cru morte. "La preuve en est que je ne reçois plus de lettres." » Ce dernier élément complète la problématique des réduplications articulées à la décomposition du regard : la malade a une doublure suscitée en tout lieu possible. Cela illustre en quoi il n'y a pas pour elle d'espace ou de lieu du virtuel. Toute place est déjà saturée par ce double.

Le point d'insertion du double et du regard dans l'expérience de la malade indiquent aussi le point d'où elle en est éjectée comme sujet. C'est ce qu'elle désigne de l'annonce de sa propre mort, elle aussi étroitement articulée à la structure réduplicative comme telle, en l'espèce de ce double : cet autre est mort, du coup on la croit morte, elle ne reçoit plus de lettres.

La seconde observation est celle de Mme G..., veuve D..., âgée de 73 ans, entrée à Sainte-Anne en 1914, ayant séjourné depuis en différents hôpitaux avant d'être envoyée à Plouguernevel. Daumézon note « un vieux délire hallucinatoire de persécution et d'influence avec hallucinations multiples et plus particulièrement de la sensibilité génitale ». Spontanément, lors de la visite, la malade s'écrie : « Mais, voyons Monsieur, vous n'avez pas fini de vous moquer de moi, quand vous étiez là-bas vous étiez un charcutier que j'ai connu, et maintenant vous me représentez mon fils. » A chaque fois qu'elle est interrogée sur ce sujet, elle fait état de ces transformations de son interlocuteur, les personnages représentés par celui-ci étant le plus souvent chaque fois différents : « En une heure, relève l'auteur, nous devenons successivement : un interne connu jadis à Cochin par la malade qui fut infirmière, un certain M. Lagasse et enfin le fils de la malade. » Ces phénomènes sont accompagnés « de sensations pénibles ressenties un peu partout dans le corps, mais plus particulièrement dans la tête : "On me fait tellement mal dans la tête. Dans une personne je vois cinquante personnes, cela m'étonne et me fait mal à la tête" ».

Parmi la multiplicité des apparences endossées par l'interlocuteur, le fils de la malade revient assez régulièrement : « Vous faites un tour, vous êtes mon fils, vous en faites un autre, ce n'est plus lui. » Par ailleurs, ses propos avec un même interlocuteur font état d'une disjonction très claire entre *la variété des images représentées* et *l'unicité de leur support* : « Vous avez la physionomie qui change, mais c'est toujours la même personne. » – « Vous devez être la même personne, probablement, vous changez de figure mais vous ne changez pas de corps. » – « Ce sont vos yeux, ce sont vos lèvres que vous avez changés pour ressembler à M. Lagasse. »

Comme dans le syndrome de Frégoli, la malade dénonce, ici directement chez l'interlocuteur, le changement des apparences successives, et une disjonction entre les différentes images et quelque chose toujours identifié comme le même : « C'est toujours la même personne. » Mais curieusement se superpose à cette disjonction une autre, qui sépare la *figure*, changeante, du *corps*, qui ne change pas. « Vous ne changez pas de corps », dit-elle, ce qui comporte l'intérêt d'une part de présenter cliniquement *la distinction du corps et de l'image* ; d'autre part de situer le corps lui-même du côté de l'*x* identifié comme récurrent et identique[1].

Cependant, et c'est une variante par rapport à la forme *princeps* du syndrome de Frégoli, l'interlocuteur n'est pas le seul à être support de telles transformations : « Toutes les personnes sont changées de la même manière », remarque Daumézon. Ainsi la malade affirme-t-elle par exemple : « J'ai été avec des sœurs de Sainte-Ylie et je les retrouve ici. Des fois elles disparaissent et ce sont des personnes de la ville, qui ne sont pas des religieuses. » Elle considère que l'intention de la personne changée est impliquée dans le phénomène : « Moi je ne me déguise pas comme vous, dit-elle, je ne sais

---

1. Ces remarques interrogent ce que nous avons à entendre par corps dans la psychose. S'agissant du corps humain et du visage en particulier, la clinique classique a longtemps éprouvé quelque difficulté à distinguer la reconnaissance et l'identification. La clinique que nous reprenons s'est efforcée de séparer les deux registres, en apercevant à travers tous ces troubles que l'image, comme objet de la reconnaissance, pouvait être séparée de ce que le sujet identifiait. De quel côté, dans ces conditions, situer le corps ? Relevons seulement que nous n'avons pas d'autre fil dans l'abord de cette question que celui donné par les propos des malades. Cette observation est originale par la distinction entre le corps, Un demeurant le même, et les images (la « figure ») qu'il peut revêtir tour à tour. Notons aussi que les deux traits du visage changés d'après la malade sont les supports, dans l'image, du *regard* et de la *voix* : « Ce sont vos yeux, ce sont vos lèvres que vous avez changés. »

pas me grimer. » Autour d'elle, chacun manifeste des pouvoirs exceptionnels, sauf elle : « Je suis la seule, ici, à ne pas voir à travers les murs. »

La malade expose par ailleurs « qu'elle a sa statue au Cours la Reine : un jour elle s'est assoupie sur un banc de cette promenade et à son réveil s'est reconnue dans un personnage de bronze d'un monument ». Cette modalité de redoublement figé et pétrifié peut être rapportée à ce que la malade évoque par ailleurs d'un corps identifié comme ne changeant pas. Tout comme la malade du cas *princeps* d'intermétamorphose de Courbon et Tusques, elle est en somme la seule à ne pas être prise dans ce système de transformations des images : seul *corps sans image*, pourrions-nous dire, dont ses propos laissent penser qu'il est identifié au trait d'un regard sans sujet. L'auteur note d'ailleurs la fréquence des hallucinations visuelles, « indépendamment de troubles cénesthésiques et d'hallucinations génitales extrêmement intenses ».

Daumézon situe ces deux observations par rapport aux syndromes de Capgras, de Frégoli et d'intermétamorphose. Tout en les rangeant plus nettement du côté de ce dernier, puisqu'il parle de *délire d'intermétamorphose,* il les désigne en même temps comme « variétés » d'illusion des sosies et d'illusion de Frégoli, supposant qu'il s'agit de phénomènes très proches dans les trois cas. Il résume ainsi le syndrome d'illusion des sosies et le syndrome de Frégoli : « En présence d'un sujet A : l'illusion de sosie de Capgras, par méconnaissance systématique, agnosie d'identification, etc., consiste à croire qu'il s'agit d'un sujet A′ morphologiquement identique, mais en réalité différent de A. L'illusion de Frégoli, de Courbon et Fail (signalée dès 1919 par René Charpentier), affirme que A, B ou C ne sont que des apparences prises par D qui se frégolifie, qui se grime, et arrive à perdre son habitus morphologique pour prendre celui des autres. » Par rapport à ces deux schématisations, indique-t-il, « nos deux malades réalisent un type spécial : chaque sujet A, B ou C est supposé prendre l'apparence successive d'autres sujets (...). La malade de Courbon croit en l'existence d'un seul Frégoli qui prend toutes les apparences – nos deux malades accordent à tout leur entourage cette possibilité de métamorphose ».

C'est le syndrome d'intermétamorphose que Daumézon considère comme le plus proche des deux cas qu'il présente : « En 1932,

Courbon et Tusques publiaient l'observation d'une malade sous le titre d'illusion d'intermétamorphose. Cette délirante présentait à la fois : 1 / un sosie positif de son fils et de sa tante ; 2 / une illusion de Frégoli pour son mari qui s'incarnait en diverses personnes, prenant leurs allures et leurs habitus ; 3 / une illusion de fausse reconnaissance que la malade rectifiait partiellement grâce à l'explication de Frégoli ; 4 / enfin, une illusion d'intermétamorphose : "Tous les habitants de la zone, sauf la malade, ont la propriété de se transformer les uns dans les autres". »[1]

Il y a là pour Daumézon un « contenu logique » très voisin de ce que lui-même apporte. Il estime donc que les trois cas – celui de Courbon et Tusques et les deux siens – entrent dans une même série : s'il faut les distinguer, c'est moins du point de vue de leur logique qu'en fonction, selon lui, des différents degrés d'interprétation, chez chacune des trois malades, des modifications qu'elles constatent. Cet article nous paraît toutefois plus intéressant par le souci de rapprocher les descriptions de ces différents syndromes en tâchant d'en produire une logique élémentaire, que par l'élucidation psychologique et pathogénique qu'il propose de leur assigner[2]. Nous en retiendrons surtout : 1 / la proximité qu'il souligne des trois syndromes d'illusion des sosies, d'illusion de Frégoli et d'intermétamorphose ; 2 / la tentative, qu'il ébauche, de ramener la variété nosographique de cette clinique aux différentes déclinaisons possibles d'un nombre limité d'éléments ; 3 / enfin l'importance qu'il accorde à cet égard au syndrome de Frégoli, auquel il rapporte les deux observations présentées. Il considère en effet que ce syndrome comme ces deux observations relèvent de ce que Vié appelait les « sosies positifs » : or nous avons vu (cf. chap. 4) que sous ce terme peu approprié, Vié désignait ce qui correspond en réalité au syndrome de Frégoli.

---

1. Nous avons décomposé les éléments de cette observation d'une manière un peu différente (cf. chap. 5). Mais Daumézon va également dans le sens d'une réduction élémentaire du syndrome d'intermétamorphose au syndrome de Frégoli.

2. Pour l'essentiel, il reprend les conceptions développées par Capgras et à sa suite, sans en méconnaître le caractère inadéquat ou au moins très hypothétique, relevant par exemple qu' « expliquer l'illusion par une hallucination n'est qu'un déplacement du problème et non une solution, tant que le problème des hallucinations n'est lui-même pas résolu ». Cette question reste actuelle (cf. *supra*, n. 3, p. 70).

Le dernier article que nous évoquerons, de 1962, traite de l'illusion des sosies, et met en valeur l'*unité clinique* du champ de ce que ses auteurs appellent les « troubles de l'identification objective », suivant Courbon et Tusques, et beaucoup plus nettement que Mlle Derombies[1]. Les auteurs recensent d'autre part les explications pathogéniques avancées jusque-là, relevant leur caractère très hypothétique et sans en proposer de nouvelles : « L'explication de telles illusions, notent-ils seulement, est obscure. »

Nous reprendrons les deux observations cliniques qu'ils présentent, et examinerons ensuite les traits sous lesquels sont analysés les syndromes de Capgras et de Frégoli.

La première observation est une illusion des sosies simple, dont nous relèverons seulement les éléments comportant des aspects nouveaux ou éclairants par rapport à ce que nous avons déjà pu évoquer.

Il s'agit d'un sujet de 32 ans, Michel L..., décrit par les auteurs comme « typiquement schizophrène » et présentant à leurs yeux le tableau classique de l'hébéphréno-catatonie. Après son admission, il expose un délire à thèmes d'influence comportant une illusion des sosies. Celle-ci est apparue immédiatement à la suite du décès du père et d'un retour momentané du sujet dans sa famille. Elle est d'abord limitée à sa mère : il considère que ses parents ont disparu, et que dans l'appartement familial parisien, il a affaire à une inconnue qui se fait passer pour sa mère et en est un sosie. Elle lui ressemble, elle en a aussi « tous les souvenirs », mais elle a « environ dix ans de moins », et elle présente de plus un prognathisme supérieur qui la distingue de l'original.

L'illusion, d'abord limitée à la mère, s'est ensuite étendue en une prolifération de doubles : « Il multiplie les illusions de sosies. Au sosie de sa mère se sont joints successivement des sosies de la tante et des grands-parents maternels, puis de toute la famille, à l'exception du père. » Tous les sosies se distinguent par le même

---

1. « Si le syndrome de Capgras se différencie, du point de vue séméiologique, des autres troubles de l'identification objective, il faut insister sur la coexistence habituelle de ces troubles. L'illusion de sosies est rarement isolée ; elle s'accompagne en pratique de fausses reconnaissances, de méconnaissance ou d'illusions de Frégoli », relèvent-ils, ajoutant : « L'illusion de sosies s'intègre dans un cadre plus large de dissociation avec phénomènes de dépersonnalisation, modifications des notions d'espace et de temps. »

trait du prognathisme supérieur[1]. L'illusion des sosies chez ce patient est remarquable, on le voit, par l'identification récurrente du *même trait* chez tous les sosies. Elle évoque à ce titre une sorte de variante du syndrome de Frégoli, où c'est aussi un même trait, identifié au nom, qui est attaché à la diversité des autres. Ce cas présente une curieuse forme combinée des deux syndromes.

Mais il nous intéresse également par les autres aspects du délire. L'observation montre en effet – et c'est ce que cet article entend mettre en valeur – que les différents troubles dont nous parlons, même s'il est légitime de les isoler et de les distinguer dans un souci descriptif, renvoient bien à l'unité d'un champ clinique, c'est-à-dire présentifient selon des modalités diverses un petit nombre de coordonnées communes.

C'est ainsi que chez ce malade, les thèmes d'influence et de transformations corporelles, qui sont au premier plan dans le cas *princeps* d'illusion de Frégoli, sont également importants : du jour au lendemain, et à des fins d'expérimentations médicales, « on a provoqué en lui un prognathisme supérieur, une modification des ongles et l'épilation des jambes »[2]. Par ailleurs il présente un syndrome d'automatisme mental avec vol de la pensée, pensées étran-

---

1. Les auteurs relèvent que chez le sujet comme chez sa mère, le prognathisme est bien réel. Mais il était méconnu du sujet, qui avant l'éclosion du délire n'évoquait son « infériorité physique » qu'au titre des pieds bots qu'il présentait. C'est avec le délire que ce trait est soudain isolé comme parasitage du corps par un objet étranger, qui « signe » par ailleurs toutes les autres réduplications. Ce cas illustre bien comment l'image du corps peut, à la faveur de l'éclosion du délire, se décomposer entre d'une part une réduplication récurrente, une sorte de labilité fondamentale, et de l'autre la pérennité d'un trait, un éclat isolé, éventuellement énigmatique au sujet comme dans le cas présent. On se rappelle comment dans l'observation *princeps* du syndrome d'intermétamorphose, la malade identifiait son mari à un ou deux traits sur le fond d'un délitement général de l'image, n'importe quelle apparence d'homme pouvant venir accrocher son vêtement à ces traits.

2. Il partage donc avec tous les sosies le trait du prognathisme supérieur, ce qui l'inclut lui-même à la fois dans l'ordre réduplicatif dont il porte le trait, et dans celui de l'Un que présentifie ce même trait. On relèvera par ailleurs une féminisation de l'apparence, en particulier de la peau, mais les auteurs ne développent pas ce point. Ils indiquent seulement que c'est le sosie maternel qui inaugure la série du trait de prognathisme supérieur. Ils relèvent aussi que le sujet se plaint, évoquant ses transformations corporelles, des manœuvres des sosies qui viseraient ainsi à « le rendre impuissant ». Il a aussi été manœuvré en sorte « qu'il s'exhibe devant les jeunes filles, durant sa cohabitation avec le sosie de sa mère ». C'est ce que le malade appelle la « crise sexualo-maternelle » qu'il a vécue.

gères imposées et exprimées par sa bouche. « On le fait penser seul à haute voix ou à voix basse : "Je suis toujours en train de penser avec la langue" », dit-il notamment. Enfin les auteurs relèvent comment, avec l'apparition de la psychose, le temps s'est trouvé suspendu ou profondément modifié, selon les dires du sujet : « Les dates et le temps, dit-il, tout est anormal... Le temps passe anormalement aussi bien ici qu'aux Rives-de-Prangins. » Il aurait vu « en janvier 1960 des marronniers en fleurs ». Nous avons dit également comment il situait le sosie maternel en un temps de dix ans antérieur.

Cette décomposition du registre temporel, à côté d'un automatisme mental classique et des phénomènes de réduplications dans l'ordre de la reconnaissance des personnes, est un trait remarquable de ce cas, non en ce qu'il serait exceptionnel, mais dans la mesure où il invite, à côté des autres éléments du tableau, à essayer de mettre en série et de comparer ces différents ordres de phénomènes. Nous y reviendrons bientôt.

La seconde observation apporte également des faits inédits, et montre aussi combien ces différents syndromes sont en fait des combinaisons variables d'éléments récurrents et isolables. Bien que les auteurs la rangent parmi les illusions de sosies, nous allons voir qu'elle aurait pu être définie comme une variété de syndrome de Frégoli.

Mme Marie-Thérèse J..., 37 ans, mariée en 1945 à l'âge de 21 ans à un adjudant-chef servant outre-mer, est admise en février 1960 à Ville-Evrard, après un rapatriement de Haute-Volta. Le certificat de placement porte : « Présente des idées délirantes à thème prévalent de persécution. Se plaint de sévices qu'exercerait sur elle son mari. Ce dernier aurait usurpé la personnalité du vrai mari tué au combat. Sa conviction délirante demeure absolue après une cure sismothérapique suivie d'une cure de neuroleptiques. Il n'existe pas de syndrome d'automatisme mental ; seules des certitudes intuitives, des interprétations sous-tendant les thèmes délirants. »[1]

---

1. Plus loin les auteurs disent à nouveau que « la malade n'extériorise pas de syndrome d'automatisme mental ni d'hallucinations psycho-sensorielles. Le mécanisme du délire a été intuitif et secondairement interprétatif ». Comme on va le voir il n'est pas assuré, à lire l'observation, que la malade n'ait pas présenté d'hallucinations.

Le délire est exposé sans réticence : « Son mari a été tué en Indochine. Un légionnaire allemand, passé au service des "Viets", a fait décapiter son mari il y a six ans alors que ce dernier était prisonnier. Puis le légionnaire a dérobé les papiers d'identité de son mari et s'est substitué à lui. » Ceci s'est imposé à elle à la suite de la révélation qui lui en aurait été faite par son fils quand il avait onze ans. C'est alors qu'elle a commencé à noter des différences de caractère et quelques différences d'aspects entre son défunt mari et le sosie, c'est-à-dire le légionnaire allemand prénommé Hans : yeux plus clairs, tour de tête plus grand, gestes et démarche légèrement différents.

Relevons que c'est ici le seul cas d'illusion des sosies parmi ceux que nous avons rencontrés où le sosie ne soit pas seulement une doublure plus ou moins pâle de l'original, et surtout ait un nom. Tel qu'il est évoqué, il se laisse réduire à une sorte d'inverse du syndrome de Frégoli classique : au lieu que le même nom désigne des images diverses, ici ce sont les noms qui sont différents, l'image étant similaire.

La malade avait commencé à évoquer plusieurs idées délirantes avant 1960. Trois ans auparavant, elle avait commencé à manifester « des idées de jalousie », désignant comme rivale « une jeune fille qui a tenté de se substituer à elle et pour cela s'est efforcée de lui ressembler : cette rivale avait teint ses cheveux pour adopter la couleur de ceux de Marie-Thérèse, et "se déguisait" avec le même type de vêtements ».

Autrement dit, elle considérait qu'une autre femme endossait une apparence et un vêtement qui étaient les siens : elle voyait son image se promener sur une autre. Nous ne sommes pas loin du cas *princeps* d'illusion de Frégoli, où le corps de la malade était en partie annexé par Robine-Frégoli. Dans les deux cas, le sujet dénonce le fait qu'un autre s'approprie ou usurpe des éléments du corps ou du vêtement.

Une autre composante délirante antérieure constitue cette fois un syndrome de Frégoli pur, et relevé comme tel par les auteurs. La malade évoque une agression sexuelle de la part de deux médecins de Fez, ville qu'elle avait quittée depuis peu pour s'établir avec son mari à Casablanca. « Ces deux médecins, qui étaient cousins, se rendaient de Fez à Casablanca et pénétraient la nuit chez elle, soit par la porte, soit par une fenêtre. Ils l'anesthésiaient, elle et son mari, avec une poudre jaune, puis se déshabillaient en présence de sa fille alors âgée de six ans et la violaient. Ils l'ont poursuivie en Provence, où elle a passé des vacances. Ils avaient revêtu divers déguisements : vendeurs de bibelots, marchands de pommes de terre, travestis féminins, etc. Ils pénétraient dans la maison par le grenier. Enfin l'un de ces médecins l'a rejointe en AOF, où elle était partie au début de 1959 ; elle l'a rencontré dans la rue. Elle n'a conservé aucun souvenir des viols, dont elle a eu la révélation brutale par un témoin, sa fille alors âgée de six ans. »

Ce délire offre une riche structure de réduplications diverses et de disjonction du nom et de l'image. Parmi les phénomènes de réduplication, il en est un d'une forme que nous n'avons pas encore rencontrée : c'est régulièrement de la bouche d'un autre que cette malade dit recevoir le précipité de signification, pour ainsi dire, de ses idées délirantes. Dans un cas c'est son fils, dans l'autre c'est sa fille qui ont été les vecteurs des significations en tant que soudain elles ont pris pour elle consistance. Autrement dit c'est à partir d'un autre que l'édifice délirant est reçu par le sujet et prend effet – ce que la malade appelle dans les deux cas la « révélation » qui s'est imposée à elle. Nous avons là une modalité de doublure dans le registre de la signification imposée, qui ne passe pas directement par la voix et les phénomènes d'écho du type de l'automatisme mental classique, mais par le truchement d'un semblable requis à une certaine place dans le tableau[1].

Nous allons maintenant reprendre et discuter brièvement les différents points sous lesquels les auteurs résument ici le syndrome de Capgras et les troubles voisins, notamment le syndrome de Frégoli.

Le syndrome de Capgras, relèvent-ils, s'observe dans divers types de psychoses, mais il serait plus fréquent dans ce qu'ils désignent comme « la forme paranoïde de la schizophrénie »[2].

---

1. Ajoutons qu'il ne s'agit pas de n'importe quel semblable, mais des enfants de la malade, tels que sa psychose les situe au point précis d'où l'énigme du corps, en tant que sexué, lui est retournée en significations imposées et persécutives. Nous avons rencontré le même phénomène chez une femme présentant également un syndrome de Frégoli.

2. En fait, le syndrome de Capgras et les syndromes apparentés présentent généralement une systématisation limitée mais durable, ce qui les distingue de ce qu'on nomme habituellement la schizophrénie. Nous avons d'ailleurs vu (*supra,* n. 2, p. 56) comment G. Lanteri-Laura les inscrit dans une catégorie distincte.

Sa pathogénie est rappelée par les auteurs dans les termes de leurs prédécesseurs : l'illusion obéit à un ressort « essentiellement intuitif », où l'imagination jouerait un rôle prédominant. Ce ressort peut cependant être parfois d'ordre interprétatif, plus rarement hallucinatoire – encore que, notent-ils, « le rôle de l'automatisme mental soit évoqué »[1].

Ils résument par ailleurs plusieurs points importants intéressant l'ensemble de cette clinique et pas seulement l'illusion des sosies, à savoir : les *traits de différence*, les *détails* qui distinguent le sosie de celui à qui il a été substitué ; le caractère *extensif et proliférant* de l'illusion. A ce sujet ils relèvent, comme marquant l'extrême de la dépersonnalisation, « l'illusion du sosie de soi-même », trait qui n'est d'ailleurs pas spécifique du syndrome de Capgras proprement dit ; la *disparition* de l' « original » auquel a été substitué le sosie : « Le malade considère que le personnage doublé a disparu, qu'il a été assassiné ou séquestré. L'explication qu'il donnera de cette disparition est une source plus ou moins riche de développements délirants »[2] ; l'*ambivalence* du sujet à l'égard du sosie, correspondant à ce que Lacan relèvera de l'élection proprement paranoïaque de l'autre spéculaire comme support imaginaire des identifications du moi en même temps que menace radicale à l'encontre de sa consistance, cela de façon spécialement irréductible dans la psychose ; le

---

1. C'est-à-dire que ces tableaux présentent quelquefois un syndrome d'automatisme typique au sens de Clérambault : hallucinations psycho-sensorielles, phénomènes d'écho et de dédoublement de la pensée sous diverses formes. Mais de l'ensemble des travaux que nous avons passé en revue, il ressort que dans leur structure *la plus élémentaire*, ces troubles peuvent légitimement être rapportés à l'automatisme mental tels que Séglas et Clérambault en avaient bien relevé la structure spéciale et caractéristique de réduplication ou d'écho de la pensée : automatisme se déployant en l'occurrence de façon prédominante dans le registre du regard.

2. Ce point, comme le précédent où le malade considère qu'il est redoublé par un autre – nous en trouvons un bel exemple dans l'article cité de G. Daumézon –, illustrent de façon particulièrement nette ce qui renvoie dans les formations de la psychose à une mort subjective diversement présentifiée et stabilisée dans les constructions délirantes. Cette « mort du sujet » est particulièrement soulignée par deux éléments du tableau rappelés par les auteurs, et spécifiant deux temps : 1 / l'autre disparaît, il a cédé la place à une apparence factice, et 2 / cette disparition révèle la logique d'une solidarité de cet autre et du sujet dans le second moment, où c'est le sujet lui-même qui a disparu au profit d'une doublure. Le lien de ces deux aspects était très bien illustré chez Mme de Rio-Branco, à la faveur de la disparition « dans les dessous » des identités dans son délire (cf. *supra,* n. 1, p. 13).

lien de ces troubles avec ce que la plupart des auteurs ont appelé le *sentiment d'étrangeté*. Ce sentiment d'étrangeté, est-il précisé ici, participe d'une *décomposition concomitante des registres de l'espace et du temps*, aboutissant aux phénomènes de transformation des objets, de bizarrerie ou d'altérations notables de l'intensité des perceptions que nous avons déjà relevés, mais aussi à des phénomènes de déjà vu ou de figement dans le registre temporel[1] ; le registre de *l'angoisse*, que les auteurs considèrent comme au premier plan dans cette clinique[2]. Ils le rapportent expressément à la dépersonnalisation liée à une décomposition de l'image du corps[3] ; enfin la *mise en série* de l'illusion des sosies avec plusieurs troubles distincts mais voisins, dans une perspective proche de celle de Courbon et Tusques : « L'illusion des sosies doit être distinguée de trois autres troubles de l'identification objective des personnes : les fausses reconnaissances, la méconnaissance et l'illusion de Frégoli. »[4]

Deux autres points doivent être retenus : la spécification que donnent les auteurs de l'illusion des sosies, et la différenciation

---

1. Les auteurs relèvent à cet égard une certaine proximité avec le syndrome de Cotard, en relation avec « les idées de transformation et d'agression corporelle. Le malade exprime une impression de métamorphose, de transformation et parfois de négation d'organes et de fonctions ». Nous avons vu que cette proximité, justement notée, avait été plusieurs fois évoquée.

2. La psychanalyse permet de désigner dans l'angoisse une incidence de l'objet, au sens qu'elle confère à ce terme, en tant que cet objet peut dans certaines configurations structurales ou ponctuelles décomposer tout le champ de la représentation. Nous avons relevé (*supra,* n. 1, p. 15) comment Freud situait ce qu'il appelle *das Unheimliche,* « l'inquiétante étrangeté », en étroite corrélation avec l'angoisse. Dans son séminaire de 1962-1963 consacré à l'angoisse (non publié), Lacan détaillera précisément la fonction de l'objet et son incidence dans le registre spéculaire, résumée sous la notation *i(a)* que nous avons déjà mentionnée (*supra,* n. 1, p. 90).

3. En 1962, la notion d' « image du corps » était passée dans la clinique psychiatrique après avoir été élaborée dans des champs connexes (neurologie, psychologie, psychanalyse). Les auteurs parlent en fait ici du *schéma corporel* : « Les phénomènes de dépersonnalisation constituent le dénominateur commun aux diverses illusions : illusions de sosie, comme illusions de Frégoli, fausses reconnaissances, illusions de déjà vu ou de jamais vu. Leur expression essentielle semble être le sentiment d'étrangeté, qui intéresse à la fois le corps, situé au centre même de l'expérience de dépersonnalisation, et le monde environnant. Ils bouleversent le schéma corporel, comme les structures spatiales. »

4. Nous avons souligné en quoi le syndrome de Capgras se différenciait de la fausse reconnaissance au sens strict. Pour la définition donnée ici de la méconnaissance – « impossibilité pour le sujet de reconnaître ses familiers » –, elle ne fonde pas de distinction pertinente dans ce groupe de troubles, puisqu'elle peut se retrouver en chacun d'eux.

qu'elle invite à préciser d'avec le syndrome de Frégoli. « Le trait fondamental de l'illusion de sosies, écrivent-ils, est l'impossibilité de l'identification malgré l'appréciation des ressemblances ; aussi constitue-t-elle, pour Capgras, une agnosie d'identification individuelle. »

Cet accent porté sur l'*impossibilité* de l'identification individuelle dans l'illusion des sosies est conforme à ce que Capgras avait d'emblée souligné au titre de l'agnosie d'identification. C'est aller dans le sens de ce que nous relevions à propos de l'article de Vié, à savoir que la négation d'identité n'était pas la notion la plus adéquate pour spécifier ce dont il s'agissait (cf. chap. 4). Evoquer, comme le font ici les auteurs, quelque chose de l'ordre de l'impossible attaché à l'opération de l'identification individuelle, nous donne l'occasion de préciser davantage l'illusion des sosies, et la distinction entre ce syndrome et le syndrome de Frégoli.

Nous dirons que dans l'illusion des sosies, le sujet fait bien état d'un impossible – celui qui va organiser l'édifice délirant – en constatant et en affirmant que *ce qui liait l'image et le nom ne tient plus*. C'est ce qu'indique dans le propos de ces malades le thème toujours récurrent de la « disparition » de l'original redoublé en un sosie. Le sujet saisit bien les ressemblances mais ne peut plus mettre le nom qu'il connaît sur l'image qu'il reconnaît. Le lien de l'image au nom est défait au profit d'une décomposition de l'image en une multitude de traits la rendant irréductiblement *autre*.

Il s'agit donc d'une modalité spécifique de la *disjonction du nom et de l'image* : c'est ainsi que nous pouvons préciser cette impossibilité de l'identification individuelle dont les auteurs font ici le trait fondamental du syndrome.

L'illusion de Frégoli, relèvent-ils, « a été rapprochée de l'illusion des sosies ». Ils en rappellent les principaux éléments, et notamment le fait que « les persécuteurs apparaissent sous les déguisements les plus divers, n'offrant entre eux aucune ressemblance ». Toutefois, même s'ils notent la proximité en même temps que la distinction des deux troubles, ils sont embarrassés au moment de devoir caractériser celles-ci exactement.

Nous proposerons de relever que dans le syndrome de Frégoli, nous avons également affaire, au principe du délire, à un impossible caractérisé par la disjonction du nom et de l'image. Mais cet impossible ne s'articule pas de la même façon que dans le syndrome de Capgras. Dans le syndrome isolé par Courbon et Fail, le lien de l'image au nom est défait de telle sorte que dans sa forme pure, c'est toute la diversité des images qui sera rapportée par le sujet à un même nom : chacune nommée à l'identique.

C'est pourquoi nous pouvons tirer parti de ce que les auteurs appellent ici *impossibilité de l'identification* pour caractériser ce qui se trouve aussi bien au principe de l'illusion des sosies que de l'illusion de Frégoli, mais selon des modalités distinctes :

— le syndrome des sosies mettrait au premier plan ce que nous pouvons désigner comme une *image* s'imposant au sujet *sans nom* – une image à laquelle le nom ne peut plus être lié ;
— le syndrome de Frégoli comporterait principalement la désignation par le sujet d'un *nom* s'imposant à lui *sans image,* au sens où ce nom peut indifféremment nommer n'importe quelle image.

C'est là une caractérisation schématique, que nous pouvons préciser de deux remarques.

La première a trait au fait que, si nous pouvons parler dans les deux cas d'une impossibilité de l'identification individuelle, il ressort néanmoins des observations que nous avons commentées que dans l'illusion des sosies comme dans l'illusion de Frégoli – et nous pourrions d'ailleurs dire la même chose du syndrome d'intermétamorphose – nous avons au premier plan du tableau ce que nous avons déjà relevé comme *l'identification prévalente d'un x,* que suggérait la notion d'*identification délirante* de Courbon et Tusques. Autrement dit, il est difficile de ne pas prendre en compte que ces sujets, si nous sommes attentifs à leur langage, *identifient bien quelque chose*[1]. Le contraire ne serait tenable qu'à la condition de renvoyer ce langage au mystère d'une pure aberration. Nous pouvons préciser l'incidence de cet x dans les deux syndromes de la façon suivante :

— dans l'illusion des sosies, elle se traduit par une prolifération de traits dans le registre de l'innombrable, au sens où nous avons

---

1. Au sens où nous pouvons poser la question : que nomment-ils, c'est-à-dire à quoi renvoie ici l'opération de la désignation, soit comme nom propre, soit comme trait décomposant l'image.

pu poser que chacun est un mais qu'ils ne sont pas comptables : chacun est unique, fondant une différence absolue[1] ;
— dans l'illusion de Frégoli, elle renvoie au principe, désigné par le sujet, de la xénopathie et du morcellement dont son corps est l'objet.

La seconde remarque concerne le statut du *nom* tel qu'il ressort dans ces deux syndromes.

C'est le *nom propre* qui est électivement touché par la disjonction du nom et de l'image en ce qui concerne l'identification des personnes. Dans les deux cas l'impossibilité de lier l'image et le nom laisse au moins supposer que c'est l'opération que symbolise le nom propre qui est atteinte en son principe. Nous avons déjà remarqué à propos du cas *princeps* de Courbon et Fail que le nom de « Robine » tel que le propos de la malade le met en fonction n'est pas un nom propre, puisqu'il peut désigner indifféremment n'importe quelle apparence d'autre ou n'importe quelle image. Il n' « arrête » rien : il renvoie au contraire au principe du délitement de toute consistance dans ce registre. C'est un point qui paraît central dans la présentation de cette clinique.

Dans le syndrome de Capgras, le nom comme nom propre n'arrête lui non plus aucune consistance, puisque le sujet affirme que l'image qui s'y rapporte devient sans cesse autre, sans jamais pouvoir être représentée par ce nom.

Dans les deux cas l' « impossibilité de l'identification » au sens de l'identification des personnes, telle qu'elle se trouve prendre une valeur centrale dans le délire et sa production, vient précisément à la place de ce que le nom propre symbolise, c'est-à-dire d'une opération ici radicalement non advenue[2]. C'est à cela que nous paraît renvoyer le « trait fondamental » de l'illusion des sosies ici dégagé par les auteurs.

---

1. On se souvient de la manière dont Mme de Rio-Branco les énumérait, en produisant sans cesse de nouveaux et disant : « Je suis la seule avec ces marques. » Sur les traits identifiés dans l'illusion des sosies, cf. également *supra*, n. 1, p. 89, et la fin du chapitre précédent, *rem. 1*.

2. Cf. sur ce point M. Czermak, « Comment dois-je vous appeler ? », in *Patronymies*, Paris, Masson, 1998, p. 60-67.

En complément de ce qu'apporte cet article, nous évoquerons un aperçu de la thèse de Jean Delay sur la mémoire, précisément à l'endroit où il traite du sentiment d'étrangeté, des fausses reconnaissances et de l'illusion des sosies[1].

Delay distingue dans les maladies de la mémoire les dissolutions et les amnésies respectivement de type neurologique et de type psychiatrique : « Ces deux types s'opposent de la même façon que s'opposent dans la doctrine jacksonienne la neurologie, science des dissolutions locales du système nerveux, et la psychiatrie, science des dissolutions uniformes de l'activité psychique. »[2]

Il aborde les troubles qui nous intéressent dans la partie de son travail consacrée aux dissolutions psychiatriques de la mémoire, et plus précisément dans le cadre de ce qu'il nomme « les libérations de la mémoire autistique ». Évoquant la fausse reconnaissance, définie comme le fait de « reconnaître ce qu'on ne connaît pas », il remarque qu'elle peut « s'accompagner d'un autre trouble beaucoup plus rare, mais dont l'association même est extrêmement significative : *l'illusion de non-reconnaissance.* Le malade croit reconnaître des personnes qu'il n'a jamais vues et n'est pas sûr de reconnaître des personnes qu'il a déjà vues. Il doute des identités ».

C'est précisément le problème qui nous occupe. « Il faut rapprocher de ces états *l'illusion des sosies* », continue l'auteur, ajoutant : « Il y a donc toute une gamme d'illusions allant de la fausse reconnaissance à l'illusion de non-reconnaissance, et à la fausse méconnaissance. On doit en rapprocher les troubles décrits par Pick sous le nom de *paramnésies de réduplication,* caractérisées par le dédoublement perpétuel de tous les objets de la perception. » Ces troubles, écrit-il, témoignent d'une « ressemblance frappante avec *les phénomènes d'écho de la pensée,* d'énonciation des gestes, d'écho de la parole et de l'écriture, réunis dans certaines psychoses à base d'automatisme mental parfois désignées sous le nom de syndrome de Clérambault. Ce sont des états où le malade ne peut rien

---

1. J. Delay, *Les dissolutions de la mémoire,* Paris, PUF, 1942, p. 108-110.
2. *Ibid.,* p. 17. La thèse de J. Delay applique aux fonctions psychiques une hiérarchie de différents niveaux d'organisation inspirée des travaux de Jackson en neurologie.

dire, rien faire, rien écrire sans qu'aussitôt un voleur de sa pensée ne le répète ».

Delay suggère ainsi une homologie de structure entre ce qui a été dégagé par Clérambault au titre de l'automatisme mental, comportant une prédominance de la voix, et cette clinique de la reconnaissance que nous reprenons, où l'image et la dimension du regard sont prévalentes. Cette remarque recoupe ce que nous avons tenté de dégager des phénomènes de réduplication que présentent selon différentes modalités les syndromes psychotiques de fausse reconnaissance.

II

Approches neurologiques des troubles de la reconnaissance et de l'image du corps

Remarques préliminaires

Nous venons d'essayer, à partir de la clinique des psychoses, de rendre sensible en quoi l'« illusion de fausse reconnaissance des aliénés » éclaire certains aspects fondamentaux des pathologies de l'image du corps. Nous avons montré que, bien que peu exploités à ce jour en psychopathologie, le syndrome d'illusion de Frégoli et les syndromes apparentés délimitent à cet égard un champ d'investigation aussi riche qu'inédit.

Nous allons maintenant nous arrêter sur d'autres contributions qui portent en neurologie sur des questions très voisines de celles qui nous occupent. En effet, nous voulons soutenir que les agnosies neurologiques et en particulier les troubles de la somatognosie peuvent être envisagés comme des troubles de la reconnaissance et de la nomination touchant l'image du corps. C'est à notre avis ce qui peut se lire dans les ouvrages classiques notamment de J. de Ajuriaguerra, H. Hécaen et R. Angelergues, publiés à une époque qui suit de près celle des observations psychiatriques que nous venons d'analyser, soit approximativement entre 1950 et la fin des années 60[1].

Le choix de notre champ de référence neurologique appelle deux remarques liminaires. La première concerne la limitation délibérée

---

1. Nous nous sommes appuyé en particulier sur : *Méconnaissances et hallucinations corporelles – intégration et désintégration de la somatognosie*, Paris, Masson, 1952, et *Le cortex cérébral – étude neuro-psycho-pathologique*, Paris, Masson, 1964, de J. de Ajuriaguerra et H. Hécaen, et sur *La cécité psychique – étude critique de la notion d'agnosie*, Paris, Masson, 1963, de H. Hécaen et R. Angelergues. Nous les désignons respectivement par *MHC, CC* et *CP*.

de ce champ et l'absence de référence systématique aux travaux modernes sur les troubles gnosiques. Les pathologies agnosiques continuent bien entendu de susciter l'attention des neurologues, mais avec des préoccupations toutes différentes. En effet, la problématique *subjective* de l'image du corps court comme un fil rouge sous les descriptions cliniques d'Ajuriaguerra, Hécaen ou Angelergues, dans la filiation des travaux de Jean Lhermitte[1]. En revanche, l'image du corps n'est plus une préoccupation centrale pour la neurologie contemporaine dans son abord des pathologies cérébrales : si la notion d'une représentation du corps unique et totalisante, distincte de la somme des représentations cérébrales sensorimotrices, est reconnue, l'accent est mis sur son inscription dans une « neuromatrice » génétiquement programmée dont la permanence n'est convoquée que pour rendre compte du phénomène du membre fantôme[2]. S'agissant des pathologies cérébrales de la somatognosie, il n'est pratiquement plus fait appel à la notion d'image du corps : ces troubles sont rapportés à des dysconnections entre divers systèmes de perception et de conscience[3]. Des observations cliniques récemment publiées peuvent bien montrer à l'occasion la complexité subjective des perturbations qui accompagnent les lésions de l'hémisphère droit : tel patient réagit aux questions posées à son voisin[4], tel autre méconnaît la paralysie de son hémicorps, mais aussi celle de ses compagnons d'hospitalisation[5]. Cependant ces observations sont assorties de commentaires mécanicistes[6] ou d'interprétations psychologiques aspécifiques où la notion d'image corporelle n'est nulle-

---

1. Il suffit de noter le titre de l'ouvrage classique de Lhermitte : *L'image de notre corps*, Paris, 1939.
2. Cf. R. Melzack, « Phantoms limbs and the concept of a neuromatrix », *Trends in Neurosciences*, 1990, 13 (3), p. 88-92.
3. Cf. par exemple A. Berti, E. Ladavas et M. Della Corte, « Anosognosia for hemiplegia, neglect dyslexia and drawing neglect. Clinical findings and theoretical considerations », *Journal int. neuropsychology*, 2, p. 426-446, 1996.
4. J. Bogousslavsky et F. Regli, « Response-to-next-patient-stimulation : a right hemisphere syndrome », *Neurology*, 1988, 38, p. 1225-1227.
5. V.S. Ramachandran et D.R. Ramachandran, « Denial of disabilities in anosognosia », *Nature*, 1996, (382), 501.
6. Bogousslavsky et Regli, par exemple, interprètent ce « type de persévération » comme « le maintien inapproprié d'une catégorie d'activités avec "verrouillage" du programme *(stuck-in-the-set)* ».

ment au premier plan[1]. Cette disparition de l'image du corps du champ de la pathologie cérébrale tient au parti pris de la neurologie contemporaine de poser de façon univoque les problèmes cliniques en termes de fonctionnement neuronal et à la référence actuellement pratiquement obligatoire en neuropsychologie aux modèles cognitivistes[2].

Dès lors l'essentiel de ce qu'elle apporte ne nous paraît pas comporter d'incidence véritable sur la *problématique* des questions qui nous intéressent.

La deuxième remarque concerne notre position par rapport à la neurologie. Notre abord de ces questions n'est évidemment pas celui des neurologues : la topographie des lésions responsables ou la physiopathologie des troubles n'ont guère d'incidence sur notre appréhension des propos des patients, alors que la neurologie a pour spécificité de chercher, par des observations cliniques régulières et concordantes, à établir un lien entre des tableaux cliniques et des lésions du système nerveux. Mais notre point de vue n'est pas pour autant radicalement étranger à la neurologie : s'agissant de pathologies cérébrales et de comportement, ces tableaux, lorsque le neurologue conserve au premier plan de ses descriptions les propos, gestes, postures, tons, mimiques, c'est-à-dire les éléments ressortissant à ce que nous pouvons appeler généralement la fonction symbolique, comportent obligatoirement des aspects qui sollicitent l'attention du psychologue, du psychanalyste ou du psychiatre. C'est ainsi que nous souhaitons ici mettre en relief en quoi la clinique neurologique

---

1. Cf. V. S. Ramachandran, « The evolutionary biology of self-deception, laughter and depression : some clues for anosognosia », *Medical Hypotheses*, 1996, 47, p. 347-362 ; et G. P. Priganato et E. A. Weinstein, « Edwin A. Weinstein's contribution to neuropsychological rehabilitation », *Neuropsychological Rehabilitation*, 6, 1996, p. 305-326.

2. Cette approche cognitiviste considère implicitement que la question des rapports du physiologique et du psychologique porte sur des « réalités » données d'emblée : cf. par exemple, dans *L'erreur de Descartes, la raison des émotions* d'Antonio R. Damasio (Paris, 1995), la comparaison entre le stockage cérébral des représentations dont est faite l'histoire d'un individu et celui des fichiers de J. Edgar Hoover pour le FBI. C'est ignorer que le sujet n'a jamais affaire directement à la « réalité », sans référence aux discours qui en élaborent les phénomènes, et cela dans des séries et des ordres distincts et spécifiques. C'est entre autres le problème que posait avec clarté Bergson dans *Matière et mémoire* : cf. sur ce point Yvon Brès, « Bergson et Freud », in *L'être et la faute*, Paris, 1988, notamment p. 154. Merleau-Ponty l'a également bien exposé dans sa *Phénoménologie de la perception* (cf. *infra*, n. 3, p. 157).

déploie des phénomènes qui intéressent directement la pathologie de l'image du corps.

Un tel point de vue nous paraît d'ailleurs conforme dans son esprit à ce qu'ont pu faire valoir certains des grands inventeurs de la clinique neurologique. On sait que Paul Schilder, dont les travaux gardent valeur de référence dans ce domaine, ne craignait pas de convoquer ces différentes disciplines pour éclairer, chacune dans son ordre, ce que lui livrait l'expérience[1].

Ajuriaguerra et Hécaen vont clairement dans le même sens dans l'introduction de *Méconnaissances et hallucinations corporelles*, et n'hésitent pas à laisser paraître l'embarras où ils se trouvent parfois pour circonscrire ce qui, des troubles qu'ils rapportent, peut être rapporté à une causalité directement organique. Ils sont donc prudents et ne préjugent pas d'autres déterminations éventuelles[2]. Comme en témoigne toute la fin de leur ouvrage, où ils traitent des troubles somatognosiques dans les syndromes psychiatriques et où ils développent des considérations plus générales sur les aspects théoriques du problème de l'image du corps, ces auteurs ne considéraient pas du tout que les descriptions neurologiques dussent tomber en dehors de l'intérêt et du ressort de la psychopathologie.

Nous avons relevé dans la première partie de ce livre un certain fil clinique progressivement mis au jour par les psychiatres. Ce fil mettait au premier plan :

— d'une part diverses modalités de décomposition de ce qui, au titre de l'*image du corps*, donne en principe son support formel, phénoménal, à l'opération de la reconnaissance des personnes, qu'elle porte sur le sujet lui-même ou sur autrui ;

---

1. Cf. *L'image du corps, étude des forces constructives de la psyché*, Paris, 1968. Notons que cet ouvrage était paru en anglais dès 1935, sous le titre *The image and appearance of the human body*.

2. « On peut aborder l'étude de la gnosie corporelle, écrivent-ils, sous l'angle théorique, mais on est alors rapidement arrêté par la difficulté de l'appréhender dans son ensemble chez le sujet normal. (...) L'autre abord de la question consiste à étudier les perturbations de cette gnosie corporelle. Il est donc justifié de tenter d'améliorer et d'enrichir nos descriptions *en les reliant, si possible, avec des données anatomiques* (nous soulignons). Par contre, les difficultés surgissent si nous tentons d'inférer des déficits constatés à la fonction normale, problème général d'ailleurs pour tous les troubles des activités symboliques. C'est ici qu'il sera nécessaire d'avoir recours aux aspects logico-philosophiques du problème afin d'éviter des déductions imprudentes » (*MHC*, p. 5).

— d'autre part et corrélativement, diverses modalités de disjonction de l'image et du *nom*, ce dernier étant invoqué par le sujet comme identifiant quelque chose d'autre, distinct de ce qui est visé en principe dans l'opération de la reconnaissance.

Nous avons dit que cette discussion, si nous la considérons dans la relative cohérence de ses références et de sa problématique, n'avait duré qu'un temps. Après la Seconde Guerre mondiale et surtout à partir des années soixante, les psychiatres ont continué de s'intéresser à ces syndromes, mais généralement dans des termes empruntés à une problématique plus exclusivement localisatrice et organiciste, où le souci descriptif de la psychiatrie dite « classique » passait au second plan[1]. C'est la raison pour laquelle nous avons pu circonscrire cette discussion à la période pendant laquelle elle s'avère intéresser le plus directement la psychopathologie proprement dite.

Après qu'elles ont quitté le terrain de la psychiatrie, nous retrouvons ces questions passées du côté de la neurologie, mais cependant toujours tributaires de la problématique que nous avons fait ressortir jusqu'à présent, interrogeant différents modes de décomposition de l'image du corps, associés à une disjonction de l'image et du nom[2].

---

1. Cf. par exemple Hans Förstl, art. cit., *supra*, n. 1, p. 56 ; également G. N. Christodoulou, « Delusional hyper-identifications of the Frégoli type », *Acta psychiatr. scand.*, 54, 1976, p. 305-314, et J.-P. Luauté, « Les délires d'identification des personnes, une approche neuropsychologique », *Neuro-psy*, vol. 7, n° 8, 1992, p. 364-384.
2. Selon Hécaen et Ajuriaguerra, c'est à M. Krishaber que revient d'avoir le premier exploré cette question (*De la névropathie cérébro-cardiaque*, Paris, Masson, 1873). Ces auteurs relèvent que « c'est à propos de cas psychiatriques – avant la lettre, peut-on dire – qu'on a insisté pour la première fois sur les troubles de l'image du corps. Krishaber (...) décrit en 1873 des troubles de la personnalité physique et morale chez des sujets proches des psychasthéniques et les attribue à un trouble de la " perception brute " réalisé par vaso-constriction du mésocéphale » (*MHC*, p. 2). La thèse de Krishaber, remarquent-ils, a été diversement reprise en psychiatrie, avant d'être oubliée un temps puis réévaluée, à partir notamment des travaux des neurologues sur la notion de *schéma corporel*. C'est dans le fil des travaux de Krishaber sur la « névrose cérébro-cardiaque » que s'inscrivaient les références fréquentes des auteurs à la *cénesthésie*. Par contre ces auteurs (à l'exception de ceux de l'article de 1962 que nous avons commenté) ne parlaient pas d'*image du corps*, alors même que cette notion était à la même époque introduite et amplifiée en neurologie par Schilder, à la suite des travaux notamment de Pick et de Head, et également de Pierre Bonnier en France sur l'*aschématie*, comme l'a rappelé J. Lhermitte (*op. cit.*, p. 12-13 ; voir aussi P. Bonnier, « L'aschématie », *Revue neurologique*, n° 12, 1905, p. 605-609). L'on voit ainsi comment, sur des questions très voisines, psychiatrie et neurologie ont pu alterner emprunts mutuels et voies séparées. Les travaux que nous allons évoquer ici s'inscrivent dans ce cheminement croisé.

Ce sont certains exemples de cette reprise que nous allons examiner maintenant selon l'orientation de notre problématique, que nous pouvons récapituler et préciser comme suit.

1 / La discussion des syndromes de Capgras, de Frégoli et d'intermétamorphose nous a conduit à distinguer cliniquement deux plans tout à fait séparés dans les cas purs, qui se laissent résumer comme celui de la reconnaissance d'une part, et celui de l'identification d'autre part. Étant donné que cette distinction est au cœur de ce que nous interrogeons, et que nous y aurons régulièrement recours, il est nécessaire de résumer ici en quel sens nous en entendons les deux termes.

Nous visons sous le terme de *reconnaissance* et comme en constituant le champ tout ce qui se présente au sujet de l'ordre du *sensible* en général, en tant qu'il y adhère, c'est-à-dire qu'il en reçoit un *sens*, et que ce sens s'intègre d'abord immédiatement et pour ainsi dire sans bruit dans l'expérience[1]. Et en tant qu'objet de la reconnaissance, nous considérons en particulier l'*image*, qui vient au premier plan de la clinique qui nous intéresse[2].

La notion d'*identification* est sans doute l'une des plus équivoques qui soient, y compris dans la doctrine psychanalytique où elle a fait l'objet d'une élaboration poussée. Cette équivocité n'est pas contingente si nous la rapportons à la complexité et à la diversité parfois apparemment contradictoire des faits que ce concept doit lier. Pour nous donner un support approprié à la clinique dont nous traitons, nous entendons par là ce que désigne le sujet dans l'expérience en tant qu'il le *nomme*. Nous posions la question, à la suite de l'article de Courbon et Tusques sur l'identification délirante : qu'est-ce qu'identifie le sujet en l'occurrence ? Dans le syndrome de Frégoli, la malade nomme *Robine* les images humaines qu'elle rencontre : « C'est Robine », dit-elle. Elle n'ignore pas du tout que les images ne sont pas identiques. La question qui en découle et qui s'avère au principe de la problématique, est celle-ci :

---

1. Comme on le voit, cette définition renvoie à une sorte de négatif du sentiment d'étrangeté. Celui-ci intervient en effet lorsque surgit dans l'expérience du sujet quelque chose qui est exclu de ce sens, et non intégrable.
2. Ajoutons que l'image comme image visuelle a une valeur de paradigme pour l'ensemble du champ de la reconnaissance, compte tenu du privilège de la perception visuelle dans l'ordre constitutif du sens et de la connaissance.

quel est ici le *x*, toujours le même, que nomme le nom, et qui défait la consistance de l'image, de sorte que les apparences qui habillent le semblable sont interchangeables ? Et comment devons-nous entendre l'image du corps qui en résulte ?

Dans l'expérience commune, il est courant de considérer que la reconnaissance et l'identification, au sens que nous venons d'indiquer, sont superposables. Et d'une certaine manière, cela est vrai : lorsque le registre de l'image et de la reconnaissance obéit à ce qui spécifie son fonctionnement comme tel, il comporte régulièrement cet effet de captation qui laisse croire que ce qui est d'abord à identifier dans le réel, ce sont des images. Ce que nous apprend toutefois la clinique élémentaire, c'est que les deux sont disjoints[1]. Mais il appartient à la structure de la reconnaissance de croire qu'elle identifie ce qu'elle reconnaît.

Telle est la problématique générale à partir de laquelle nous pensons pouvoir trouver du côté de la neurologie le développement de questions voisines.

Comme on l'aperçoit immédiatement, ce que nous entendons sous ces notions de reconnaissance et d'identification n'est pas très éloigné de ce que les neurologues distinguent en général pour leur part au titre de la *perception* et de la *reconnaissance*. Cependant les deux terminologies ne sont pas exactement superposables, et si nous préférons conserver celle que nous avons indiquée, c'est d'abord pour les réserves que suscite l'abord de ces questions dans une problématique de la perception ; c'est ensuite parce que l'incidence du nom dans le fait de nommer, c'est-à-dire dans la parole en général, comporte plusieurs aspects importants que ne recouvre pas du tout ce que le sens commun entend par la reconnaissance. Comme nous venons de le faire remarquer, il est courant de constater en clinique, à la suite de Freud, combien ce qui est nommé, c'est-à-dire articulé

---

1. C'est ce que rappelle Freud d'emblée dans ses leçons d'introduction à la psychanalyse, en consacrant les premiers chapitres aux actes manqués : cf. *Introduction à la psychanalyse*, Paris, Payot, 1976, p. 5-68. Le plus simple acte manqué enseigne comment, à notre surprise, nous avions identifié tout à fait autre chose que ce que nous reconnaissions. Mais l'identification au sens où nous l'entendons ici est précisément ce que la névrose est faite pour éviter ; et lorsqu'il arrive malgré tout que quelque chose s'en signale sans crier gare dans la réalité, c'est alors qu'interviennent le sentiment d'étrangeté, l'angoisse et l'ensemble de ces signes graduels à l'orée des troubles que nous étudions : cf. par exemple première partie, fin du chap. 7, *rem. 1*.

dans l'élément de la parole, peut s'avérer distinct et d'un autre ordre que ce qui est reconnu par le sujet.

2 / Les thèses de J. Lacan sur la fonction de l'image spéculaire dans l'économie subjective déterminent dans une mesure importante notre abord de la clinique neurologique. Ces travaux étaient d'ailleurs connus, au moins pour les premiers en date, par les neurologues que nous citons le plus souvent : toutefois ils n'y renvoient que dans une perspective très générale[1]. Nous rappellerons donc ici brièvement les principaux éléments de la théorie aujourd'hui classique du *stade du miroir*, pour y indiquer quelques références qui sous-tendent notre approche d'un point de vue général.

La phase dite du miroir renvoie à l'expérience, survenant à un âge situable entre six et dix-huit mois, au cours de laquelle l'enfant encore plongé dans l'impuissance motrice et la dépendance du nourrissage reçoit en l'espèce d'une *unité formelle anticipée* sa propre image au miroir.

L'assomption de cette image fait intervenir ensemble des coordonnées très différentes qui ne peuvent être liées dans une unité que dans une ligne de fiction. Indiquons ici les principales :

La *reconnaissance* de l'image s'effectue à la faveur d'une captation narcissique où le sujet méconnaît l'inversion spéculaire, comme l'altérité irréductible de la forme où il se mire. Il en résulte une dimension de dualité paranoïaque installée d'emblée au cœur de l'être en tant qu'il s'appuie sur cette dimension de la reconnaissance.

L'*identification* du sujet à cette image (identification imaginaire) fait intervenir un élément d'un registre différent de l'image proprement dite. Elle suppose en effet le regard d'un autre, auprès de lui, qui reconnaît l'enfant, également au sens où il lui donne signe de cette reconnaissance. C'est par là qu'un élément symbolique est requis – ce peut être le nom, ou tel autre support signifiant de ce signe – comme trait par lequel le sujet peut tout d'abord être représenté cette fois dans l'élément de la parole et plus généralement du symbole (identification symbolique).

Enfin la *consistance* de cette image dans sa valeur narcissique de forme idéale est conçue comme subordonnée à une neutralisation de l'investissement libidinal attaché à l'objet phallique, lequel désigne

---

1. Cf. par exemple *MHC*, p. 359-360 ; *CC*, p. 408.

le point d'incidence sur l'image du corps de ce que la psychanalyse a été amenée à relever et à théoriser, pour l'un et l'autre sexe, au titre du complexe de castration. La « tenue » de l'image et sa consistance formelle sont ainsi tributaires d'un manque qui vise électivement la représentation de l'objet phallique, mais qui porte également sur les éléments que la doctrine a pu sérier sous le concept d'*objet* : sein, fèces, voix et regard. C'est dans la mesure où l'image se rapporte à l'objet manquant et en habille le manque qu'elle se constitue dans sa dimension spécifique d'image. Il suit de là qu'elle ne se présente comme forme première de la reconnaissance que dans la mesure où le sujet n'identifie *pas* ce qu'elle recèle. C'est également à cette condition qu'il peut s'identifier lui-même à ce qu'il y reconnaît (identification imaginaire).

C'est pourquoi l'assomption de cette image fait intervenir sur une même portée des opérations très différentes qui ne peuvent être que *fictivement* liées en une unité.

Mais cette fiction a valeur constituante, puisque c'est elle qui donne le cadre de ce qui prendra pour le sujet valeur de réalité. L'image ainsi idéalement reçue comme le *Moi* en donne le pivot : elle sera désormais impliquée en effet dans toute reconnaissance.

Ce n'est donc pas seulement la forme idéale de son Moi que le sujet reçoit avec l'image au miroir : c'est celle de tous ses objets intramondains, qui y trouvent le support concret d'une anticipation, constitutive de toute connaissance humaine, de leur *permanence*, de leur *unité*, et du *sens* à la faveur duquel ils peuvent être intégrés dans une expérience idéalement visée comme totalité. C'est ce que Lacan désignait dans ses premiers travaux comme la forme paranoïaque de la connaissance humaine : l'objet de celle-ci, tel qu'il se donne dans la forme de la reconnaissance, sera construit et modelé à l'image de ce rapport primordial au double spéculaire.

Ce point est spécialement important pour notre propos et généralement en clinique. C'est en effet ce qui permet de postuler que toute atteinte de la signification, qu'elle soit structurelle ou accidentelle, et si localisée qu'elle puisse paraître – par exemple dans ce que nous montrent certaines agnosies – doit emporter des conséquences plus ou moins importantes quant au rapport du sujet à l'image spéculaire, celle-ci donnant en effet la matrice de la dimension du sens telle qu'elle est comprise dans celle de la reconnaissance en général.

CHAPITRE I

L'agnosie

Il n'est pas inutile de préciser pourquoi nous commençons par un examen de l'agnosie, alors que d'autres troubles neurologiques que nous aborderons ensuite se rapportent plus directement aux pathologies de l'image du corps ou de la reconnaissance des personnes.

C'est dans la mesure précisément où la notion d'agnosie est sollicitée dans la désignation de nombreux troubles de l'image du corps ou de la reconnaissance qu'il nous a paru souhaitable d'en préciser le sens avant d'aborder l'examen de ces troubles. Ce point de départ permet d'exposer les éléments premiers des questions que nous allons évoquer ensuite dans le champ neurologique.

La définition et la délimitation cliniques de l'agnosie ont en effet été l'occasion de relever et progressivement de résumer un certain nombre de phénomènes qui avaient d'abord été mis au jour séparément à propos de troubles distincts.

Dans un ouvrage proposant une mise en perspective générale du problème de l'agnosie à partir de l'agnosie visuelle, H. Hécaen et R. Angelergues reprennent les différents fils qui sont venus se lier dans cette notion[1]. Ils rappellent que c'est à l'occasion des premiers travaux sur l'aphasie qu'a pu être individualisé un certain type de trouble qui a d'abord retenu l'attention notamment en ceci qu'il fut considéré comme « distinct aussi bien de la démence que du trouble

---

1. *La cécité psychique, op. cit.*, en part. p. 9 à 27.

propre du langage ». Il portait sur « certains modes de rapport du sujet malade à l'objet », qui ont été globalement désignés comme affectant la *reconnaissance* de l'objet, en un sens suffisamment large pour recouvrir aussi bien ce qui ressortissait à la capacité de l'utiliser, qu'au fait de le reconnaître.

Ces troubles, comme on le voit, plaçaient les neurologues devant la difficulté de spécifier du point de vue étiologique une certaine catégorie de phénomènes dont ils ne distinguaient pas très bien le registre lorsqu'ils essayaient de le définir selon les coordonnées qui étaient les leurs : cela ne paraissait pas relever de la démence, et pas non plus d'un trouble propre du langage.

Le problème, dans son état initial, est ainsi résumé par Hécaen et Angelergues : « La première idée qui se dégage de l'analyse clinique est que la *reconnaissance* de l'objet implique l'excitation conjointe des *divers éléments* qui aboutissent à sa *représentation*. » Et ils ajoutent : « Si certains de ces éléments font défaut – perte mise habituellement en relation avec l'interruption d'une voie d'association –, l'évocation de l'objet n'est plus possible : il sera *vu*[1], *entendu ou senti*, mais il ne sera pas *reconnu*. »[2]

---

[1]. « Il va de soi, écrivent-ils, que l'on ne peut parler d'agnosie que lorsque le sujet a la possibilité d'appréhender visuellement l'objet. Dans tous les cas une étude précise de la fonction visuelle primaire s'impose donc. De même il convient dans tous les cas de s'assurer (...) qu'il n'existe pas une altération de l'intelligence ou de la vigilance empêchant toute reconnaissance » (*CP*, p. 31).

[2]. Ce trouble de la reconnaissance, rappellent-ils, fut d'abord appelé *asymbolie* par Finkelnburg (1870), qui entendait par là la perte de la reconnaissance des personnes et des lieux qu'il avait observée chez un malade. Mais c'est de Wernicke que le terme reçut son élaboration la plus développée : « C'est à Wernicke que nous devons la première conception très élaborée de l'asymbolie, qui ne désigne pas la seule perte de la reconnaissance optique, mais de la notion même de l'objet ; les malades voient, puisqu'ils évitent les obstacles, ils entendent, comme le traduit l'expression de leur visage, ils explorent manuellement les objets par des mouvements appropriés, mais les impressions qu'ils retirent de ces diverses sensations restent inutiles et ils ne reconnaissent pas les objets » (*CP*, p. 10). Les auteurs rappellent ensuite l'origine du terme de *cécité psychique*, dû à Munk qui l'inventa en 1876 pour rendre compte d'une expérience pratiquée sur un chien ayant subi « l'ablation d'une zone de un centimètre et demi de diamètre environ dans la substance grise de la partie supérieure et postérieure de la pointe des deux lobes occipitaux ». Ce chien se comportait comme si sa motricité et sa sensibilité étaient indemnes, tout en demeurant indifférent à ce qu'il y distinguait, ne remarquant ni ne reconnaissant plus rien. Munk en déduisait de manière très mécaniciste une distinction entre une zone de la perception visuelle et une zone de la représentation de cette perception initiale, celle-ci

Dans les syndromes de fausse reconnaissance que nous avons évoqués, nous trouvons également une séparation des deux plans du percept et de la reconnaissance. C'est ce que nous évoquions en disant que l'image tombe d'un côté, et le nom de l'autre. Ce qui nous intéresse dans les deux cas, ce sont les effets de la décomposition de la reconnaissance que nous y observons. Cette décomposition n'a pas en principe la même ampleur ni les mêmes causes dans les psychoses et dans les troubles neurologiques. Mais dans les deux cas elle a des effets sur le rapport du sujet à ce qu'il ne reconnaît plus, tout en identifiant cependant quelque chose. Nous donnerons ici un exemple de ce que nous visons au titre de ces effets, à partir de la description donnée par Hécaen et Angelergues de l'agnosie pour les objets, parmi les agnosies visuelles : « Ce trouble est mis en évidence en demandant au sujet de décrire l'objet proposé et, d'une façon générale, de l'évoquer. (...) Le comportement du malade devant l'objet ainsi présenté est tout à fait caractéristique : il le *fixe, l'enveloppe du regard*, l'aborde *sous des angles différents*, exprime par sa mimique son *étonnement*, son *anxiété* et généralement demande à toucher cette chose qu'il n'identifie pas ; dès qu'il a *pris* l'objet, son visage s'éclaire, il le *nomme*, le décrit et l'utilise sans la moindre difficulté » (nous soulignons). Les auteurs notent également que « la présentation prolongée de l'objet ne facilite pas cons-

seule atteinte chez le chien de l'expérience. Les conceptions de Munk furent critiquées ensuite au cours d'un débat qui évolua schématiquement entre d'un côté les tenants d'un associationnisme localisateur, vivement critiqué par Bergson en philosophie et par von Monakow en clinique, et de l'autre les thèses de la *Gestalttheorie*, telles qu'elles ont été notamment rendues célèbres et beaucoup discutées à la suite de la publication du cas Schn... de Gelb et Goldstein. Hécaen et Angelergues font ressortir de cette discussion les termes principaux à travers lesquels le problème de la cécité psychique est progressivement devenu celui de l'agnosie optique et de ses différentes formes : agnosies spatiales, troubles de la reconnaissance des couleurs, agnosie pour les objets et les images, agnosie pour les physionomies (prosopagnosie). Ils rappellent que c'est Freud qui a substitué au terme d'asymbolie celui d'*agnosie*, plus propre selon lui à traduire « la dissolution du rapport entre les qualités de l'objet et son concept ». Freud s'en explique à la fin de son ouvrage sur l'aphasie de 1891 : « J'ai recours à la dénomination asymbolie dans un sens différent de celui qui est d'usage depuis Finkelnburg, parce que la relation entre la représentation de mot et la représentation d'objet me paraît mériter davantage l'intitulé de "symbolique" que celle existant entre un objet et une représentation d'objet. Les troubles de la reconnaissance des objets que Finkelnburg rassemble sous le terme d'*asymbolie*, je proposerais de les appeler *agnosie* » (*Contribution à la conception des aphasies*, Paris, PUF, 1983, p. 128).

tamment sa reconnaissance et peut même l'entraver », et que d'autre part « *l'addition des détails* de l'objet et *la recherche d'un détail significatif* paraissent les procédés les plus habituellement utilisés par le malade pour surmonter son déficit »[1].

Dans cette description, et même si les auteurs ne relèvent pas particulièrement ce point, il apparaît que ce n'est pas exactement l'*objet* que le malade ne peut plus nommer, mais que c'est l'objet en tant qu'il est appréhendé par le *regard*, celui-ci venant au premier plan du phénomène décrit. Il surgit sur un mode particulier, que fait très bien ressortir la description : le sujet *fixe* l'objet, il *l'enveloppe du regard*, mais il ne peut nommer ce que cet enveloppement devrait en principe reconnaître. En ce sens c'est cela – l'objet *du regard* – qu'il ne peut plus nommer.

Le regard tel qu'il apparaît ici en quelque sorte négativement ne peut être élucidé uniquement dans le registre de la perception. S'il s'agissait seulement d'un trouble de cet ordre, nous ne comprendrions pas pourquoi le sujet « exprime par sa mimique son étonnement, son anxiété » à cette occasion[2]. Qu'il le fasse atteste que le trouble comporte des conséquences qui ne se limitent pas au champ de la vision proprement dite, mais qui mettent en cause plus généralement ce que nous pouvons appeler les coordonnées de la reconnaissance au sens où nous l'avons définie, à la faveur du surgissement de quelque chose que le sujet reçoit sur le mode d'une opacité soudain prévalente et qu'il ne peut plus nommer, ou qui est détachée du nom.

Notre propos n'est pas de remettre en question par là la description du trouble, pas plus que son étiologie telles que les neurologues peuvent les définir. Nous soulignons seulement comment un tel phé-

---

1. *CP,* p. 32-33.
2. Ajoutons que la signification de ces phénomènes demeure toujours incomplète et abstraite si elle ne prend pas en compte le fait qu'ils apparaissent et ne sont descriptibles qu'en réponse à la demande d'un autre – le plus souvent le médecin ou l'expérimentateur qui interroge. Cette demande n'est pas extérieure au tableau. Elle en oriente au contraire le sens, de sorte que nous pouvons dire que la caractérisation des troubles tels que les manifeste et les décrit le sujet, et en particulier l'angoisse qui peut les accompagner, renvoient, en même temps qu'à un déficit objectivement constatable, à la manière dont ce déficit est reçu par le sujet en réponse à cette demande. Celle-ci est donc directement impliquée dans ce que le sujet échoue à reconnaître : il ne s'agit pas seulement de son déficit, mais aussi de l'opacité où le place ce déficit par rapport à ce que l'autre attend de lui.

nomène, quelles qu'en soient les causes repérables en termes anatomo-cliniques, comporte, à côté et en plus d'une atteinte locale, des effets affectant nécessairement le champ de la reconnaissance, à cause du surgissement dans ce champ d'un objet – le regard, et pas seulement ce qui est regardé – sur lequel la nomination n'a plus de prise. On pourra le comparer en ce sens au sentiment d'étrangeté. Cet exemple indique, à partir d'une référence clinique relativement simple, dans quelle perspective nous intéressent les troubles neurologiques que nous allons citer.

Revenons maintenant à la manière dont Hécaen et Angelergues présentent et introduisent la clinique des faits qu'ils déterminent sous la notion d'agnosie. Nous avons vu comment ils ramenaient la question à celle de savoir quels sont les éléments en jeu dans ce qui aboutit à la *reconnaissance normale*. Cette formulation du problème interroge ce qui fait *tenir ensemble* le percept au sens large, et ce qui permet de le lier au nom en une reconnaissance. La question est ici posée par les auteurs d'une manière très générale et sans préjuger tout à fait de la nature de ces éléments. Relevant que leur défaut ou leur perte sont interprétés « habituellement » en termes neurobiologiques, c'est-à-dire rapportés à l'interruption d'une voie d'association, ils laissent ouverte la question de savoir s'il n'y a pas lieu de faire intervenir des données étiologiques d'un ordre différent, qui prennent en compte également le matériel hautement *symbolique* que déploient et qu'articulent de façon diversifiée, mais sériable, les données cliniques et anatomo-cliniques de l'agnosie.

Et ils donnent en effet, sous deux rubriques distinctes, les différents aspects de cette sériation : l'agnosie optique est *sélective*, et elle admet une *spécificité des associations* selon ses formes.

Elle est *sélective*, c'est-à-dire que les troubles de la reconnaissance concernent toujours tel ou tel aspect déterminé du domaine visuel. Il est notable que ces aspects renvoient à une logique et à des partages articulés à des catégories symboliques : agnosies spatiales (perte de l'orientation, des repérages dans l'espace et les lieux), troubles de la reconnaissance des couleurs, agnosies pour les objets et les images, agnosies pour les physionomies.

Les auteurs illustrent ce point de quelques exemples où apparaissent des séries de *disjonctions exclusives*, inversées selon les cas : soit le sujet n'identifie pas les personnes mais les reconnaît à certains traits, soit il les identifie très bien mais ne peut retenir aucun détail. Ainsi, « le malade B..., spontanément frappé par son incapacité à distinguer sa femme de sa nièce, reconnaît parfaitement les objets, les images simples et les cartes postales et identifie très bien les détails mineurs qui lui permettent de situer un personnage. La "physionomie" d'un paysage ne signifie plus rien pour lui, mais il est capable d'en extraire certains détails et de les reconnaître parfaitement comme repères. La malade D..., qui reconnaît très bien les objets, les couleurs et la plupart des images simples, ne peut identifier sa fille que sur ses chaussures, et ne parvient à reconnaître aucun lieu du service alors qu'elle se situera sur un détail apparemment aussi peu prégnant que le type de pansement de sa voisine. Au contraire, le malade A..., qui reconnaît parfaitement les personnes et s'oriente sans aucune difficulté, échoue à la reconnaissance des images les plus simples, ne différencie pas les couleurs et est incapable de les visualiser. Plus nettement encore, le malade M... qui reconnaît bien les physionomies, sur lesquelles il discerne les différentes mimiques, et peut même identifier ses proches sur de petites et médiocres photographies d'amateur, est incapable d'identifier par la vue les objets les plus familiers. Et si le malade G... ne saisit plus le sens des mots ni celui des images, il perçoit parfaitement la signification de l'espace et celle des visages »[1].

Ces partages et cette sélectivité justifient la distinction des diverses catégories d'agnosie optique que recensent les auteurs, à l'intérieur de plusieurs groupes principaux : agnosies pour les choses, agnosies pour les couleurs, agnosies spatiales, agnosies des physionomies.

L'agnosie optique admet ensuite une *spécificité des associations selon ses formes* : les auteurs considèrent, à partir du matériel clinique qu'ils apportent, être fondés à dégager la récurrence d'associations préférentielles entre différents types d'agnosies. Ils distinguent à cet égard deux grands groupes : « Avec les agnosies spatiales et l'agnosie des physionomies, ce sont l'apraxie constructive, l'apraxie de l'habillage, les troubles de la somatognosie d'un hémicorps, les troubles oculo-moteurs, les troubles directionnels et vestibulaires qui dominent », ces symptômes correspondant à des

---

1. *CP*, p. 168-169.

lésions droites. « Avec les agnosies pour les objets et les images, pour les couleurs, et naturellement avec les alexies, nous retrouvons essentiellement des troubles du langage. »[1] Ces agnosies sont consécutives à des lésions gauches.

C'est à partir de cette sériation clinique de la diversité des phénomènes rapportés à l'agnosie optique que les auteurs introduisent ce qui ramène à leurs yeux cette diversité à une unité : ils proposent en effet une définition spécifique de l'agnosie. Tout l'effort de leur ouvrage consiste précisément à dégager l'unité notionnelle et clinique de ce qu'ils appellent le « phénomène agnosique ».

Tout en se gardant de vouloir parler d'*une* agnosie en tant que telle, puisqu' « il faut admettre des mécanismes et par conséquent des niveaux différents pour chaque champ sensoriel et probablement aussi à l'intérieur de chaque champ sensoriel », ils posent néanmoins la thèse suivante : « Ce qui constitue, malgré sa diversité, la spécificité de l'agnosie en tant que phénomène, en la différenciant *radicalement* (nous soulignons) du trouble sensoriel élémentaire, c'est *la perte d'une signification* (souligné dans le texte). »[2]

Cette thèse revêt une grande importance pour notre propos : elle situe en effet l'agnosie dans un registre qui implique la dimension d'un trouble des coordonnées fondamentales du sens et de la reconnaissance. C'est à ce titre qu'elle fait de l'agnosie un problème envisageable du point de vue psychopathologique[3]. Elle est ensuite reprise et précisée dans les conclusions de l'ouvrage : « Essentiellement, écrivent les auteurs, l'originalité du trouble gnosique reste *la perte d'une signification*, soit *qu'un code ne puisse plus être déchiffré*, soit *qu'une distinction de deux individualités soit devenue impossible.* »[4]

Nous pouvons noter combien se révèle proche de la clinique que nous interrogeons cette façon de poser le problème, lorsque, la déplaçant quelque peu, nous l'appliquons à l'observation *princeps*

---

1. *CP*, p. 169.
2. *Ibid.*, p. 170-171.
3. Elle vient d'ailleurs dans l'ouvrage immédiatement avant un développement consacré aux thèses de Wallon sur le passage chez l'enfant de l'activité sensori-motrice à la signification, à celles de Piaget sur le schématisme et l'accès progressif à l'objectivité, ainsi qu'aux travaux de Spitz sur la notion de relation d'objet : cf. p. 171 sq.
4. *CP*, p. 194.

du syndrome de Frégoli ou à celle du syndrome de Capgras. La définition du trouble gnosique donnée ici par les auteurs y prendrait en effet valeur opératoire, pour peu que nous y relevions la signification perdue comme celle que symbolise le *nom propre*.

Nous ne nous dissimulons pas pour autant ce qu'il y aurait de forcé à prétendre réduire au même sans autres précautions des termes qui concernent dans un cas le champ des psychoses, dans l'autre celui des agnosies. Il est manifeste que, par « perte d'une signification », Hécaen et Angelergues entendent que, dans une agnosie, un objet particulier ou un certain type d'objets ne sont plus discriminés symboliquement par le sujet : c'est ce qu'ils précisent immédiatement après en écrivant que « c'est l'objet particulier qui, dans l'agnosie, perd sa valeur de signe ».

Mais dès lors que cette discrimination de l'objet est reconnue, à juste titre, pour impliquer sa valeur de *signe*, il est légitime de considérer que la signification perdue ne peut être seulement manquante *isolément*, c'est-à-dire ponctuellement et localement, cela pour des raisons qui tiennent à la structure même des systèmes symboliques, à commencer par le langage. La linguistique moderne a insisté notamment depuis Saussure sur le fait que les éléments signifiants n'y prennent de valeur que différentielle, en relation avec d'autres éléments et avec l'ensemble. Une signification quelle qu'elle soit ne se constitue qu'à la faveur de ces relations. C'est la raison pour laquelle son atteinte ou sa perte ne peuvent se concevoir sans être corrélées à celles d'autres significations. Il faut donc bien supposer, pour qu'une signification soit perdue, soit que quelque chose de *la* signification soit affecté – dans l'hypothèse en quelque sorte la plus lourde ; soit tout au moins que la signification perdue ne soit pas seule à être touchée, mais qu'une corrélation s'observe avec l'atteinte d'autres significations – dans une hypothèse plus légère. Ce dernier cas recoupe ce que relèvent les auteurs au titre d'une spécificité des associations dans l'agnosie, comme nous l'avons rappelé ci-dessus.

C'est en quoi un tableau d'agnosie et un tableau de psychose du type de ceux qui nous intéressent ici s'avèrent comparables, moins du fait de l'éventuelle proximité descriptive des troubles relevés, que parce qu'il s'agit dans les deux cas de la perte d'une signification, déterminant l'atteinte connexe d'autres significations.

C'est ainsi par exemple que nous pouvons comparer un tableau comme celui du cas *princeps* du syndrome d'intermétamorphose, où nous avons vu que la malade ne distinguait plus son mari de n'importe quel voisin, mais continuait de l'identifier à partir d'un ou deux *traits*, avec celui de M. B..., où le sujet confond sa nièce et sa femme et s'avère incapable de reconnaître et d'identifier les personnes, sauf à s'appuyer sur certains traits et en particulier, précisent les auteurs, sur celui de la voix[1].

Dans cette dernière observation, le sujet est critique par rapport à ce qui lui arrive et rien de ce qui nous est rapporté ne laisse penser à un trouble d'ordre psychotique. Par ailleurs, les phénomènes agnosiques sont corrélables en ce qui le concerne à des lésions bilatérales d'origine vasculaire. Pourtant nous insisterons sur la perte, dans les deux cas, de la signification d'ensemble au profit d'une identification de traits particuliers.

Ce qui nous intéresse ici, c'est non seulement de faire observer comment certaines affinités peuvent se dégager, à un niveau descriptif, entre des tableaux de psychoses et des tableaux neurologiques, mais surtout de déterminer où passe pour nous la ligne de partage entre les deux domaines. Ce partage n'est en effet pas toujours étayable à partir du seul niveau de la description ou du contexte pathologique, sans que soit requis de prendre position sur la structure du sujet. Il est trivial de faire remarquer qu'un sujet présentant un tableau neurologique spécifique peut par ailleurs, et sans que ce tableau en préjuge, être ou non de structure psychotique : ce sont deux points distincts[2]. Mais l'essentiel consistera à examiner selon

1. Cf. *op. cit.*, p. 49 sq., où le cas de M. B... est développé de façon plus détaillée. Il a été hospitalisé pour baisse brutale récente de l'acuité visuelle avec perte de la vision des couleurs. Il décrit l'accident comme suit : « Je sortais dans la cour et brusquement j'ai eu un voile devant les yeux ; je regarde des poissons, je voyais leur forme mais c'étaient des corps noirs, je ne faisais plus la distinction entre le blanc et le rouge de la toile cirée. Je faisais la différence entre un homme et une femme d'un trottoir à l'autre, mais je ne reconnaissais pas un visage connu, un camarade, j'ai pris ma nièce pour ma femme. » Secondairement l'acuité visuelle a été un peu retrouvée. Puis, « d'emblée le malade manifeste dans le service, outre une impossibilité presque complète à identifier les couleurs, une difficulté marquée à reconnaître les personnes. Il se plaint de ne pouvoir différencier les physionomies des autres malades et du personnel et ne parvient à l'identification que par l'allure générale, le costume, la démarche et surtout par la voix ».
2. Nous verrons par la suite (chap. 3) que cette distinction n'est plus toujours tenue aujourd'hui dans une approche neurobiologique de la psychiatrie.

les cas si ce que les auteurs nomment la perte d'une signification renvoie chez le sujet à une atteinte principielle de la signification comme telle, et de ce qui la fonde structuralement, ou si elle n'a qu'une incidence locale et limitée, signant par là sa nature lésionnelle, c'est-à-dire accidentelle au regard de la structure[1].

Cette distinction nous paraît fournir une pierre de touche permettant de déterminer le partage classique entre troubles neurologiques et troubles psychiatriques, et spécialement entre agnosie et psychose.

En posant cette distinction dans les termes que nous venons d'indiquer, nous sommes en mesure d'interroger la clinique de l'agnosie également du point de vue de la psychopathologie. Cela nous permet aussi, pour conclure sur ce point, de donner sa portée à la formule que nous avons rencontrée au commencement de ce travail sous la plume de Capgras, pour caractériser le syndrome qui porte son nom.

Nous avons vu en effet comment, en 1923, Capgras avait proposé le terme d'*agnosie d'identification* pour qualifier le vif des phénomènes mis au jour dans l'illusion des sosies, au départ de cette série de syndromes dont nous avons retracé la découverte. Nous avons alors relevé l'intérêt de cette expression et du problème qu'elle souligne, qui est loin de se limiter aux troubles désignés en l'espèce par Capgras.

Dans la mesure en effet où toute gnosie suppose, du côté du sujet, à la fois une reconnaissance formelle et une modalité d'inscription symbolique de ce qu'elle appréhende, c'est-à-dire la tenue d'une signification, elle comporte nécessairement une dimension d'identification, entendue non pas spécifiquement au sens que nous lui donnions précédemment (cf. *Remarques préliminaires*), mais au sens plus courant de ce qui peut lier cette reconnaissance et cette

---

1. Dans ce dernier cas il faut ajouter, et nous en donnerons bientôt des exemples cliniques, qu'une atteinte même locale de la signification déterminera chez un sujet un remaniement, variable en fonction de l'ampleur de cette atteinte, du rapport à l'image spéculaire. Cela découle de ce que nous avons admis en introduction de la fonction primordiale de cette image dans la mise en place des coordonnées de la reconnaissance et de ce qui constituera d'une façon générale le registre du sens pour le sujet. Mais nous verrons qu'on en trouve des confirmations importantes en clinique. Ce remaniement peut prendre diverses formes, sans exclure des solutions de nature délirante. Dans ce cas, une idée délirante apparue au décours de lésions neurologiques ne signe pas nécessairement une psychose, mais peut résulter de ce rapport remanié à l'image spéculaire.

signification. Dès lors une agnosie *d'identification* désignerait une agnosie portant sur ce qui s'avère au fondement de toute gnosie.

Capgras produit donc là une notion clinique dont il n'approfondit pas le sens, mais dont nous pouvons considérer qu'au-delà de l'illusion des sosies, elle renvoie à une opération impliquée dans la gnosie en général. Cette opération n'est pas relevée par l'usage habituel de qualifier les gnosies par la référence à leur objet – une gnosie étant toujours dite gnosie de quelque chose. Il n'empêche que, dans leur principe, elles supposent bien toutes l'opération de ce qui rend possible le lien d'une *image* ou d'un *percept* au sens large, objet de la reconnaissance, et d'un *nom*.

La notion qu'apporte Capgras nous conduit donc au cœur de ce qui est en jeu dans cette problématique, tout en indiquant, moyennant cette référence à l'*agnosie*, un point de passage vers ce qui peut nous retenir dans les phénomènes plus circonscrits et segmentés que répertorient et interrogent les neurologues.

En effet, toute agnosie est bien en son fond ce qu'il appelle une agnosie d'identification, si nous sommes attentifs à ce que relèvent Hécaen et Angelergues en parlant de la perte d'une signification. Et il y aura par conséquent à déterminer en chaque cas, comme nous l'indiquions, quel est le ressort de la signification perdue, quelles sont celles qu'elle emporte avec elle, enfin si la perte est circonscrite ou si elle retentit sur le statut même de la signification pour le sujet.

Ajoutons que, par rapport à la problématique que nous suivons, l'expression de Capgras est également appropriée pour une autre raison. En effet, tout en mettant l'accent dans le cas de Mme de Rio-Branco sur la question de l'identification au sens *objectif* en tant qu'elle se distingue pour elle, s'agissant des personnes, de la reconnaissance de l'*image*, l'observation de Capgras et de Reboul-Lachaux souligne vivement ce qui dans ce tableau se rattache à la question de l'identification en tant qu'elle porte cette fois *sur le sujet lui-même*. En d'autres termes, cette observation nous montre comment l'impossibilité d'identifier sous un nom une image par ailleurs *reconnue*[1] se

---

1. A dire vrai cette reconnaissance n'est pas sans présenter une certaine labilité, nous l'avons vu : certains détails changent, ce n'est jamais exactement la même image. C'est en quoi le champ de la reconnaissance est également compromis. Et c'est aussi en quoi nous pouvons poser la question : Qu'identifie dans ce cas le sujet, qui rende impossible l'identification de l'image, et labiles les traits permettant sa reconnaissance ?

trouve étroitement liée cliniquement dans ce cas à une impasse de l'identification subjective, entendue comme impossibilité pour le sujet d'être identifié.

Ce second aspect de la question de l'identification n'est pas explicité comme tel par Capgras. Mais il est néanmoins présent au tout premier plan, si l'on songe à l'ensemble des notations qui dans cette observation se rattachent au problème du *nom propre*. Il suffit en effet de se reporter à son compte rendu, et nous l'avons souligné dans notre commentaire, pour constater combien les auteurs insistent sur cette impasse, en relevant la multiplicité des noms propres dans les propos de la malade, et d'abord de ceux qui la désignent ; combien ils en appuient suffisamment les occurrences et la tension pour indiquer en quoi se trouve là mis en valeur un point électif d'effondrement symbolique pour le sujet.

Courbon avec Fail, puis avec Tusques, ne s'y sont d'ailleurs pas trompés, puisque nous pouvons considérer que c'est à partir de ce point de partage relevé en clinique, sinon en doctrine, entre *reconnaissance de l'image* et *identification du nom*, qu'ils ont trouvé le crible leur permettant d'isoler le syndrome de Frégoli puis le syndrome d'intermétamorphose, enfin de produire le concept d'identification délirante.

CHAPITRE II

Les troubles neurologiques de la somatognosie

Nous venons d'évoquer l'intérêt que présente la clinique neurologique de l'agnosie lorsque nous en rapprochons certains aspects des syndromes psychiatriques qui nous intéressent : l'agnosie renvoie à une atteinte de la signification sous la forme d'une disjonction du percept et du nom, et cette disjonction modifie les coordonnées de la reconnaissance et de l'identification au sens où nous les avons respectivement définies.

Nous allons maintenant nous arrêter sur un certain nombre de troubles isolés en neurologie, où vient au premier plan cette disjonction entre ce qui est reconnu et ce qui est nommé, et qui portent spécifiquement sur *l'image du corps*.

En dehors du membre fantôme, qui ne constitue pas une pathologie à proprement parler mais dont nous indiquerons brièvement l'intérêt clinique, nous évoquerons successivement l'agnosie digitale, l'autotopoagnosie, puis ce qu'on appelle l'asomatognosie proprement dite. Nous réserverons ensuite un développement aux formes paroxystiques des perturbations de la somatognosie. A la suite de ce passage en revue des principaux troubles de la somatognosie, nous indiquerons ce qui nous paraît pouvoir être dégagé au titre d'une incidence spécifique de ces troubles sur les modalités de la reconnaissance.

LA NOTION DE SOMATOGNOSIE

Hécaen et Ajuriaguerra ont consacré un ouvrage important aux diverses formes de l'agnosie en tant qu'elle porte sur ce qui est reconnu et désigné par un sujet au titre de son corps, c'est-à-dire ce que les neurologues appellent la *somatognosie*[1].

Le concept de somatognosie est directement sollicité par la clinique que nous visons. Il n'est pas pour autant parfaitement défini, pour des raisons qui tiennent principalement à la difficulté d'assigner aux phénomènes qu'il rassemble leur ordre de détermination propre ou leur commune mesure. Présentant le terme et sa généalogie, Hécaen et Ajuriaguerra ne dissimulent pas le caractère composite, voire mal assuré, de sa notion : « De manière vague, mal définie, intriquée avec le sentiment de l'existence », écrivent-ils, la somatognosie renvoie à ce que l'on a vu, notamment à travers l'investigation des faits neurologiques, « s'imposer progressivement de la notion d'un *sens* du corps ». Et sa définition hérite, au moment où ils la reprennent, de ce qui avait pu en être auparavant dégagé notamment au titre du *schéma de notre corps* de P. Bonnier, de l'*image spatiale du corps* de Pick, du *schéma postural* de Head, du *schéma corporel* de Schilder, de l'*image de soi* de Van Bogaert, enfin de l'*image de notre corps* de J. Lhermitte[2].

Les difficultés inhérentes à cette notion apparaissent dès que l'on se demande ce qu'il faut entendre par un « sens » du corps, et comment nous pouvons déterminer les éléments en jeu dans la production ou les atteintes de ce sens. C'est là un problème très voisin de celui que nous avons rencontré à propos de la signification perdue dans les troubles agnosiques. La difficulté est tout à fait sen-

---

1. *Méconnaissances et hallucinations corporelles – intégration et désintégration de la somatognosie*, op. cit.
2. Cf. A. Pick, « Zur Pathologie des Bewusstseins vom eigenen Körper », *Neurol. Zentralblatt*, 1915, 34, p. 257-265 ; H. Head, *Studies in Neurology*, 2 vol., Londres, 1920 ; et L. Van Bogaert, « Sur la pathologie de l'image de soi », *Ann. méd.-psych.*, 92ᵉ année, 2, 4, p. 519-555, et 2, 5, p. 744-759, 1934. Nous avons cité précédemment les travaux visés ici de Lhermitte, de Schilder et de Bonnier (cf. *supra*, n. 1, p. 134, n. 1, p. 136 et n. 2, p. 137).

sible lorsque les auteurs essaient de préciser ce qui s'est ainsi
« imposé » progressivement à l'attention des neurologues : « La
somatognosie, notion d'apparence psychologique, est née de la
nécessité d'admettre que certains comportements, certaines déclarations des malades, ne peuvent s'expliquer que dans la mesure où on
reconnaît qu'ils traduisent une mauvaise connaissance du corps. »[1]

Comme nous l'avons déjà noté, Hécaen et Ajuriaguerra ne cherchent pas à dissimuler le caractère éventuellement insuffisant ou
imparfait des repères à l'aide desquels ils tentent de rendre compte
de tout ce qu'ils rassemblent sous le terme de somatognosie – et
notamment cette notion d'un sens du corps. Ils font constamment
toucher du doigt combien le réel auquel renvoie cette question
s'avère difficile à articuler, et en particulier à *localiser*, puisque la
recherche d'une localisation vient au premier plan dans la problématique neurologique[2].

La notion de somatognosie, indiquent-ils, paraît relever de la
psychologie : mais tout leur ouvrage souligne la difficulté de déterminer à quel titre et comment elle en relève. Cependant cette référence à la psychologie répond bien à une nécessité. Si l'on veut
prendre en compte certains *comportements* ou certaines *déclarations*
des malades, notent les auteurs, l'on est obligé de supposer qu'ils
renvoient à quelque chose que la problématique neurologique et
localisatrice, si précise qu'elle puisse être, ne suffit pas en elle-même
à déterminer : c'est ce qu'ils appellent de façon ambiguë une *mauvaise connaissance du corps*. Ces termes n'ont qu'une valeur indicative et très générale, mais l'on saisit sans peine à quelles difficultés
ils introduisent. Car qu'est-ce qu'une *connaissance* du corps ? Et jusqu'à quel point pouvons-nous rendre compte, dans le registre physiologique et suivant une problématique localisatrice, de ce qui
détermine une telle connaissance ?

Ce problème est à l'arrière-plan de ce que veulent rendre sensible Hécaen et Ajuriaguerra[3]. La clinique neurologique ne peut

---

1. *MHC*, p. 1.
2. Le problème général des localisations cérébrales est bien résumé et mis en perspective au début de *CC*, p. 5-20.
3. Problème ancien et classique, puisqu'il renvoie notamment à la distinction cartésienne de la *res extensa* et de la *res cogitans*, et aux conséquences épistémologiques de
cette distinction, par exemple dans l'abord des questions qui nous occupent ici. Il est bien

s'en tenir à un mécanisme organiciste, elle est obligée d'admettre que les troubles qu'elle décrit doivent aussi s'élucider sur un autre terrain. Il est significatif à cet égard que *Méconnaissances et hallucinations corporelles* débouche sur une tentative de mise en perspective psychopathologique des problèmes d'ensemble posés par la somatognosie.

Relevons enfin – c'est également ce qui donne son prix à cette clinique – que pour ces auteurs, quelles que soient les difficultés attachées à la notion d'une connaissance du corps, on ne peut en aucun cas négliger de s'appuyer sur les paroles des patients pour en établir les coordonnées. Complètement opposés en cela au point de vue de C. Blondel, dont l'ouvrage *La conscience morbide* avait eu un certain retentissement à son époque, et qui refusait de se fier aux dires des malades du fait de leur irréductibilité supposée à la compréhension d'une conscience « saine », ils considèrent que ces dires

---

résumé, appliqué à la neurologie, par M. Merleau-Ponty dans sa *Phénoménologie de la perception*, Paris, Gallimard, coll. « Tel », 1975, p. 90 sq. Merleau-Ponty, reprenant une argumentation classique, montre comment les troubles de la somatognosie doivent nécessairement être rapportés et à la physiologie et à la psychologie, comme à deux ordres de déterminations également impliqués mais sans commune mesure, et sans que l'un ou l'autre registre puisse prétendre à lui seul rendre compte d'aucun des phénomènes en cause. Il illustre ce fait de l'exemple du membre fantôme et de l'anosognosie qui l'accompagne parfois : « Le phénomène du membre fantôme s'éclaire ici par le phénomène d'anosognosie, qui exige visiblement une explication psychologique. Les sujets qui ignorent systématiquement leur main droite paralysée et tendent la gauche quand on leur demande la droite parlent cependant de leur bras paralysé comme d'un "serpent long et froid", ce qui exclut l'hypothèse d'une véritable anesthésie et suggère celle d'un refus de la déficience. Faut-il donc dire que le membre fantôme est un souvenir, une volonté ou une croyance, et, à défaut d'une explication physiologique, en donner une explication psychologique ? Pourtant aucune explication psychologique ne peut ignorer que la section des conducteurs sensitifs qui vont vers l'encéphale supprime le membre fantôme. Il faut donc comprendre comment les déterminants psychiques et les conditions physiologiques s'engrènent les uns sur les autres : on ne conçoit pas comment le membre fantôme, s'il dépend de conditions physiologiques (...) peut *pour une autre part* relever de l'histoire personnelle du malade, de ses souvenirs, de ses émotions ou de ses volontés. Car pour que les deux séries de conditions puissent déterminer ensemble le phénomène, comme deux composantes déterminent ensemble une résultante, il leur faudrait un même point d'application ou un terrain commun, et l'on ne voit pas quel pourrait être le terrain commun à des "faits physiologiques" qui sont dans l'espace et à des "faits psychiques" qui ne sont nulle part (...). Une théorie mixte du membre fantôme, qui admettrait les deux séries de conditions, peut donc être valable comme énoncé des faits connus : mais elle est foncièrement obscure » (p. 91-92).

sont un fil clinique essentiel[1]. Ce point est important, puisque c'est là un souci qui, comme nous le verrons, n'est plus guère mis en avant dans les recherches neurologiques contemporaines portant sur les syndromes dont nous traitons.

Malgré ces indéterminations, la notion de somatognosie fournit du moins aux auteurs de *Méconnaissances et hallucinations corporelles* le cadre dans lequel ils inscrivent une clinique très diversifiée de la désintégration de l'image du corps. Nous ne développerons pas ici tous les aspects différents de cette clinique, renvoyant sur ce point à la lecture de cet ouvrage qui, en plus de la contribution qu'il apporte lui-même, donne un très bon résumé des travaux les plus importants réalisés dans ce domaine au moment où il se situe.

Les descriptions et les analyses de Hécaen et Ajuriaguerra partent de troubles locaux et relativement bien circonscrits pour s'achever par la prise en compte de la somatognosie telle qu'elle est atteinte dans les syndromes psychiatriques. Ils considèrent ce faisant que c'est au niveau de complexité que représentent ceux-ci que peut être posé avec toutes ses coordonnées le problème de la somatognosie. Il faut aller au complexe pour rendre raison du simple[2] : leur approche relativise en cela une distinction classique trop tranchée entre ce qui relèverait d'un niveau *neurologique* caractérisé comme plus segmentaire, plus simple et plus réductible à une causalité strictement organique, et d'un niveau *psychiatrique* plus global, plus complexe et faisant davantage intervenir des déterminations proprement psychopathologiques[3].

Comme nous avons essayé de le rendre sensible, en effet, dès le niveau « neurologique » est introduite au moins la complexité

---

1. Ainsi écrivent-ils par exemple à propos du syndrome de Cotard : « Aussi croyons-nous à la "réalité" des plaintes exprimées par les malades. Ce corps qu'ils nient ou qu'ils croient démembré, nous devons admettre qu'ils ne le perçoivent plus, ou bien qu'il leur apparaît ainsi. Qu'un trouble psychologique en soit à l'origine, qu'il existe au contraire une lésion d'un substrat nerveux spécifique, dans les deux cas il s'agit de perturbations de la *connaissance du corps* » (*MHC,* p. 282).
2. Selon une démarche inverse, notons-le, de celle qu'adopte la neuro-psychologie contemporaine.
3. Cette distinction renvoie à la question de l'application en psychopathologie des idées développées par Jackson en neurologie, application que Henry Ey a tenté de systématiser dans sa doctrine de l'organo-dynamisme. Nous l'avons déjà mentionnée précédemment chez J. Delay.

qu'implique la perte d'une signification, si locale soit-elle. Cela n'empêche pas de donner toute sa valeur, d'un point de vue anatomo-clinique, à l'étiologie organique partout où elle est impliquée. Les auteurs le formulent très clairement à propos des perturbations somatognosiques paroxystiques[1] : d'une part ces manifestations « fournissent (...) *des documents de valeur quant à la localisation* ». Mais de plus, ajoutent-ils : « Ici *aussi*, nous croyons que *l'aspect* du trouble tient en définitive *beaucoup moins aux conditions anatomiques* qu'aux *circonstances particulières de l'intégration de la somatognosie chez chaque sujet* » (nous soulignons)[2]. Cette distinction, à propos des troubles de la somatognosie, entre ce qui renvoie à une valeur localisatrice neurologique au sens strict, et ce qui renvoie à ce que les auteurs appellent l'*aspect* – amenant à prendre en compte les conditions complexes de l'intégration de l'image du corps chez un sujet, et notamment ce qu'il peut en énoncer – paraît très pertinente. Les auteurs soulignent les difficultés que recouvre cette notion d'intégration de l'image du corps, mais il ne fait à leurs yeux aucun doute qu'elle ne saurait être élucidée sans être articulée aux conditions d'une causalité psychique[3].

LE MEMBRE FANTÔME

Au moment d'aborder les principaux troubles de la somatognosie, nous dirons un mot du membre fantôme, dont le phénomène présente un grand intérêt clinique au regard de notre problématique.

1. Il s'agit du sentiment d'absence d'une partie du corps, de l'illusion de transformation corporelle, de l'illusion de déplacement corporel, de l'illusion de membre fantôme – distinguée du même trouble survenant après amputation –, enfin de l'hallucination héautoscopique. Nous reviendrons plus loin sur cette série de troubles.
2. *MHC*, p. 208.
3. Cf. en particulier p. 344 sq., et l'introduction p. 5-6 : « Les troubles ici étudiés, dont le polymorphisme a été souvent souligné, à juste titre, par nombre d'auteurs, ne gardent leur unité que si on les considère comme des désintégrations de niveaux différents nous montrant des fragments des stades évolutifs du développement de la *conscience du corps*. »

Il s'agit comme on le sait, pour l'essentiel, de la persistance d'un membre « illusionnel », effectivement senti par le sujet en lieu et place d'un membre amputé. Hécaen et Ajuriaguerra soulignent l'importance de l'observation de ce fait dans le dégagement progressif, en neurologie, de la notion d' « image du corps ». Non pathologique en lui-même, et très fréquent – quoique pas observé, en toute rigueur, dans tous les cas – à la suite d'une amputation, il permet en effet d'appréhender de façon évidente la distinction entre le corps physique et l'image du corps, celle-ci pouvant perdurer à la suite d'une atteinte de celui-là. Il permet aussi de mettre en valeur, pour des conditions organiques semblables, une grande diversité de dispositions subjectives. C'est pourquoi la question du membre fantôme a donné fréquemment l'occasion d'interroger le rapport des registres physiologique et psychologique, périphérique et central, dans les troubles touchant l'image du corps. Paul Schilder considérait que « pour interpréter des phénomènes de cet ordre, il faut d'abord admettre que l'image du corps et le fantôme dépendent d'un mécanisme cérébral complexe », qui comporte nécessairement des aspects périphériques et des aspects centraux. Il repoussait ainsi « tout point de vue qui opposerait l'un à l'autre centre et périphérie », et considérait, dans le fantôme comme dans les autres modifications de la somatognosie, que « la façon dont le schéma corporel est construit et apparaît (...) a probablement une signification générale. C'est un modèle de la façon dont la vie psychique en général est vécue »[1].

Pour nous, le membre fantôme présente l'intérêt d'illustrer sans ambiguïté la prégnance de l'image du corps et sa prépondérance par rapport à la perception du corps « réel », puisqu'elle subsiste longtemps et parfois toujours à la suite de l'amputation, alors même que des réorganisations du cortex sensorimoteur sont intervenues[2]. La

---

1. *L'image du corps*, Gallimard, 1968, p. 87-89. Jean Lhermitte considérait également que le phénomène devait être élucidé dans les deux registres physiologique et psychologique, et ne pouvait se réduire à l'un ou à l'autre (*op. cit.*, p. 125). Cf. également le passage que nous avons déjà cité de Maurice Merleau-Ponty, *Phénoménologie de la perception*, Gallimard, 1945, p. 91-92. Enfin, Hécaen et Ajuriaguerra relèvent que « très souvent la psychothérapie fait disparaître non seulement les algies du fantôme, mais aussi le fantôme lui-même » (*MHC,* p. 49).

2. Cf. G. Berlucchi et S. Aglioti, « The body in the brain : neural bases of corporeal awareness », *Trends in Neurosciences*, 1997, 20, p. 560-564.

relative autonomie de cette image apparaît de façon particulièrement nette dans le phénomène du fantôme, mais elle est diversement illustrée également par tous les troubles de la somatognosie dont nous allons parler. Tout ce matériel clinique va en effet dans le sens de corroborer ce que nous pouvons appeler la spécificité du registre imaginaire tel qu'il se constitue lors de la mise en place de l'image spéculaire[1].

Nous mentionnerons tout d'abord, parmi les troubles somatognosiques liés à des lésions de l'hémisphère gauche recensés par Hécaen et Ajuriaguerra, le *syndrome de Gertsmann* et l'*autotopoagnosie*.

Ces troubles affectent la nomination et la description des parties du corps, localement pour le premier, de façon généralisée pour le second. Ils peuvent être également rapprochés cliniquement dans la mesure où l'on peut observer des cas de régression du second vers le premier[2].

LE SYNDROME DE GERTSMANN

Le syndrome de Gertsmann comprend dans sa forme typique l'agnosie digitale, l'indistinction de la droite et de la gauche, l'acalculie et l'agraphie dite « pure », c'est-à-dire non liée à l'alexie. Mais il peut être caractérisé seulement à partir de l'agnosie digitale.

1. Cette spécificité a été particulièrement mise en lumière et isolée comme telle par Lacan en 1936 avec le stade du miroir. Mais il faut relever que l'idée selon laquelle l'image du corps se constituait dans un registre plus ou moins autonome et distinct des seules coordonnées de la perception, était pressentie et de plus en plus approchée par les neurologues. C'est très sensible par exemple chez P. Schilder. Il est également notable que cette idée était aussi, dans une certaine mesure, sous-jacente dans les travaux psychiatriques que nous avons commentés. C'est ce qui nous permet d'intégrer ces diverses approches dans la problématique de notre travail. Il nous apparaît en effet *a posteriori* qu'elles n'étaient pas absolument indépendantes les unes des autres, même si elles n'étaient pas toujours explicitement mises en rapport à l'époque les unes avec les autres.

2. Cf. *CC,* p. 389 : « L'autotopoagnosie a été décrite par Pick comme perte de la localisation des parties du corps. Bien que les lésions soient souvent diffuses, leur prédominance gauche voire leur stricte unilatéralité dans certains cas, d'une part, la régression possible de ce syndrome vers l'agnosie digitale pure, d'autre part, permettent de confirmer les rapports entre ces deux ordres de troubles. » L'agnosie digitale est la composante principale du syndrome de Gertsmann.

Celle-ci consiste en une incapacité du sujet à distinguer, montrer, nommer ou choisir les différents doigts de sa propre main ou de celle de l'observateur. On a beaucoup discuté de sa signification, les diverses conceptions pathogéniques oscillant à cet égard entre l'atteinte des relations spatiales et celle de la somatognosie proprement dite. Nous n'entrerons pas dans ces discussions, nous bornant à relever à la suite de nombreux auteurs la valeur significative généralement reconnue à ce trouble en ce qui concerne l'assomption par le sujet de l'image du corps.

On ne peut en effet méconnaître à cet égard la valeur spécifique des doigts dans leur fonction d'index et de comptage. C'est ce qui nous permet de supposer que ne plus pouvoir désigner parmi les segments de l'image du corps ce qui vient supporter électivement ces fonctions renvoie à une atteinte plus générale des coordonnées de la reconnaissance.

Les troubles qui accompagnent parfois l'agnosie digitale dans le syndrome de Gertsmann, et peuvent par conséquent en éclairer la signification, vont dans le sens de cette supposition. Il apparaît en effet qu'ils renvoient à une atteinte de certaines coordonnées de la reconnaissance et de l'identification de l'image spéculaire et des supports symboliques qui la soutiennent. C'est ainsi que Gertsmann remarquait que le trouble de l'orientation latérale, c'est-à-dire l'indistinction de la droite et de la gauche, portait le plus souvent sur le corps humain, et d'abord sur celui du sujet lui-même, mais non sur les objets extérieurs. Mais l'indistinction en elle-même peut être considérée aussi comme liée à la carence ou à l'atteinte d'une fonction primordiale de symbolisation de l'espace à partir d'une orientation du corps[1].

L'AUTOTOPOAGNOSIE

Tandis que le syndrome de Gertsmann touche spécifiquement un segment déterminé du corps, l'autotopoagnosie consiste plus généralement en une perte de la localisation de ses divers éléments.

1. Cf. 1re partie, n. 1, p. 106.

Il s'agit d'un trouble dans lequel nous trouvons portée à son maximum l'atteinte de la nomination comme de l'image, touchant la représentation des éléments du corps.

En effet, alors que nous avons rencontré divers types de troubles où soit le nom soit l'image – ou certains traits – sont conservés, dans l'autotopoagnosie le repérage des éléments du corps paraît impossible aussi bien dans chacun de ces deux registres. Les sujets s'avèrent dans l'incapacité de *nommer* comme de *décrire* les différentes parties du corps, sur eux-mêmes comme sur l'observateur, et cela y compris lorsqu'ils peuvent les voir ou les toucher. De tels sujets, relèvent Hécaen et Ajuriaguerra, « errent totalement lorsqu'on leur demande de montrer telle ou telle partie de leur corps ». Voici deux exemples qu'ils en donnent : « Une malade de Pick ne pouvait trouver son oreille gauche et pensait que celle-ci était sur la table. A l'ordre de toucher son œil gauche, elle répliquait : "Je ne sais pas, je dois l'avoir perdu." Elle cherchait ses propres mains sur la table en déclarant qu'elle les avait perdues, bien qu'elles dussent être présentes. Une malade de Gertsmann avait un comportement analogue : lorsqu'on lui demandait de saisir ses oreilles, elle s'y essayait avec ardeur, mais sans succès et d'une manière de plus en plus confuse ; elle les cherchait autour de son lit en déclarant : " Je ne les ai pas, elles doivent avoir été coupées et jetées." Elle ne pouvait de même trouver ses yeux et disait : "Je n'en ai aucun" ; cherchant ses jambes cachées par les couvertures, elle disait : "Je dois les avoir perdues, peut-être ont-elles été coupées, étant sans usage." Elle croyait également que son bras gauche avait été coupé et jeté. L'orientation vis-à-vis des organes impairs était meilleure, de même que l'orientation sur le corps d'autrui. Il existait une désorientation droite-gauche avec transposition constante, mais cette indistinction latérale était (...) limitée à la sphère corporelle et ne s'étendait pas au monde extérieur. »[1] Toutefois, notent les auteurs, « nous avons rencontré des cas où la reconnaissance de la latéralité droite-gauche était perturbée même pour les objets ou les signes »[2].

Comme on le voit, les malades ne témoignent pas seulement d'une incapacité à nommer et à décrire les parties de leur corps.

1. *MHC*, p. 146.
2. *Ibid.*, p. 140.

S'ajoutent à cela des *négations*, fréquemment combinées avec l'idée que les organes manquants ont été *soustraits par l'autre*, ou qu'ils étaient *à jeter parce que ne servant à rien*, ou les deux ensemble. Hécaen et Ajuriaguerra résument ce point en notant que ces malades « non seulement ne peuvent indiquer les parties de leur corps, mais les recherchent en dehors d'eux-mêmes comme si elles pouvaient être *projetées à l'extérieur* »[1]. Mais dans ce cas, remarquent-ils, s'ajoute souvent un état d'affaiblissement intellectuel ou un état confusionnel. Ce sont donc des cas discutables du strict point de vue de la localisation neurologique : on sera tenté en effet d'attribuer à l'affaiblissement intellectuel la fantasmagorie des commentaires qui s'ajoutent à l'autotopoagnosie proprement dite. Mais il est également possible de considérer que les effets des lésions diffuses et des détériorations laissent apparaître dans ces observations de quoi est constituée l'image spéculaire, et comment elle peut être défaite.

De ce point de vue prend tout son intérêt par exemple un cas rapporté par Bychowski, comportant un délire fantastique avec hallucinations visuelles, qu'Ajuriaguerra et Hécaen font entrer dans la catégorie des autotopoagnosies[2]. D'une façon encore plus précise, la malade évoquait comment son corps était entièrement démembré, et comment elle en voyait *les parties dispersées portées par ses semblables* : « Je n'ai plus ni cerveau, ni jambes, ni mains, disait-elle, celle-ci a mes yeux... Chacun a mes jambes et mes mains attachées sur eux. »[3]

Cette observation indique comment ce trouble de l'autotopoagnosie, affectant la désignation et la description des éléments du corps sur le sujet lui-même ou sur l'autre, peut aboutir sur un mode hallucinatoire à un partage spéculaire du type de celui présenté : la malade aperçoit tout un chacun pourvu de ses propres membres. Autrement dit, c'est toujours elle qu'elle remarque dans

---

1. *Ibid.*, p. 147.
2. Ce faisant, nous voyons comment ils réunissent sous une seule entité neurologique, l'autotopoagnosie, deux séries de phénomènes : le trouble neurologique proprement dit, et une formation délirante seconde. « Le délire intégrait peut-être donc ici, écrivent-ils, le sentiment de disparition des parties du corps, l'apraxie constructive témoignant d'une lésion pariétale » (*ibid.*, p. 147).
3. *Ibid.*, p. 147.

l'autre, mais sous cette forme particulière de membres séparés se trouvant sur l'autre dans une certaine mesure réassemblés : tout le monde se promène avec ses mains et ses jambes « attachées sur eux ».

La structure d'un tel délire n'est pas sans évoquer celle du syndrome de Frégoli, au sens où la malade identifie dans l'autre, en place de l'image, quelque chose qui lui revient toujours selon des modalités de l'identique : c'est toujours elle qu'elle aperçoit. Mais cet « identique » lui est présenté sur le mode d'une désarticulation spéculaire. Au lieu d'une polarisation dans un nom propre unique (Robine), il est ici donné dans le morcellement[1].

Hécaen et Ajuriaguerra mentionnent d'autres traits intéressants de l'autotopoagnosie touchant la représentation du corps. Nous relèverons en particulier « une nette discordance entre les indications concernant les parties du corps elles-mêmes et celles concernant les *vêtements ou objets*. Par exemple, un de nos malades pouvait indiquer correctement sur ordre sa chaussure, son col, etc. ; il échouait à l'inverse à montrer son cou ou son pied »[2]. Autrement dit, les éléments du corps ne sont plus désignables ici par le sujet qu'à partir de supports ou d'enveloppes entièrement *détachables* et dont le lien avec telle ou telle partie du corps n'est que de simple *contiguïté*. Cela veut dire que la signification de ces éléments est extrinsèque à celle de l'image spéculaire comme telle.

---

1. Dans les deux cas, l'image spéculaire se défait au profit de la prolifération de ce que le sujet désigne comme à l'origine, précisément, de ce délitement. Dans le cas *princeps* du syndrome de Frégoli, ce qui prolifère ainsi renvoie au regard et à l'action xénopathique de l'actrice Robine, identifiés à ce nom propre que le sujet va appliquer aux autres qu'il rencontre. Dans l'observation de Bychowski, c'est également le regard qui se présente sur ce mode désintégrateur et proliférant - « celle-ci a mes yeux », dit notamment la malade -, mais selon les modalités d'une découpe erratique et d'un démembrement du corps. Cependant cet aspect est également présent dans le syndrome de Frégoli et son observation *princeps*, puisque « Robine » vient justement y désigner ce qui annexe et désarticule les éléments du corps de la malade. C'est à partir de la clinique des psychoses que nous pouvons utilement comparer ces deux tableaux, notamment à partir de ce qu'elle enseigne de la manière dont l'image du corps peut y être décomposée au même titre et alternativement par un idéal persécutif - pour sa forme « une » - et par un objet erratique - pour sa forme morcelée. Il est notable que dans les deux cas ici comparés, un même objet, à savoir le regard, soit le support de ces deux modalités.

2. *CC*, p. 389.

Ils relèvent également, comme dans l'agnosie digitale, une indistinction entre la droite et la gauche habituelle sur le corps propre ou celui d'autrui, mais ne s'étendant pas en règle générale aux objets et à l'espace extérieurs.

L'ASOMATOGNOSIE

Les troubles que nous avons évoqués jusqu'à présent relèvent de l'asomatognosie entendue littéralement et au sens large, puisqu'ils témoignent d'une atteinte globale ou segmentaire de l'image du corps. Mais le terme renvoie traditionnellement de façon plus limitée à la méconnaissance d'un hémicorps. Il s'agit le plus souvent d'une lésion hémisphérique droite responsable d'une hémiasomatognosie gauche.

Cette méconnaissance peut prendre différentes formes, ce qui a conduit les auteurs à essayer d'en dégager diverses modalités. Jean Lhermitte distinguait ainsi : l'*hémiasomatognosie*, où vient au premier plan une sorte de retranchement de l'hémicorps lésé se traduisant par une amnésie, une illusion ou un « délire d'absence » de celui-ci ; et l'*anosognosie*, caractérisée par l'ignorance apparente du trouble survenu.

L'anosognosie a été décrite au début du siècle par Anton, puis par Babinski, et signifie littéralement « la méconnaissance par le malade de toute affection grossièrement évidente »[1]. L'attention avait été auparavant portée par von Monakow sur ce type de phénomène, lorsqu'il avait montré en 1885 « que certains malades atteints de cécité par lésions corticales étaient capables de méconnaître la perte de leur vision et allaient même jusqu'à affirmer qu'ils voyaient clair »[2], sans que leurs fonctions de jugement, de critique, de mémoire, d'orientation, etc., fussent grossièrement atteintes. Mais comme le rappellent Hécaen et Ajuriaguerra, sa signification est classiquement circonscrite depuis Babinski à la méconnaissance,

---

1. *CC,* p. 383.
2. Lhermitte, *op. cit.,* p. 127.

par certains hémiplégiques, de la paralysie dont ils viennent d'être atteints. Dans une forme plus légère il n'y a pas méconnaissance, mais seulement indifférence. J. Lhermitte considérait ces deux formes comme des variétés d'hémiasomatognosie, dont il faisait le trait principal du syndrome d'Anton-Babinski : dimidiation de l'image du corps, une hémi-image se trouvant séparée, absente et désormais ignorée par le sujet. Hécaen et Ajuriaguerra notent également que « quels que soient les aspects multiples sous lesquels se présente ce syndrome, une analyse psychologique soigneuse permettra toujours de révéler cette *dimidiation du modèle corporel*, plus ou moins affirmée selon les cas »[1]. Ils relèvent combien cette scotomisation est fréquemment éprouvée par le sujet comme *question aiguë et pénible portée sur l'image du corps et son intégrité*. Cette question se trouve alors comporter des *effets secondaires sur l'assomption par le sujet de cette image désormais atteinte* : « Le sujet, écrivent-ils en effet, peut alors ou ignorer cette partie de son corps ou l'attribuer à autrui, et peut même, malgré le contrôle de la vue, continuer à affirmer qu'il ne s'agit pas d'une partie de son corps. Parfois, de véritables expériences délirantes et hallucinatoires se font jour à propos du sentiment d'absence. »[2] Nous citerons ici une observation de Hécaen, Ajuriaguerra, Le Guillant et Angelergues[3]. Il s'agit d'un cas d'asomatognosie avec anosognosie, consécutif à un ictus ayant entraîné une hémiplégie gauche[4].

Cette femme de soixante-six ans « présente une anosognosie totale, sans sentiment d'absence, mais avec au contraire membre fantôme. Elle attribue ce bras surnuméraire à une infirmière du premier service où elle fut hospitalisée. La conviction est absolue, bien que sa lucidité apparaisse parfaite pour tout ce qui ne concerne pas ce membre fantôme. Interrogée sur ses réactions devant ce membre surnuméraire, elle répond : "J'ai dit à l'infirmière : 'Dites donc, c'est votre bras' ; elle n'en a pas fait cas alors, qu'est-ce que vous vouliez que je fasse, je ne pouvais pas prendre ce bras et le mettre à la pou-

---

1. *CC*, p. 383.
2. *Ibid.*
3. *CC*, p. 384.
4. Si les anosognosies se rencontrent presque toujours à la suite d'hémiplégies gauches, on trouve cependant des exceptions à cette règle. Cf. par exemple Schilder, *op. cit.*, p. 320-324.

belle." On lui propose d'écrire à l'infirmière pour régler cette affaire et elle dicte la lettre suivante : "Mme B..., 124, boulevard D... Chère Madame, Voulez-vous venir à l'hôpital de Villejuif pour voir au sujet du bras que vous avez, qui était contre moi et dont je ne m'explique pas la présence, que nous nous entendions à ce sujet ? Vous vous rappellerez que lorsque j'étais dans le service, je vous disais que votre bras était là, puisqu'il y a même eu une escharre au coude ; et bien *(sic)*, on lui a soigné son escharre, on lui a même fait des piqûres intraveineuses. On s'entendra ; ça vaudra mieux." A part une critique de courte durée, la conviction délirante persiste pendant trois mois, jusqu'à la mort ».

Cette observation permet de distinguer assez facilement deux portées différentes des troubles. Nous constatons en effet comment vient s'insérer dans leur cours proprement neurologique (ictus, hémiplégie, asomatognosie et anosognosie) une série clinique d'un ordre différent, que les auteurs isolent au titre d'une *conviction délirante*.

C'est autre chose qu'une psychose : dans ce dernier cas en effet c'est la signification comme telle qui est atteinte dans sa structuration et ses éléments. Dans le cas présent la conviction délirante est locale, et a valeur de formation seconde, apparue au décours de l'ictus et de ses conséquences.

Nous pouvons nous demander de quelle façon s'articulent les deux séries de troubles. Il apparaît à cet égard tout à fait possible de considérer que les effets de la lésion initiale sur la représentation et la perception du corps, et tout d'abord l'hémiplégie, ont eu pour conséquence dans le cas présent un remaniement, chez ce sujet, du rapport identificatoire à une image désormais décomplétée, ou du moins dont l'intégrité s'est trouvée compromise. La conviction délirante d'être pourvue d'un membre en plus et en trop peut être ainsi conçue comme venant à la fois : répondre de l'étrangeté énigmatique affectant, à la suite de l'ictus, cette image et sa reconnaissance par le sujet ; et suturer cette question en identifiant dans un autre, nommément désigné, intrusif et parasitaire, l'origine et la cause du phénomène.

Cette observation illustre de manière parlante comment des troubles neurologiques peuvent s'inscrire dans une problématique proprement psychopathologique. Elle montre en effet comment une formation seconde, ici délirante, peut se faire jour dans une économie subjective *à la suite* d'une modification intervenue dans les coordonnées de l'image spéculaire[1].

LES PERTURBATIONS SOMATOGNOSIQUES PAROXYSTIQUES

Hécaen et Ajuriaguerra rassemblent sous ce titre, à la suite de leur examen des troubles somatognosiques accompagnant les lésions cérébrales droites puis gauches, un certain nombre de phénomènes : sentiment d'absence, illusions de transformation corporelle, illusions de déplacement corporel, illusion de membre fantôme, enfin hallucination héautoscopique, dont ils soulignent l'intérêt à la fois anatomo-clinique, descriptif et psychopathologique. En effet ces troubles paroxystiques s'accompagnent de manifestations « psychoaffectives » dont le caractère stéréotypé et limité dans le temps, comme leur contraste avec l'état psychique normal, permettent aux patients d'en repérer les caractères.

On remarquera sans peine combien certains de ces phénomènes ponctuels, critiques ou postcritiques – il s'agit en règle de manifestations épileptiques – s'avèrent proches des données cliniques identifiables de façon plus permanente dans les syndromes psychotiques dont nous sommes parti. Tous, en tout cas, mettent au premier plan une atteinte de l'image spéculaire, que celle-ci s'y révèle *décomplétée*, *transformée* ou *dédoublée*.

Nous avons déjà parlé du *sentiment d'absence* à propos de l'asomatognosie. Nous n'y reviendrons donc pas ici, sauf pour relever sa fréquente association avec le sentiment d'étrangeté. Ainsi un patient rapporte-t-il ses crises dans les termes suivants : elles débutent brusquement par une impression d'étrangeté du monde exté-

---

1. Cette formation seconde, déployée autour d'un point où sa propre image revient au sujet comme parasitée par quelque chose d'étranger, qu'il ne peut plus reconnaître et identifier qu'en l'attribuant à un autre, présente un tableau à certains égards comparable à ce que Courbon et Tusques appelaient « identification délirante » dans les syndromes psychiatriques de fausse reconnaissance.

rieur, et aussitôt après le malade regarde sa main gauche, et « elle me paraît comme étrangère à moi-même, elle n'est pas déformée, mais elle est comme si elle pouvait appartenir à quelqu'un d'autre, elle change de caractère vis-à-vis de moi ». S'associent ensuite régulièrement des troubles du champ visuel (papillotements, tache très brillante dans la partie aveugle du champ), tandis que le sujet éprouve en même temps « une impression de malaise ineffable, angoissant, qu'il définit ainsi : "C'est un peu une nausée transportée dans le domaine mental" »[1].

Les *illusions de transformation corporelle* peuvent porter sur le corps dans son entier ou se limiter à l'extrémité distale d'un membre. Elles consistent en variations, relevées par le sujet, de qualités telles que poids, volume, taille, densité, etc., et affectent également la reconnaissance des objets ou de l'espace environnant. Nous en citerons ici trois exemples.

Le premier est celui d'une femme dont les crises débutent brusquement par des clonies du membre supérieur et du membre inférieur droits, durant quelques minutes. Elle ne présente pas de perte de connaissance, ni de difficultés du langage. « A plusieurs reprises elle a en outre présenté des équivalents au cours desquels il lui semble qu'*elle est toute petite*, que *tout est très grand autour d'elle* : "J'ai l'impression que la route zigzague, dit-elle, je me parais toute petite, il me semble que j'ai un grand espace autour de moi, je suis *toute petite comme une enfant.*" »[2]

Citons une autre observation dans laquelle « toutes les parties du corps sont susceptibles de se modifier *pour peu que le sujet y fixe son regard* ».

Il s'agit de François L..., âgé de quinze ans et présentant depuis quinze mois des crises qui se terminent parfois par des pertes de connaissance : « Début brusque par des céphalées frontales, puis la forme des objets qu'il regarde se modifie, un cahier devient "grand, grand, puis petit, petit, tout déformé, rond, de même la main qui tient le cahier, dont les doigts s'allongent, et les extrémités des doigts que je fixe apparaissent élargies". S'il quitte le cahier du regard et fixe le professeur, celui-ci aussitôt se déforme, il le recon-

---

1. *MHC*, p. 190.
2. *Ibid.*, p. 191-192.

naît cependant toujours, de même le tableau noir qui semble s'incliner en avant et lui tomber sur la tête.

« A aucun moment il n'éprouve de sentiment de dépersonnalisation. Il n'a pas d'impression de déformation de son corps s'il ne le regarde pas, mais par contre s'il contemple une partie de son corps au cours d'un accès, il la sent et il la voit s'allonger et se rétrécir ; ainsi, une fois, "alors qu'il était dans un autobus et qu'il fixait ses pieds, il avait l'impression que ceux-ci ne pouvaient plus tenir sous la banquette tellement ils étaient grands". »[1]

Citons enfin une observation due à Critchley, dans laquelle nous trouvons également une nette incidence du regard, mais selon d'autres modalités : « Femme de soixante-douze ans présentant depuis vingt-six ans des attaques épileptiques de types variés : brusquement elle devient immobile, a conscience d'une perte de la vision du côté droit, quelquefois se mord la langue et présente une légère obnubilation postcritique. Durant les attaques et quelques minutes après, sa main droite lui semble avoir "environ deux fois la taille normale", elle lui apparaît en même temps "laide, inspirant la pitié ; elle m'effraie et j'essaye de la cacher". Cette illusion de laideur peut aussi s'appliquer à l'image de son propre visage dans le miroir et aussi à certaines autres personnes. Parfois, habituellement au moment où sa main droite semble devenir grosse et laide, elle a la sensation que c'est "comme si quelqu'un de sinistre, un mauvais esprit se tenait derrière son épaule gauche" ; elle ne peut entendre, voir, ni sentir cette personne, l'impression étant extra-campine bien que vivide. »[2]

Les *illusions de déplacement corporel,* rappellent les auteurs, sont connues depuis longtemps sous l'espèce de ce que Féré appelait des « hallucinations motrices »[3], et peuvent comme les précédentes affecter le corps entier ou telle de ses parties. « Ces troubles ont été particulièrement étudiés par Rasdolsky et par Rabinovitch. Ces auteurs ont insisté sur la fréquence de l'association de sembla-

---

1. *Ibid.,* p. 193.
2. *Ibid.,* p. 194. Dans cette observation, les thèmes de déformation et de laideur d'une partie du corps ainsi que du visage au miroir, ajoutés à l'évocation d'une présence parasitaire éprouvée par le sujet, évoquent certains traits du cas de Simone rapporté par Janet, dont nous avons parlé dans le chap. 4 de la première partie.
3. Ch. Féré, *Les épilepsies,* Paris, Alcan, 1890.

bles illusions avec des hallucinations visuelles ou sensitives (arrachement, étirement), avec des troubles végétatifs (impression de rougeur, de chaleur), et sur l'importance de l'anxiété qui les accompagne souvent. »[1]

Cette clinique comporte, à côté du trouble spécial qui donne son nom à l'illusion, de riches éléments renvoyant de façon plus générale à la problématique spéculaire comme telle. En voici un exemple : « D... Mauricette, trente-et-un ans, renversée en mai 1941 par une auto, coma de 3 heures, céphalées depuis lors. Depuis 1945 elle présente des crises avec perte de connaissance, morsure de la langue, miction mais sans mouvements convulsifs, au rythme d'environ une par mois. Ces crises sont précédées par une sensation d'engourdissement de la main droite, sensation qui remonte jusque dans l'épaule. Il s'y associe une contraction du bras et la malade a l'impression avant de perdre connaissance que *"le bras tourne, tourne, il tombe en morceaux et j'ai la main toute mouillée"*. Après la crise *elle ne sait plus où elle est, ne reconnaît pas son mari* : "Il me semble, dit-elle, que je suis dans un trou, ça fait trouble, *ça me fait drôle* d'entendre causer car *on aurait dit que j'étais morte.*" Elle a alors l'impression "de ne pas vivre avec le monde". »[2]

C'est là encore une observation présentant, à côté du versant lésionnel, un matériel dont le peu qui nous est rapporté suffit à rendre sensible qu'il traduit davantage qu'une atteinte ponctuelle, locale et circonscrite de la signification. Nous retiendrons en l'occurrence l'association de phénomènes déficitaires (désorientation spatiale et agnosie de physionomie sur le mari) avec une notation d'étrangeté qui n'est pas sans évoquer certains propos récurrents dans les cas de syndrome de Cotard : le sujet est comme « dans un trou », la parole lui revient dans une spéciale tonalité du « drôle » et du « trouble », sur fond de retranchement du monde et d'éclipse subjective.

Les auteurs mentionnent enfin l'*hallucination héautoscopique*, dont ont été décrits des cas associés à des atteintes neurologiques aiguës ou critiques. Engerth et Hoff rapportent une observation de phénomène héautoscopique intervenant à la suite d'un accident

---

1. *MHC*, p. 197.
2. *Ibid.*, p. 199-200.

cérébral : « Il s'agissait d'un sujet de soixante-et-onze ans qui, au cours d'un ictus, éprouva un sentiment étrange, une impression de rigidité de tout son côté gauche avec hémianopsie et hallucinations à caractère cinématographique dans l'hémichamp aveugle. Ultérieurement, celles-ci furent constituées par des parties supérieures d'êtres humains ayant une démarche grotesque, ces mouvements reproduisant ceux que le sujet exécutait au moment même de l'ictus sans qu'il s'aperçût de cette analogie. Il éprouvait en outre la présence d'être "constamment accompagné". Quelqu'un est à sa gauche qui l'accompagne à côté et un peu en arrière de lui. Le malade, qui n'a nullement peur de cette présence, ajoute : "Elle a quelque chose de familier..., si c'était un homme je pourrais m'entendre avec lui." S'il veut regarder ce compagnon, l'image disparaît. Il est d'ailleurs à relever que cette image a quelque chose d'irréel, qu'elle n'apparaît que lors de la marche, spécialement dans la demi-obscurité. Enfin, le sentiment d'étrangeté de l'hémicorps gauche s'évanouit lorsque le compagnon fait son apparition. »[1]

Parmi les héautoscopies liées à l'épilepsie, citons d'abord une brève observation de Schmitt : « N. F..., trente-cinq ans, épileptique. Au moment où survient une crise, la malade voit le papier peint de sa chambre se colorer en rouge, elle a l'impression que son cœur se ralentit et qu'elle va étouffer, puis aperçoit en face d'elle sa propre personne "comme si elle était toute jeune et charmante" qui s'enfuit en riant. Elle essaie alors de la rattraper, trébuche et tombe. »[2]

Citons également ce cas rapporté par Nouët : « Sujet âgé de quarante ans ; blessé en 1917 par éclat d'obus au niveau de la région temporale droite (...). Après la blessure, il présente des céphalées, des troubles de la mémoire, des troubles arthriques, qui vont en s'atténuant. En juin 1919, le malade voit tout à coup son image en face de lui, comme s'il se regardait dans son miroir ; cette

---

1. *Ibid.*, p. 322-323. Cliniquement, Hécaen et Ajuriaguerra notent dans cette observation en particulier comment l'hallucination du compagnon fait disparaître et remplace occasionnellement le sentiment d'étrangeté de l'hémicorps gauche. Cette substitution confirme, au même titre que leur fréquente concomitance, l'affinité du sentiment d'étrangeté et des divers phénomènes liés à la réduplication spéculaire – tels qu'ici l'apparition du « compagnon ».
2. *Ibid.*, p. 324.

vision dure une dizaine de secondes, et est accompagnée d'une hallucination olfactive au cours de laquelle il perçoit une très forte odeur de salicylate de méthyle. C'est toujours sa propre image que le malade perçoit, il se voit tantôt en buste, tantôt en entier, parfois seul le visage est bien net, mais il se reconnaît toujours sans difficulté. Pendant ces épisodes, son visage devient très pâle et il éprouve un besoin irrésistible de s'enfuir, de courir droit devant lui sans but. Il conserve un souvenir très exact de ces épisodes. L'examen neurologique est entièrement négatif. »[1]

On remarquera comment dans ces observations intervient à côté du phénomène héautoscopique l'émergence hallucinatoire dans le champ sensoriel de certaines *qualités* identifiées par le sujet : mention de la couleur rouge dans la première, odeur particulière dans la seconde.

INCIDENCE DES TROUBLES ASOMATOGNOSIQUES SUR LA RECONNAISSANCE

Hécaen et Ajuriaguerra relèvent, nous l'avons vu, la fréquence des modalités délirantes ou hallucinatoires de remaniement de l'image du corps dans les cas d'asomatognosie. Nous pouvons supposer que les troubles neurologiques, qu'ils soient agnosiques, aphasiques, apraxiques, ou même simplement paralytiques[2], ne sont

---

1. *Ibid.*, p. 325.
2. Citons sur ce point les observations de C. Morin sur le discours et les autoportraits de *patients hémiplégiques ne présentant pas de troubles du schéma corporel* : cf. C. Morin, A. Salazar-Orvig, J. B. Piera-Andres, « L'hémiplégie après accident vasculaire : ce qu'en disent les patients en rééducation », *Annales de réadaptation et de médecine physique*, 1993, 36, p. 3-17, et C. Morin, « Corps, image spéculaire et objet en neurologie », *Bull. de l'Ass. freudienne internationale*, 1998, 77, p. 7-11. Lorsqu'ils évoquent leur maladie, ces patients parlent d'eux et de leurs difficultés sur un mode indéterminé tout en faisant référence au registre scopique : « *Quand on se voit comme ça* », par exemple. Ils déclarent souvent leur main paralysée *morte*, la désignant comme *la main, elle*, ou *ça*. Lorsqu'ils se dessinent, l'autoportrait est significativement dégradé : les vêtements peuvent manquer, comme toute autre marque indiquant l'appartenance sexuelle, les mains ne sont pas représentées, ou mal, les traits du visage parfois omis.

jamais sans incidence sur les modalités d'assomption de l'image du corps[1]. Car même s'ils ne portent que sur une signification, selon la formule de Hécaen et Angelergues, et même si celle-ci ne concerne pas directement un élément du corps propre, il reste que la perte ou l'atteinte de ladite signification oblige dans tous les cas le sujet à réaménager les coordonnées auxquelles se rapporte le *sens* de son expérience, tel qu'il est affecté par cette perte. Nous avons alors affaire à ce qui se présente comme une « pathologie de l'identité » dont une des formes les plus typiques est la réaction de catastrophe[2].

Or les coordonnées de ce sens et de la signification en général, quel que soit leur objet, peuvent être considérées, en référence à la clinique psychanalytique, comme tributaires de la primordiale liaison de la reconnaissance et de l'identification telle qu'elle s'effectue pour un sujet dans l'assomption de son image au miroir[3].

---

1. Schilder soulignait cette incidence. Parlant de l'agnosie et de l'apraxie dans leur rapport au schéma corporel, il écrit notamment : « Quand nous n'avons de notre propre corps qu'une connaissance incomplète et erronée, toutes les actions qui nécessitent cette connaissance particulière sont également erronées » (*L'image du corps*, p. 67). Or pour Schilder l'image du corps, comme totalité mouvante et constamment recomposée, est impliquée dans toute action du sujet : « L'image du corps nous est essentielle pour amorcer tous nos mouvements. » Ainsi, « tout trouble gnosique et perceptif entraînera généralement un changement dans l'action », c'est-à-dire dans l'actualisation de l'image du corps.

2. Cela a été bien mis en lumière par Goldstein, en particulier dans le premier chapitre de *La structure de l'organisme* (1934) : « Observations sur l'homme atteint de lésion cérébrale », où il écrit notamment : « Jamais une opération particulière ou un "domaine d'opérations" n'est aboli isolément. Ce sont toujours *tous les domaines d'opérations à la fois* qui sont plus ou moins atteints quoique l'intensité de cette altération puisse différer pour chacun de ces domaines » (Gallimard, 1951, p. 26). La « réaction catastrophique » isolée par cet auteur s'inscrit à la limite où cette recomposition n'est plus possible. Nous dirions que le sujet a perdu les coordonnées de la reconnaissance : « Les réactions catastrophiques apparaissent non seulement "incorrectes", mais désordonnées, inconstantes, contradictoires, mêlées aux manifestations d'un ébranlement physique et psychique. Dans ces situations, le malade se sent entravé, tiraillé de part et d'autre, vacillant, il a l'expérience intime d'un ébranlement aussi bien du monde qui l'entoure que de sa propre personne » (p. 33).

3. Nous faisons référence ici en particulier à ce que J. Lacan introduisit très tôt sous le terme de *connaissance paranoïaque*, en relation avec le stade du miroir. Il soulignait par là que la reconnaissance et l'identification par le sujet de son image, telle qu'elle se présente suscitée au miroir comme celle d'un autre, ne se borne pas à la découverte d'un objet parmi d'autres, mais donne la matrice en référence à laquelle va se constituer désormais pour le sujet la dimension de forme et de sens de tous ses objets. C'est en quoi l'image spéculaire peut être qualifiée de « seuil du monde visible » (« Le stade du miroir

Notre hypothèse consiste à supposer, à partir du matériel clinique que nous livrent les neurologues, que cette liaison initiale est atteinte à des degrés variables à la suite de lésions et de troubles neurologiques : autrement dit, que ces troubles ont une incidence sur l'expérience globale du sujet, en tant que celle-ci se projette à partir du foyer qu'en constitue la problématique spéculaire[1].

Cette incidence paraît pouvoir être assez précisément rapportée à la mesure du maintien ou non des coordonnées subjectives de la reconnaissance : elle va de l'étonnement à l'idée délirante, voire à l'hallucination, en passant par toutes les modalités du sentiment d'absence et du sentiment d'étrangeté, telles que les neurologues les décrivent entre ce qu'ils nomment la « réaction catastrophique » (d'après Goldstein) d'une part, la « réaction d'indifférence » d'autre part[2].

---

comme formateur de la fonction du Je », in *Écrits*, p. 95). Hécaen et Ajuriaguerra mentionnent les travaux de Lacan sur l'image spéculaire dans *MHC*, p. 359-360. Sur la notion de connaissance paranoïaque, cf. en particulier la quatrième thèse de « L'agressivité en psychanalyse », in *Écrits*, p. 110 sq.

1. Une telle hypothèse n'exclut pas de se demander dans quelle mesure les aspects « pseudodélirants » des troubles somatognosiques liés à des lésions hémisphériques droites, que nous évoquons plus loin, n'introduisent pas une différence qualitative dans la série des phénomènes rapportables de façon générale à une pathologie de l'identité. Nous pensons notamment aux cas où le sujet ne s'interroge plus sur ce qui lui arrive, ne réagit plus aux déficiences et empêchements auxquels le confronte la demande du médecin, et s'adresse à ses membres paralysés selon des modalités caractéristiques que nous détaillons ci-après.

2. On se souvient de la réaction ordinaire d'anxiété décrite par Hécaen et Angelergues chez les malades atteints d'agnosie visuelle. Dans le même ordre d'idées, on relèvera une intéressante observation de « réaction catastrophique » survenant au décours d'un accident vasculaire cérébral ayant entraîné une hémiplégie droite et des troubles aphasiques, de Robert Teasell : « Catastrophic reaction after stroke : a case study », *Am. J. Phys. Med. Rehabil.*, 1993 ; 72 : 151-153. Mentionnons également une importante étude de Guido Gainotti portant sur 160 observations de malades également réparties entre des lésions de l'hémisphère droit et de l'hémisphère gauche. L'étude conclut à une différence significative entre les réactions suivant l'hémisphère lésé. Chez les malades souffrant de lésions de l'hémisphère gauche venait au premier plan une réaction de catastrophe : manifestations d'anxiété, crises de larmes, cris, manifestations de renoncement ou de refus. Chez les patients atteints à l'hémisphère droit prévalaient l'anosognosie, la minoration du trouble ou l'indifférence à son égard, la jovialité ainsi que la haine exprimée à l'endroit des membres paralysés. Dans les deux cas aussi bien, de manière différente, ces réactions nous paraissent significatives d'un remaniement de la problématique spéculaire, qui peut être posé sans contradiction avec les conclusions neurologiques qu'en tire l'auteur sur les fonctions respectives des deux hémisphères. Cf. G. Gainotti, « Emotional behavior and hemispheric side of the lesion », *Cortex*, 1972, 8, p. 41-55.

L'asomatognosie des hémiplégiques gauches a fait l'objet d'un certain nombre de travaux qui vont nettement dans ce sens. Ces travaux montrent comment les troubles asomatognosiques affectant la reconnaissance d'un hémicorps peuvent occasionner certaines modalités très particulières d'évocation ou d'appréhension par les malades de cet hémicorps lésé. Ajoutons que ces phénomènes, bien qu'ils aient été spécialement étudiés et mis en relief en ce qui concerne l'asomatognosie, nous paraissent pouvoir être distingués, au-delà, pour les troubles de la représentation du corps et de l'espace en général. La clinique montre en effet, nous en avons cité de nombreux exemples, qu'ils emportent régulièrement des conséquences affectant diversement la reconnaissance de l'image du corps.

Nous relèverons d'abord un symptôme qui est actuellement très étudié sous le terme d'*héminégligence*[1]. L'héminégligence renvoie à une absence de réaction aux stimuli, de quelque nature qu'ils soient, apparaissant dans un hémi-espace. Elle peut toucher un hémicorps – par exemple, le patient ne se rasera plus que la moitié gauche du visage – ou un hémi-espace – il ne mangera que ce qui se trouve dans la moitié gauche de son assiette –, ou les deux. Elle peut aussi aggraver l'incapacité du sujet, lorsqu'un membre peu déficitaire est sous-utilisé. C'est un phénomène aussi remarquable que peu expliqué : il ne semble pas en effet qu'il existe aujourd'hui de théorie satisfaisante pour en rendre compte[2].

Si l'héminégligence est le trait le plus souvent noté aujourd'hui, il en est d'autres d'une grande valeur clinique, et qui permettent de poser la question : Qu'identifient ces sujets en lieu et place de ce

---

1. Cf. F. Viader et V. de la Sayette, « Les syndromes de négligence unilatérale. Rapport de neurologie au LXXXXe Congrès de psychiatrie et de neurologie de langue française », Paris, Masson, 1972 ; cf. également J. Bogousslavsky et S. Clarke, « Syndromes majeurs de l'hémisphère mineur », *Encycl. méd. chir.* (Elsevier, Paris), Neurologie, 17-022-E-10, 1998, 7 p. ; voir également, pour un abord rapporté à la question de l'image du corps, M. Critchley, *The parietal Lobes*, Londres, 1953, p. 226.

2. L'on peut toutefois avancer une remarque au sujet de ce curieux phénomène : si l'on tient que la constitution de l'image spéculaire apporte avec elle les coordonnées d'une orientation spatiale et temporelle du monde sensible, il n'est alors pas impossible de concevoir qu'une atteinte d'origine neurologique de l'image d'un hémicorps puisse avoir des conséquences sur l'appréhension par le sujet d'une moitié corrélative de l'espace.

qu'ils ne reconnaissent plus comme intégré à leur image ? Nous avons cité une observation dans laquelle c'est un membre surnuméraire qui est désigné par la malade comme appartenant à un autre à l'endroit de ce qu'elle ne reconnaît plus. Nous citerons ici quelques autres modalités remarquables d'identification de l'hémicorps lésé chez ces sujets.

Critchley parlait, à propos d'un certain nombre de ces phénomènes, de « réaction paranoïde organique », et il mentionnait le terme suggestif de *somatoparaphrénie* proposé par Gertsmann pour nommer ces troubles[1].

Résumant ce qui s'y rapportait dans la littérature, il relève d'abord des cas analogues à celui que nous avons cité, dans lesquels le membre lésé est attribué à un autre[2]. Il mentionne également des observations dues à Ehrenwald sur le rapport de certains malades à leur membre gauche paralysé : ces malades décrivaient celui-ci comme *étrange, dégoûtant, ravagé* (disfigured), *artificiel, agrandi, sans forme, rétréci, raccourci*, ou encore *d'allure serpentine*. Il trouve chez Hagen et Ives le cas d'une femme disant, à propos de sa jambe gauche, sentir un vieil homme allongé à côté d'elle, et refusant que des « esprits » occupent son lit. D'autres auteurs comme Kramer, et surtout Pötzl, ont souligné comment ces malades témoignaient d'une apparente « aversion » pour leur membre paralysé. Un malade de Pötzl refusait de tourner son regard du côté correspondant. L'y amenait-on, il disait que ce membre n'était pas le sien, qu'il appartenait à quelque personne de l'entourage, ou encore : « Je ne sais pas d'où il vient ; il est si long et inanimé, il est mort comme un serpent. » Critchley remarque encore comment des malades souffrant de lésions de l'hémisphère droit ont l'impression que rien n'existe à gauche d'une ligne leur partageant le corps en deux : le bras et la jambe gauches semblent avoir disparu.

En 1972, Jean Delahousse mettait l'accent sur la distinction que nous évoquions entre les lésions neurologiques proprement dites, et leur incidence sur les coordonnées subjectives de la reconnaissance : « Les multiples attitudes observées essentiellement chez les hémiplé-

---

1. M. Critchley, *op. cit.*, p. 235 sq.
2. Par exemple, un patient de Zingerle éprouvait des sensations érotiques du côté gauche, qu'il attribuait à ce qu'il pensait être une femme étendue auprès de lui.

giques gauches retiennent souvent l'attention par leur caractère singulier, spectaculaire, laissant à l'observateur et parfois au malade lui-même une impression d'étrangeté. »[1]

L'auteur évoque différentes modalités de rapport aux membres gauches lésés, qui recoupent les notations que nous avons trouvées chez Hécaen et Ajuriaguerra, et chez Critchley ou les auteurs cités par lui. Il mentionne la fréquence avec laquelle les malades oublient, voire refusent, les informations qui leur sont données sur leur état. Lorsqu'ils évoquent la partie lésée, ils le font selon des modalités spécifiques. L'auteur relève la *personnalisation* : « Attendez un moment, disait une malade, elle s'endort un peu parce que je ne fais rien avec... je m'en servirai tout à l'heure pour faire ma toilette » ; le *détachement* : « "Il a dû partir faire un petit tour", disait une malade après avoir recherché sans succès, sur demande, son membre supérieur gauche avec la main droite » ; des *réactions affectives inhabituelles*, le malade traitant le membre lésé « tantôt avec dégoût, tantôt avec sollicitude, tantôt avec familiarité : "Hein ma fille", disait une malade en saisissant sa main gauche paralysée ; elle ajoutait parfois : "Il faut la faire marcher et lui faire prendre l'air." Une autre, lors de la reconnaissance intermittente du déficit, disait : "Je la frotte. Il faudra bien qu'elle réponde" ». Dans certains cas, le membre lésé est évoqué comme un *déchet* : « Une autre, après une longue période de confusion avec fabulation très riche à propos du bras gauche, disait : "Ce bras, on n'a qu'à me le couper, je préférerais qu'on l'enlève, on le donnerait aux macchabées, ça serait mieux." »

Ces observations, relève Delahousse, comme celles que l'on trouve dans la littérature, font apparaître une appréhension bien spécifique du membre lésé par les malades : ils s'adressent à lui « comme à quelque chose – ou quelqu'un – d'étrange ou d'étranger, ayant une vie autonome »[2].

---

1. J. Delahousse, « Considérations sur l'attitude anosognosique de l'hémiplégique gauche », *Actes du Congrès de psychiatrie et de neurologie de Tunis*, 1972, p. 1081-1088.
2. Pour rendre compte de ces phénomènes, l'auteur en appelle de façon suggestive à la notion freudienne de désaveu ou de déni *(Verleugnung)*, telle qu'elle spécifie chez Freud le clivage du moi chez le fétichiste. Ce point de vue laisse entendre que ce type de lésions affectant l'image du corps viendrait réactiver toute la problématique subjective de la castration, en l'accentuant cette fois comme une atteinte réelle de l'intégrité du corps.

Toujours dans la même perspective, nous relèverons un article de Catherine Morin rapportant le cas d'une patiente asomatognosique qui donne à sa main gauche « le nom de son mari », la dessine dans un autoportrait munie de deux jambes, et en parle comme d'un enfant capricieux[1].

Cette clinique de l'image du corps, ainsi mise en perspective entre ce que la reconnaissance intègre et ce qu'elle n'intègre pas, a été autrefois soupçonnée et approchée par les neurologues. Nous en trouvons confirmation tout au long de *Méconnaissances et hallucinations corporelles* de Hécaen et Ajuriaguerra, ainsi que dans les travaux de Schilder, par exemple. Nous citerons également à cet égard une très intéressante observation de J. Lhermitte dans *L'image de notre corps*, qui pose explicitement le problème, au moins sur le plan clinique, de ce qui constitue et de ce qui défait la consistance de l'image du corps comme totalité, lorsqu'elle est atteinte également dans sa totalité. Lhermitte introduit dans le fil de son livre tout un chapitre dont on ne peut dire qu'il soit à proprement parler neurologique, mais qu'il a apparemment jugé nécessaire : la question y est posée de ce qui peut décomposer dans la quasi-totalité de ses éléments l'image du corps. Cela permet d'interroger en retour les modalités de mise en place de cette totalité.

Ce chapitre vient à la suite de l'étude des troubles asomatognosiques, en en présentant une forme ayant valeur de limite, puisqu'il s'agit d'une asomatognosie *totale* : c'est à ce titre qu'elle l'intéresse. Cette forme, isolée à la suite d'observations notamment de Foerster, de Leroy et de Deny et Camus, a été nommée par Lhermitte *asomatognosie totale*[2]. Il la distinguait par là des troubles « qui président à l'effacement partiel de l'image de notre corps, à sa fragmentation », en visant ce qu'il appelait « le problème de

---

Nous faisons l'hypothèse assez similaire que ce type de troubles – comme d'autres isolés par la neurologie et touchant l'intégrité du corps – favorisent l'identification par le sujet d'un objet initialement refoulé, qui revient au premier plan à la faveur de l'atteinte des coordonnées de la reconnaissance. Cette prévalence transitoire de l'objet dans l'image expliquerait les modalités selon lesquelles réagissent et s'expriment ces malades.
1. C. Morin, art. cit., 1998.
2. Cf. J. Lhermitte, *op. cit.,* chap. IX, « De l'asomatognosie totale », p. 148 sq.

l'évanescence complète, totale, de notre image, et des conséquences qu'elle entraîne dans l'esprit »[1].

Lhermitte cite l'observation d'une malade de la Salpêtrière, qui ne comprenait pas le trouble qui l'affectait et tentait de le caractériser en disant : « Je suis victime d'une insensibilité générale. » « Je ne me sens plus, disait-elle, comme je me sentais autrefois. Je ne sens plus mes membres, je ne sens plus ma tête, je ne sens plus mes cheveux. Il faut sans cesse que je me touche pour savoir comment je suis. Il me semble que tout mon corps est changé, parfois c'est comme s'il n'existait plus. Quand je touche un objet, cela fait comme si ce n'était pas moi qui sens. Je ne suis plus comme j'étais. Je ne puis pas me retrouver, je cherche à penser et je ne peux pas me représenter. C'est affreux, cette insensibilité. Ça me fait comme un vide. » Et tandis qu'elle parle, « elle se gratte le corps, se touche la tête, les épaules, le cou, se tire les cheveux. Toujours sa robe est entrouverte afin de pouvoir, à tout moment, palper sa poitrine. Insensible au chaud comme au froid, il nous souvient d'avoir vu cette malade complètement dépouillée de tout vêtement dans la pleine rigueur de l'hiver, se tirant les seins, se frappant la poitrine en disant : "Non, je n'ai plus de corps, je suis comme morte." Au lit, la malade ne se rend plus compte de la position occupée par ses membres, elle doit les mouvoir, frotter ses jambes l'une contre l'autre pour les sentir et reconnaître leur situation. »

Ce que l'auteur appelle ici un *sentiment de déréalisation* ne se limite pas à la propre personne de la malade mais s'étend à l'entourage : « Le monde, poursuit-elle, me paraît changé. Les personnes et les choses me font l'effet de fantômes, comme si elles n'étaient pas réelles. Quand mon mari et mes enfants viennent, ils ne me semblent plus aussi réels qu'autrefois. Je les reconnais cependant. »

Ce qui distingue cette observation de l'asomatognosie « partielle », c'est en effet que nous avons affaire ici à une atteinte du champ entier de la reconnaissance, et d'abord de celle mettant en jeu l'image du corps. La représentation du corps – sensation, recon-

---

[1]. *Op. cit.*, p. 148. Lhermitte en parle comme d'un syndrome « dont Cotard avait entrevu quelques éléments » (p. 149). Il y a toutefois cette différence que dans tous les cas cités par lui, les malades ne délirent pas et restent critiques.

naissance, localisation – est défaillante dans son ensemble comme dans ses parties. Cette défaillance est corrélative de celle du *regard*, rejeté dans une dimension d'étrangeté, ce qui conduit la malade à solliciter à chaque instant une réassurance et une sorte de récollection de son corps dans le toucher, c'est-à-dire directement au niveau de la peau et de l'enveloppe. Dans le prolongement de cette atteinte de la reconnaissance du corps, ce sont également les personnes et les objets qui participent de cette étrangeté, et jusqu'aux représentations de la mémoire : « Je ne peux plus m'imaginer la figure de mes parents, dit la malade, ni l'intérieur de ma maison, ni les endroits que je connais le mieux. »

Cette observation, qui ne relève pas de la neurologie proprement dite, correspond à ce que l'on appelle aujourd'hui la *dépersonnalisation*. La définition clinique contemporaine de ce trouble relève qu'il n'est pas spécifique d'une structure particulière, et qu'un élément important du diagnostic est le fait que le sujet n'adhère pas à ce qu'il éprouve[1]. Ce qui vient au premier plan, c'est une systématisation du sentiment d'étrangeté à la faveur d'un délitement des repères subjectifs de la reconnaissance.

Un tableau tel que celui-ci permet de dégager et de mettre en valeur dans sa forme pure un phénomène qui est impliqué, mais pas toujours au point où il est porté chez cette malade, dans tous les troubles de la somatognosie. C'est probablement à ce titre qu'il a retenu spécialement l'attention de J. Lhermitte, et qu'il l'évoque directement à la suite des différents types d'asomatognosie : comme si une telle observation présentait le phénomène sous sa forme parfaitement déployée.

Mais il l'avance également comme un *problème*, s'interrogeant à la suite d'autres neurologues sur la *fonction* qui serait atteinte dans un trouble de cet ordre[2]. Il nous paraît distinguer en l'occurrence les

---

1. Cf. Isabelle Le Goc-Diaz, « La dépersonnalisation », *Encycl. méd. chirg.*, Paris, Psychiatrie, 37125 A 10 6, 1988 ; également *Journal français de psychiatrie*, n° 4, 1996, Paris. Cette absence d'adhésion subjective distingue la dépersonnalisation d'un délire constitué.

2. C'est là, écrit-il, « un syndrome très original et dont la physionomie très particulière semble bien propre à susciter l'attention. Ne voyons-nous pas, en effet, se manifester ici en pleine lumière, une dissociation assez singulière des fonctions d'intégration des sensations et des perceptions, comme aussi apparaître une décoloration de toute la frange affective qui entoure et enveloppe chacune de nos sensations ? » (p. 151).

modalités d'une clinique que la doctrine psychanalytique de l'image spéculaire et de sa fonction dans la constitution du champ de la reconnaissance est susceptible d'éclairer.

C'est cette clinique que nous visons en inscrivant dans une même série un trouble comme celui que nous venons d'évoquer et les divers phénomènes observables à la suite de lésions neurologiques, témoignant également d'une atteinte des coordonnées de la reconnaissance : ainsi des faits regroupés au titre de l'héminégligence, ou de ce que Hécaen et Ajuriaguerra appellent les perturbations somatognosiques paroxystiques. Nous avons vu en effet comment, dans ces observations, l'atteinte de l'image du corps consécutive à l'accident neurologique peut être considérée comme étroitement liée aux troubles de la reconnaissance du corps.

Ce que l'ensemble de ces phénomènes invite en définitive à considérer, c'est la manière dont des lésions neurologiques amènent au premier plan la mention, dans le discours de ces patients, de quelque chose qui fait obstacle à la reconnaissance de leur image. Or il suffit de reprendre ce qu'ils en énoncent pour constater que ce dont il s'agit ne peut se définir seulement négativement comme un déficit. Leurs propos témoignent plutôt de ce que, à l'occasion d'une atteinte de l'intégrité de l'image du corps, émerge dans le champ de la reconnaissance ce que J. Delahousse ne peut qualifier mieux qu'en évoquant quelque chose de l'ordre d'une autonomie et d'une extranéité dont le sujet serait bien en peine de dire en quoi elle se rapporte à lui, bien qu'il en soit encombré, puisqu'elle peut parasiter son corps et l'image dans laquelle il reconnaît celui-ci.

Nous trouvons évoqué là un ordre de réalité qui n'est pas très éloigné de ce que la psychanalyse a pu isoler comme la dimension de l'*objet* en tant que celui-ci est normalement « habillé » par l'image, c'est-à-dire neutralisé et refoulé à la faveur de la forme qu'elle y substitue pour la reconnaissance. A cet égard, les caractéristiques que les malades peuvent donner d'un membre lésé nous paraissent aller à peu près toutes dans ce sens, si nous en résumons l'essentiel. La partie lésée est soustraite à la reconnaissance mais elle est désignée néanmoins dans des termes spécifiques qui se laissent rassembler autour des traits suivants : autonomie, absence de forme ou forme non reconnaissable, corps inanimé ou mort, déchet, absence, présence étrangère ou surnuméraire, personnalisation fréquemment persécutrice. Dans certains cas, c'est le regard qui vient se signaler de façon autonome dans ce registre. Il nous semble possible, en rassemblant les éléments de cette clinique sous ces termes, de pouvoir relever et distinguer un ordre de faits qui a été bien repéré par les neurologues, tout en indiquant une manière dont nous pouvons donner à ces faits leur relief.

CHAPITRE III

Les troubles neurologiques de la reconnaissance

A la suite de l'agnosie et des atteintes de la somatognosie, nous examinerons dans ce chapitre les troubles neurologiques touchant la reconnaissance des personnes : en premier lieu l'agnosie des physionomies ; puis les fausses reconnaissances neurologiques, du type de celles que présente le syndrome de Korsakov ; nous évoquerons et discuterons en dernier lieu une hypothèse d'ordre plutôt neurobiologique que neurologique au sens strict, souvent avancée au cours de la période récente pour tenter de rendre compte des syndromes de Capgras, de Frégoli et d'intermétamorphose. Cette hypothèse considère ces trois syndromes comme corrélables à des lésions cérébrales auxquelles pourrait être attribuée une valeur étiologique déterminante.

L'AGNOSIE DES PHYSIONOMIES

Ce trouble également appelé *prosopagnosie*, du nom qui lui fut donné par Bodamer en 1947, désigne « une non-reconnaissance des physionomies, bien que la représentation optique soit conservée »[1]. A peine évoquée dans *Méconnaissances et hallucinations corporelles*,

---

1. Nous en avons déjà fait mention lorsque nous avons parlé du syndrome de Capgras (cf. 1re partie, n. 1, p. 17), et nous en avons rapporté un cas exposé par Hécaen et Angelergues (*supra,* n. 1, p. 151).

ce n'est qu'en 1960 dans *Le cortex cérébral* (2ᵉ édition) que la sémiologie de la prosopagnosie est décrite par Ajuriaguerra et Hécaen : le sujet se trouve dans l'impossibilité de reconnaître les personnes qui lui sont les plus familières autrement que par certains traits ou accessoires isolés. Les parties d'un visage peuvent être éventuellement distinguées et nommées, mais « ce qui fait l'*individualité* de ce visage n'est plus identifié ». Quand la prosopagnosie est marquée, le patient est incapable de reconnaître ses proches ou des personnages publics bien connus. Il lui est parfois difficile de distinguer un homme d'une femme, ou des personnes âgées de plus jeunes. Tzavaras précise ailleurs que les malades, conscients de leur trouble, s'en plaignent le plus souvent spontanément, mais qu'ils manifestent parfois une certaine indifférence[1]. C'est surtout lors de manifestations paroxystiques que se produisent des illusions de déformations visuelles portant sur le visage et pouvant entraîner ou non une difficulté d'identification. La sémiologie de l'agnosie des physionomies est donc essentiellement déficitaire, et l'on n'y retrouve pratiquement pas les productions « pseudodélirantes » souvent associées aux troubles somatognosiques[2]. Il est à noter par ailleurs que la prosopagnosie ne s'accompagne pas de fausses reconnaissances, ces deux ordres de symptômes correspondant à des lésions de topographie différente (cf. *infra*).

Les lésions responsables sont souvent bilatérales, mais la lésion responsable siège généralement dans l'hémisphère droit.

Hécaen et Ajuriaguerra ne cachent pas les difficultés que présente l'agnosie des physionomies. La question se pose notamment pour eux de savoir si elle relève d'un trouble gnosique visuel, d'un trouble du schéma corporel, ou d'une interférence des deux. En tout état de cause, la « perte de la mémoire des figures » représente à leurs yeux, associée ou non à d'autres troubles, « un fait particulier, difficilement réductible à un trouble perceptif simple »[3]. Ils lui

---

1. A. Tzavaras, « La reconnaissance du visage humain et les lésions hémisphériques », in *Neuropsychologie de la perception visuelle*, H. Hécaen (éd.), Paris, Masson, 1972, p. 251-264. Relevons toutefois que les notations cliniques concernant le discours de ces patients font défaut.

2. Il faut cependant signaler deux cas de métamorphopsies permanentes rapportés par Ajuriaguerra et Hécaen : cf. *CC,* p. 334-335.

3. *MHC,* p. 158.

consacrent un bref chapitre dans *Le cortex cérébral*, en le rangeant parmi les agnosies visuelles, comme Hécaen et Angelergues dans *La cécité psychique*.

Actuellement, la reconnaissance des visages est le terrain privilégié d'une modélisation cognitive des opérations mentales[1]. Nous voudrions pour notre part insister sur le point suivant : ce qui est donc touché dans les prosopagnosies, c'est le rapport du visage et de la physionomie à un type particulier d'unité, qui se donne comme image dans ce qu'on appelle la reconnaissance des personnes, et comme nom dans le nom propre. Cette unité, le nom qui la symbolise et l'image qui la représente sont ici atteints dans leurs corrélations. L'agnosie des physionomies porte donc électivement sur la liaison des trois éléments impliqués dans la reconnaissance et l'identification des personnes, et recoupe à ce titre étroitement la clinique que nous interrogeons.

De ce point de vue, la clinique des prosopagnosies laisse apparaître deux principales séries de phénomènes.

Il y a d'une part une *disjonction du nom et de l'image*, celle-ci étant décomposée en éléments chacun identifiables, sans que l'individualité puisse être reconnue, ni le visage nommé, ce qui nous conduit dans des parages très proches de l'« agnosie d'identification » du syndrome de Capgras. Le cas de M. B... précédemment cité nous donne une observation classique de ce phénomène.

D'autre part, malgré sa rareté, nous accorderons de l'importance à ce qui se présente comme une *déformation de l'image*. Cette déformation porte électivement sur le visage, la reconnaissance de celui-ci restant cependant maintenue. Les auteurs en rapportent l'observation suivante chez une malade : « Les visages sont étirés dans le sens de la largeur, et elle met l'accent sur la laideur des physionomie qu'elle voit ; ainsi à l'observateur elle déclare : "Vous avez les lèvres étirées, le nez élargi, vous êtes grimaçant, vous êtes étiré plutôt dans le sens de la largeur, c'est quelque chose de pas beau, vos yeux sont étirés avec un énorme rond dessous." La déformation s'étend à son propre visage vu dans le miroir : "Je vois une vieille femme toute

---

1. Cf. par ex. *La reconnaissance des visages, I. Neuroscience cognitive, maturation et développement, II. Neuroscience cognitive, éthologie et modélisation*, G. Tiberghen et B. Renault (éd.), *Psychologie française*, 1994, t. 39-4.

déformée, je ne m'imagine pas que je suis comme ça ; par exemple, je sais que j'ai la bouche très arquée, quand je me regarde dans la glace je ne m'en aperçois même pas, j'ai le front plissé, ridé." »[1]

Ces déformations peuvent s'appliquer « soit à tout ce que le sujet embrasse du regard, soit à certains objets et non à d'autres. On doit citer particulièrement, soulignent les auteurs, *les métamorphopsies ne portant que sur le visage humain*. L'intensité du phénomène, permanent ou paroxystique, peut être telle que la reconnaissance des visages est impossible comme dans la prosopagnosie »[2].

Ainsi, l'agnosie des physionomies met en jeu, comme beaucoup d'autres troubles que nous avons mentionnés, le lien du percept et du nom, mais en un point touchant de façon privilégiée à la question qui nous occupe. Le trouble qu'elle manifeste met en effet au premier plan non seulement ce qui concerne l'image et sa reconnaissance, mais aussi les supports symboliques qui les soutiennent.

L'image dont il s'agit est celle de l'autre, voire celle du sujet lui-même, en ses traits les plus éminemment rapportés à la question de l'identité, c'est-à-dire ceux qui font l'objet de la reconnaissance, et aussi ceux qui permettent cette désignation individualisante que nomme électivement le nom propre[3].

Mais avec cette fonction du nom propre, comme nous l'avons déjà souligné à propos de l'*agnosie d'identification* de Capgras, nous

---

1. *CC,* p. 335. Les troubles de la reconnaissance des visages sous ces deux modalités : limités à une déformation des traits, le sujet ne « reconnaissant » plus à proprement parler tout en continuant cependant à identifier le visage, ou bien allant jusqu'à une impossibilité de l'identification, se rencontrent régulièrement dans les psychoses, et fréquemment dans les syndromes qui nous intéressent. Ainsi, parmi les observations que nous avons rapportées : dans l'observation de Simone donnée par Janet, disant comment « une partie de sa figure » s'en va ; dans le cas *princeps* du syndrome d'inter-métamorphose, où la malade dit de son mari : « Il change d'allure, de conduite, de visage », et prend une « expression mimique » qui n'est pas la sienne ; ou encore chez les deux malades de Daumézon : Mme G..., évoquant comment « tantôt c'est un petit changement qui permet tout de même de reconnaître la véritable personne, tantôt c'est un changement complet » ; et Mme G..., veuve D..., affirmant : « Quand vous étiez là-bas vous étiez un charcutier que j'ai connu, et maintenant vous me représentez mon fils. »
2. *CC,* p. 148.
3. Il n'est pas sans intérêt de signaler des observations plus modernes qui montrent que l'agnosie des physionomies peut s'accompagner chez un même patient de difficultés à reconnaître pour siens ses objets personnels : cf. A. R. Damasio, H. Damasio et G. W. van Hoesen, « Prosopagnosia : anatomic basis and behavioural mechanisms », *Neurology,* 1982, 32, p. 331-341.

touchons au point où le problème de la reconnaissance et de l'identification, loin de s'épuiser dans une problématique de la description vraie ou complète – comme tente de l'effectuer, on s'en souvient, la patiente de Capgras – renvoie fondamentalement à l'identification et à la représentation du sujet lui-même dans le champ du langage. C'est cela qu'inscrit d'abord le nom propre, et c'est en cela que les troubles portant plus précisément sur ce qu'il désigne dans la reconnaissance – l'image ou le visage de l'autre ou du sujet lui-même – ne peuvent pas ne pas être considérés comme impliquant spécialement, à des degrés divers, les coordonnées de la représentation du sujet lui-même dans l'ordre symbolique.

LES FAUSSES RECONNAISSANCES NEUROLOGIQUES

Courbon et Tusques, lorsqu'ils avançaient la notion d'*illusion de fausse reconnaissance des aliénés,* visaient un type de fausses reconnaissances qu'ils séparaient nettement d'une part de ce qu'ils appelaient l'identification hyperbolique, courante dans l'expérience ordinaire, d'autre part de l'identification amnésique des déments ou des confus, due à des troubles déficitaires, notamment de la mémoire.

C'est dans cette dernière catégorie que sont traditionnellement placées les fausses reconnaissances neurologiques. Leur étude intéresse toutefois directement notre propos, cela d'autant plus que, comme nous avons pu le constater à partir des troubles somatognosiques, c'est dans les symptômes « productifs » associés à des troubles déficitaires que les aspects proprement subjectifs des phénomènes observés étaient les plus lisibles.

Le syndrome de Korsakov nous donne ici le type des phénomènes que nous visons, puisqu'il comporte des fausses reconnaissances et qu'il est toujours associé à des lésions cérébrales. Il est défini par l'association d'une amnésie antérograde, de fabulations et de fausses reconnaissances. Il signe régulièrement des lésions cérébrales circonscrites à l'atteinte d'un élément du circuit hippocampo-mamillo-thalamique, de telle sorte que l'existence de ces lésions peut être conclue à l'issue d'un examen clinique faisant apparaître le syndrome. Nous en donnerons ici une observation dans laquelle tous les éléments du tableau étaient présents[1].

A l'amnésie antérograde (oubli à mesure) était associée une amnésie rétrograde, le malade présentant selon sa famille « un trou de quinze ans » que confirmaient les entretiens. Les événements rapportés dataient tous d'au moins quinze ans auparavant, époque de son divorce. Il ne pouvait par ailleurs donner de véritable chronologie de sa vie depuis son service militaire. Au-delà, les souvenirs d'enfance et de jeunesse paraissaient conservés.

Globalement, ce sujet présentait une désorientation sensible dans le temps et dans l'espace. Il se croyait dans un hôpital près de Saint-Cloud à proximité duquel, disait-il, son métier l'amenait souvent à passer. Il pensait être là depuis trois jours quand c'était depuis plusieurs semaines en réalité, et il errait fréquemment lorsqu'on lui demandait son âge.

Les fabulations étaient présentes : gérant de profession, il affirmait avoir eu la responsabilité d'un nombre d'établissements variable et croissant : deux puis trois, puis quatre, puis six. Il disait avoir employé sa famille – femme, fils et fille – alors qu'il n'avait pas de fils et que sa femme et sa fille n'avaient pas travaillé dans l'établissement. Il parlait volontiers de ce fils qui n'existait pas, l'appelant Philippe, expliquant qu'il revenait du régiment[2].

---

1. Le détail de cette observation nous a été communiqué par le Dr Catherine Morin. Il s'agissait d'un patient âgé d'une cinquantaine d'années, M. R..., examiné par le Dr Marcel Czermak lors d'une présentation de malade à l'hôpital Henri-Rousselle. Ce cas fit ensuite l'objet d'une discussion, non publiée, de C. Morin et Pierre-Henri Castel.
2. Au sujet des fabulations dans le syndrome isolé par Korsakov (1887), il est classique après Henri Ey de les mettre en relation avec l'atteinte de l'orientation temporelle et spatiale, et l'inquiétude que provoque chez les patients le délitement de leurs propres repères face aux questions de l'interlocuteur : cf. H. Ey, *Études psychiatriques*, vol. III, *Structure des psychoses aiguës et déstructuration de la conscience*, Paris, 1954. Les fabulations chez ce sujet comme chez d'autres korsakoviens étaient ainsi souvent réalistes : elles avaient un air de vraisemblance dans le contexte de la situation ; mais elles étaient aussi toujours adressées, c'est-à-dire induites par les questions que posait l'interlocuteur. Elles s'opposaient en cela aux confabulations des psychotiques, sans vraisemblance ni lien à une adresse. Cette remarque rend bien sensible à quel titre un tel syndrome nous intéresse. Il permet de mesurer, dans sa forme développée, une atteinte généralisée *de tout le champ de la reconnaissance* : c'est l'orientation spatiale, ce sont les repères et l'ordre du temps et de la mémoire, ce sont les noms et les images des personnes qui sont

Les troubles de la reconnaissance se présentaient de plusieurs manières bien distinctes. Tout d'abord, prié de dessiner trois différents visages, M. R... produisait des portraits peu différenciés. Interrogé sur ce point, il répondait : « Au fond, tout le monde est un peu pareil. » Mais à un examen plus attentif, il apparaissait que ces troubles de la reconnaissance étaient de diverses sortes.

Dans ce premier cas, il distinguait bien les noms des trois personnes différentes. Mais après quelques minutes, il ne savait plus attribuer à chacun son image. Le nom restait stable, l'image ne l'était pas.

Par ailleurs, il reconnaissait l'interne du service parmi les personnes présentes, mais s'avérait incapable de dire son nom : dans ce cas l'image était stable au regard de la reconnaissance, mais le nom faisait défaut.

Autre cas : il ne pouvait ni reconnaître ni nommer le Dr Czermak qui l'interrogeait, et qu'il avait pourtant régulièrement l'occasion de rencontrer dans le service. Toutefois celui-ci ne s'était pas nommé devant lui, intentionnellement, lors des entretiens.

Enfin, il faisait régulièrement lors de deux entretiens à un mois d'intervalle la même fausse reconnaissance – seule véritable fausse reconnaissance neurologique – sur une personne présente, c'est-à-dire qu'il disait : « Je le reconnais, c'est le médecin ("le vétérinaire" lors du second entretien) – M. B... » Dans ce cas, il y avait fausse reconnaissance, mais avec maintien de l'identification d'une même image sous le même nom propre.

Autrement dit, en entrant dans le détail de ce cas, nous nous apercevons de l'importance toute particulière du *nom propre* chez ce sujet qui semblait par ailleurs tout oublier. *Il reconnaissait les personnes dont il savait ou avait su* (c'était le cas en l'occurrence pour l'interne) *le patronyme*.

En résumé, le nom propre demeurait dans la problématique de ce sujet relativement préservé de ce qui se présentait par ailleurs comme une atteinte généralisée du champ de la reconnaissance. Le nom

touchés. Aussi ce syndrome présente-t-il à lui seul et de façon complète tout le déploiement du problème général de la reconnaissance subjective. Nous allons d'ailleurs voir comment les fausses reconnaissances chez ce sujet, à côté de la généralité typique du symptôme, présentaient la complexité d'une problématique éminemment particulière et différenciée.

« tenait » toujours, en somme : il identifiait bien avec une valeur individualisante de nom propre. Il pouvait identifier par erreur, mais cette erreur même était stable dans le temps. Aussi était-ce donc surtout le registre de la reconnaissance et de la différenciation de l'*image* qui s'avérait touché. Ceci nous paraît parler une nouvelle fois en faveur de l'incidence, spécifique chez chaque sujet, de troubles neurologique sur le rapport à l'image spéculaire. L'intérêt d'une telle observation est de nous montrer d'abord combien la nature neurologique des troubles n'empêche pas que nous y voyions déployé de façon hautement différenciée le problème général de la reconnaissance ; ensuite comment ce phénomène générique des troubles de la reconnaissance n'est pas toujours réductible à la seule et directe causalité neurologique : de fait, pour ce patient qui ne présente pas de réelle agnosie des physionomies – il est capable de reconnaître son médecin parmi une assistance nombreuse –, « au fond tout le monde est un peu pareil ». Une telle observation invite à se demander dans quelle mesure les troubles de la reconnaissance des visages ne peuvent être considérés aussi en liaison avec une atteinte de la problématique spéculaire du sujet, c'est-à-dire comme traduisant un remaniement subjectif de cette problématique et de ses supports symboliques.

Nous retrouvons ici cet aspect bifide de la clinique neurologique sur lequel nous avons plusieurs fois mis l'accent : elle peut être rapportée d'un côté à l'accidentel de lésions constatables ; mais d'un autre côté elle peut manifester également une symptomatologie seconde, qui n'est plus seulement rapportable de façon univoque aux lésions, mais peut être également tributaire d'un remaniement subjectif spécifique.

LES HYPOTHÈSES NEUROBIOLOGIQUES TOUCHANT LE SYNDROME DE FRÉGOLI ET LES SYNDROMES APPARENTÉS

Un certain nombre de travaux récents présentent des observations dans lesquelles les syndromes de Capgras, de Frégoli et d'intermétamorphose sont corrélés à des lésions cérébrales, et mettent en avant la valeur étiologique de cette corrélation.

S'il est indiscutable que ces syndromes aient pu être décrits, dans certains cas, comme associés à des lésions cérébrales, il reste à déterminer l'interprétation à donner à cette association, et si elle permet de rendre compte valablement de cette clinique en général, au-delà de cas ponctuels. Nous discuterons cette hypothèse à partir de quelques articles significatifs parus ces dernières années.

Dans un article de 1987, K. W. de Pauw *et al.* présentent un cas de syndrome de Frégoli accompagné de lésions de l'hémisphère droit[1]. Les auteurs commencent par rappeler l'observation *princeps* de Courbon et Fail. Ils désignent le trait caractéristique du syndrome dans une erreur d'identification délirante *(delusional misidentification)*[2] portant sur des personnes connues déguisées en d'autres, et indiquent sa proximité d'avec les syndromes de Capgras, d'intermétamorphose et des « doubles subjectifs »[3].

Cette définition du syndrome est assez distincte de celle que nous proposons en suivant les indications des observations *princeps*. Pour ces auteurs, l'essentiel tient à une reconnaissance erronée des personnes de l'entourage, considérées comme « déguisées » par la malade. Nous insistons plutôt sur l'identification récurrente d'un

---

1. Karel W. de Pauw *et al.*, « Single case study – Frégoli Syndrome after Cerebral Infarction », *The J. of Nerv. and Ment. Disease*, vol. 175, n° 7, 1987, p. 433-437.
2. Ces termes sont ambigus en anglais, puisque *delusion* peut indiquer aussi bien l'illusion que le délire. Nous les traduisons par « erreur d'identification délirante », en précisant que pour ces auteurs *delusion* renvoie de façon générale aux effets durables et établis de troubles relevant surtout d'une perception altérée. Ce n'est donc pas une simple « illusion ». Nous ne pouvons traduire non plus par « identification délirante », puisque Courbon et Tusques désignaient par là un registre distinct des erreurs ou déficits perceptifs, dans le souci précisément de distinguer la spécificité de ces troubles : or la problématique des auteurs que nous envisageons ici va plutôt contre cette distinction.
3. Le syndrome des « doubles subjectifs » a été proposé et décrit par G. N. Christodoulou comme entrant dans la même série que les trois précédents. Le cas *princeps* présente une jeune femme psychotique, convaincue de ce que diverses personnes de son entourage – une voisine, deux autres malades – se déguisent en sorte de prendre sa propre apparence. Cette conviction la conduit à s'en prendre à l'une des doublures en exigeant qu'il lui soit retiré son masque. Ce trouble s'inscrit bien dans la clinique qui nous intéresse, même si l'on peut discuter l'opportunité de l'isoler comme syndrome autonome, tendant ainsi à multiplier les entités nosographiques. Si nous avons orienté notre propos en référence au syndrome de Frégoli, c'est précisément que son analyse nous paraît propre à ressaisir l'ensemble des traits de cette clinique. Cela n'ôte rien à l'intérêt de descriptions inédites, et il est probable qu'il existe d'autres modalités à inventorier de tels modes de décomposition des coordonnées spéculaires dans la psychose.

même objet sous l'enveloppe de diverses images. Dans le premier cas c'est une problématique d'atteinte des processus de la reconnaissance qui vient au premier plan ; dans le second, c'est la constance de ce qu'identifie la structure du délire.

Les auteurs soulignent comment ces troubles ne se limitent pas aux personnes mais peuvent porter sur « les membres du corps, les objets, l'espace et le temps », et cette remarque recoupe un certain nombre d'observations que nous avons commentées. Ces divers phénomènes, écrivent-ils, « paraissent représenter des variantes du même concept », concept qu'ils résument sous les noms de *syndrome des doubles* ou de *fausse identification délirante (delusional misidentification)*.

C'est au sujet de la détermination de ce concept que leur approche diffère de la nôtre. Alors que nous faisons valoir une atteinte structurale ou accidentelle de la problématique spéculaire comme donnant le terrain de référence par où cette diversité clinique s'avère comparable, ils font une place plus importante à l'hypothèse neurobiologique et à une analyse clinique en termes de perception fausse : « un nombre croissant de travaux suggèrent fortement une association de ces divers troubles, sur le plan étiologique, avec un dysfonctionnement cérébral. (...) Ces syndromes se caractérisent par un défaut d'intégration des fonctions de la perception et de la reconnaissance *(recognition)* telles qu'elles sont normalement unifiées ». Ils admettent cependant l'incidence d'une étiologie d'ordre psychologique – psychosociale, selon leurs termes – sans toutefois indiquer précisément comment elle s'articule à la précédente : « nous présentons, écrivent-ils, un cas de syndrome de Frégoli qui illustre l'action associée *(interplay)* de la multiplicité de facteurs à la fois psychosociaux, liés à la personnalité, et neurologiques, concourant à l'étiologie de ces riches *(colourful)* désordres neuropsychiatriques ».

L'observation est celle d'une femme de 66 ans, Mme C..., venue en consultation externe en mars 1985. « Elle se présente avec une heure de retard, ayant dû faire un détour compliqué pour semer, dit-elle, ses poursuivants. Quatre mois auparavant elle avait acquis la conviction que son cousin marié avait déménagé pour s'établir dans son voisinage avec une amie à lui, et qu'ils la suivaient revêtus de déguisements : ils savaient en effet qu'elle était la seule de la famille à connaître leur relation et leurs activités délictueuses, telles que la revente de biens et de voitures volées, et qu'elle risquait de les dénoncer.

« Elle décrit vivement et avec de minutieux détails comment le couple se déguise : maquillage, postiches, lunettes noires, fausses barbes et vêtements divers. La femme porte toujours des habits coûteux et à la mode, tels que la malade n'a jamais pu s'en offrir. Ils la suivent à la trace dans des voitures volées, parfois à deux voitures pour mieux l'égarer. Elle est allée jusqu'à accuser un vendeur de voiture de la région de les aider. Il lui est arrivé de sommer publiquement des inconnus de décliner leur véritable identité. Elle doit souvent emprunter des itinéraires compliqués pour semer ces deux personnes, et elle a révélé leurs activités à la police locale. Dans la journée elle laisse ses rideaux tirés, les ouvrant le soir pour garder un œil sur les deux autres à l'extérieur.

« Elle explique comment elle reconnaît son cousin et son amie, qui parfois se déguise en homme, à certains traits caractéristiques : leur démarche, leur voix, leur port de tête. "Ils changent toujours d'habits et de coiffure, mais je sais que c'est eux. Lui peut prendre l'apparence d'un homme âgé. Ils veulent une médaille pour leur talent. C'est comme un acteur et actrice *(sic)* se préparant pour différentes scènes." Elle reconnaît que les gens en général, y compris les membres de sa famille, étaient incapables de conclure de ces légers indices à l'identité réelle des hommes et des femmes qu'elle peut rencontrer dans le voisinage. »

Les auteurs précisent que « cette femme appartient à une famille de mineurs de 6 enfants. Ses études ont été interrompues pour raisons de santé et elle a surtout travaillé comme employée de maison ». Mariée à l'âge de 24 ans, elle divorce huit ans après. « Trois ans plus tard lui naît une fille, son seul enfant, à la suite d'une liaison. L'enfant sera confiée à la sœur de la malade. Mme C... continuera à voir le père, y compris après que celui-ci se sera marié avec une autre femme, cela pendant plus de vingt ans. La relation a pris fin dans des circonstances qu'elle ne précise pas, il y a à peu près dix ans. De toute évidence cet homme est le cousin qui la persécute. »

« On ne relève pas d'antécédents psychiatriques dans la famille de cette malade. Mais elle-même a été traitée à 4 reprises pour anxiété et dépression entre 1955 et 1983. Un épisode, deux mois après une hystérectomie subie à l'âge de 47 ans, a été marqué par de l'hostilité à l'égard de l'amour porté par sa fille à ses parents adoptifs, ainsi que par des préoccupations touchant son amant marié et des cauchemars concernant son ancien mari. Elle est décrite à cette époque comme secrète, irritable, rapportant fréquemment à elle le comportement des autres, ayant peu de relations sociales tout en étant incapable de soutenir longtemps une activité solitaire. »

Comme antécédents neurologiques, la malade a été traitée pour un hématome couvrant la région frontale gauche après une chute en 1982. En novembre 1983 elle s'est plainte de sévères migraines, en même temps qu'apparaissaient des troubles d'articulation du langage et une perte de l'orientation spatiale. Ensuite sont venus des vertiges et des troubles de la vision, et une douleur localisée dans la partie droite du crâne a permis de diagnostiquer une artérite temporale droite. En septembre 1984 elle a fait état de taches dans son champ visuel et de douleurs au sommet et à l'arrière du crâne. Deux mois plus tard, en dépit d'un traitement spécifique, elle a subi un second accident cérébro-vasculaire. Elle souffre alors à nouveau de troubles de l'élocution et témoigne d'une atteinte de la mémoire et de l'orientation dans le temps et dans l'espace.

« Ses déficits cognitifs guérirent complètement, mais pendant le mois suivant s'établirent les croyances délirantes décrites ci-dessus. » La malade fut hospitalisée et on lui administra des neuroleptiques. A la suite de quoi « les idées délirantes disparurent et elle considéra que ses poursuivants étaient retournés vivre avec leurs conjoints respectifs (...). Elle restait toutefois persuadée de la réalité de ce qu'elle avait vécu. Deux mois après une interruption du traitement elle rechuta. Sa vie devint dominée par ses idées délirantes et elle passa tout son temps à poursuivre ou à fuir son cousin et son amie. C'est alors qu'ils commencèrent à porter ce qu'elle prit d'abord pour des masques horribles aux yeux brillants et braqués sur elle. Elle réalisa plus tard qu'il s'agissait de leurs visages. Elle observait les fenêtres pour chercher où ils changeaient de vêtements, et elle interprétait les changements intervenant dans une décharge publique locale comme la preuve que son cousin y cachait des objets volés, que le laitier distribuait lors de sa tournée. Épuisée et menacée d'hypothermie à la suite de ses tentatives de prendre le cousin et ses complices la main dans le sac aux premières heures de la matinée, elle dut être à nouveau admise à l'hôpital ». Les auteurs précisent que le délire ne céda à nouveau qu'au traitement neuroleptique.

Cette intéressante description présente un certain nombre d'éléments importants du syndrome : unicité et identité permanente des persécuteurs, décomposition et autonomisation de l'image et de ses éléments, mise au premier plan du regard, automatisme mental présumable[1]. Les auteurs apportent plusieurs autres notations intéressantes, comme cette expression d'une neutralisation grammaticale de la différence sexuelle identifiée par la malade chez les persécuteurs : *c'est comme un acteur et actrice*, dit-elle. S'ajoutent dans le cas présent les troubles neurologiques survenus avant l'éclosion du délire, auxquels les auteurs attribuent une importance étiologique majeure.

Le diagnostic, rédigé dans les termes qui sont ceux de la nosographie contemporaine de tradition anglo-saxonne, est énoncé ainsi : « Bien que le syndrome de Frégoli soit ordinairement décrit dans un tableau de schizophrénie primaire ou secondaire, notre malade ne montrait aucun des symptômes caractéristiques à cet égard : désordre de la pensée, idées délirantes bizarres, hallucinations très marquées, ou détérioration affective sensible. Son symptôme majeur était une croyance délirante cohérente qui, bien qu'inhabituelle dans son contenu, n'en était pas moins plus proche de la réalité consensuelle *(consensual reality)* que les conceptions délirantes *(delusions)* rencontrées communément dans la schizophrénie. C'est pourquoi un diagnostic de *paranoïa* ou de *trouble délirant (delusional disorder)*, consécutif à une pathologie prédominante de l'hémisphère droit, paraîtrait plus approprié. »

Sans nous arrêter sur les termes de ce diagnostic, pour ne pas entrer dans une discussion plus générale des conceptions cliniques et nosologiques qui le sous-tendent, nous ferons seulement deux remarques.

---

1. C'est l'une des études de cas les plus précises que nous ayons lues dans la littérature contemporaine en anglais sur le syndrome de Frégoli, sans prétendre d'ailleurs avoir été exhaustif. Mais il est notable que ce sont surtout le comportement et les idées de la malade, et non le relevé de ce qu'elle énonce, qui retiennent l'attention des auteurs. Cet article mentionne cependant l'observation *princeps* et en rappelle les principaux traits. Dans de nombreux travaux adoptant la même perspective, les descriptions sont plus sommaires, l'abord statistique prévalent, et la référence à la clinique sur laquelle se sont construites ces entités, à peu près inexistante.

En premier lieu, nous pouvons interroger le sens et la validité de la notion de *consensual reality* pour apprécier ce qui constitue une croyance délirante. Si c'est là notre mesure, elle est bien incertaine, car qui déterminera ce consensus ? Il apparaît encore plus incertain si, et comment, l'on peut assigner le degré de proximité ou d'éloignement entre cette réalité supposée consensuelle et tel type de psychose. En quoi en effet un syndrome de Frégoli peut-il en être dit « plus proche » qu'une schizophrénie ? Cela reste éminemment obscur. C'est en ce sens que cette définition extrinsèque de la psychose rapportée à une définition « commune » de la réalité apparaît insuffisante.

En second lieu, le rapport de *consécution* entre une pathologie de l'hémisphère droit et cette psychose est un rapport de concomitance ou de contiguïté, sans que les auteurs puissent rien indiquer de plus sur ce qui détermine sa valeur *causale*.

Toute la fin de l'article consiste en une accumulation de références à divers travaux ayant fait état de semblables concomitances entre diverses lésions et divers troubles de la reconnaissance : syndromes de Capgras ou de Frégoli, réduplications de lieux ou de personnes, prosopagnosies, dépersonnalisation, déréalisation, impression de déjà vu ou de jamais vu, etc. Mais nous ne trouvons à aucun moment une tentative d'articulation clinique des rapports possibles entre ces différents troubles[1].

Le point de vue des auteurs ne s'appuie donc pas véritablement sur l'analyse clinique telle qu'elle nous intéresse, mais repose sur le privilège considérable accordé à une étiologie lésionnelle sur la seule base d'une contiguïté variable dans ses modalités, et en tout état de cause seulement éventuelle[2].

---

1. La seule remarque sur ce point consiste en un rapprochement, au demeurant contestable et dans la clinique et par son schématisme, entre le syndrome de Frégoli et l'impression de *déjà vu* d'une part, le syndrome de Capgras et l'impression de *jamais vu* d'autre part. A part cela, la seule raison de rapprochement clinique est extrinsèque : c'est la concomitance éventuelle – qui est loin d'être de règle, il faut encore le souligner – rencontrée entre tel de ces troubles et telle ou telle lésion.

2. Ce privilège s'appuie principalement, chez ces auteurs comme chez beaucoup d'autres, sur un article de A. B. Joseph paru en 1986, soutenant que l'hypothèse de lésions cérébrales est requise pour rendre compte de ces syndromes : « Focal central nervous system abnormalities in patients with misidentification syndromes », in *The delusional misidentification syndromes, Bibliotheca Psychiatrica*, n° 164, G. N. Christodoulou, Éd. Karger, 1986, p. 68-79. C'est une hypothèse non seulement contestable mais source de confusion, puisqu'elle fait passer au second plan l'analyse clinique proprement dite de la psychose.

Dans ces conditions, il faut bien reconnaître que l'aspect proprement psychopathologique du cas est laissé de côté. Rien n'est évoqué de l'observation pourtant assez précise apportée par les auteurs, en dehors d'une référence à la réalité non consensuelle et à des troubles d'intégration de la perception rapportés à une activité neuronale erratique[1].

La conclusion des auteurs reflète ce décalage entre le trouble observé et le terrain choisi pour élucider son étiopathogénie, puisque se trouve réintroduite *in fine* une causalité psychique, mais énoncée dans des termes très peu déterminés et sans que l'on comprenne bien d'où provient sa nécessité : « Mac Callum (1985) a conceptualisé la fausse identification délirante en la prenant comme une tentative désespérée du malade cérébro-lésé de donner sens à ses peurs et de les réduire dans un monde perçu comme dérangé *(disturbed)*, peut-être en se réfugiant dans ce qui pourrait apparaître comme un délire. Alors que le dysfonctionnement cérébral est prédominant dans certains cas, dans d'autres il détermine la symptomatologie particulière du trouble sous-jacent, modifiant l'importance d'autres aspects de la schizophrénie ou des désordres affectifs au profit des fausses identifications délirantes. Pour un certain nombre de raisons il peut apparaître que ni un dysfonctionnement cérébral en général ni une psychose préexistante ne sont suffisants à eux seuls considérés séparément pour rendre compte de la fausse reconnaissance délirante, mais que les deux sont nécessaires pour produire ces symptômes. » Cependant les auteurs ne précisent pas

---

1. « Les faits cliniques et électro-encéphalographiques suggèrent qu'une décharge épileptique, interrompant l'activité cérébrale de l'hémisphère mineur, précède souvent l'éclosion aiguë de psychoses tardives, après une lésion temporo-pariétale. Pendant la période de confusion ou d'amnésie passagères, les percepts, qu'ils soient consciemment perçus ou non, peuvent être intégrés de façon incorrecte aux expériences et aux souvenirs correspondants du passé. A partir de cet état initial, la fausse identification due à la *delusion* peut évoluer, facilitée par des phénomènes de déréalisation, une suspicion prémorbide, la satisfaction d'un désir *(wish fulfillment)*, soit comme psychopathologie concomitante soit comme moyens d'expression substitutifs d'émotions intenses. L'effet d'embrasement de décharges neuronales paroxystiques peut produire des connections nouvelles et fortuites établissant de larges et complexes modifications comportementales. Ainsi étayées, les images dépeintes au titre de la réalité dans l'esprit du malade par une activité neuronale aberrante rendraient compte non seulement de la ténacité avec laquelle sont soutenues certaines croyances délirantes, mais aussi de leur coloration psychopathologique individuelle. »

en quoi consiste cette nécessité. « Toutefois, poursuivent-ils, il existe aussi des études de cas comme le nôtre, sans psychose préexistante, dans lesquelles le phénomène de la fausse identification délirante s'est développé seulement après que le malade eut été atteint d'une lésion cérébrale. Nous serions par conséquent pour un classement de tels syndromes comme *troubles neuropsychiatriques* impliquant l'expression comportementale d'un défaut d'intégration acquis, c'est-à-dire d'une reconnaissance troublée *(disordered recognition)*, souvent accompagnée d'un état psychopathologique primaire (idiopathique) ou secondaire (symptomatique), comme par exemple la schizophrénie, la paranoïa ou une maladie affective. »

Cette conclusion n'apporte pas plus de précisions sur chacun des deux registres étiologiques supposés, non plus que sur leur concours. Le trouble est ramené pour l'essentiel à une atteinte de la perception due à l'accident neurologique, et prenant la forme d'une psychose par suite du terrain où elle intervient.

Il nous semble au moins probable à la lecture de l'observation, mais nous ne pouvons que le conjecturer sans informations supplémentaires, qu'il s'agisse d'une psychose avérée, dont les premiers symptômes étaient peut-être présents avant l'accident cérébral, ou que cet accident aurait précipitée. Il n'en va pas ici de même, en effet, que dans les cas que nous avons rencontrés où intervient au décours d'un accident cérébral une formation délirante seconde et limitée. Ce qui paraît patent en revanche, c'est que les troubles présentent d'une manière systématisée une décomposition de la problématique spéculaire du sujet, que cette décomposition soit imputable à une psychose initiale, ce qui semble le plus plausible, ou au remaniement des coordonnées spéculaires à la suite des troubles neurologiques. Quelle que soit l'hypothèse retenue, l'abord de ce cas nous paraît plus pertinent dans ces termes-là que dans l'indétermination où le laissent ici les auteurs.

Citons brièvement un article dans lequel un syndrome de Frégoli est identifié seulement à partir d'un incident d'une durée de quelques heures survenu chez un malade ayant connu huit mois auparavant un accident vasculaire cérébral de l'hémisphère droit[1].

---

1. A. W. Young *et al.*, « Delusional Misidentification Incident in a Right Hemisphere Stroke Patient », *Behavioural Neurology*, 1991, 4, 81-87.

L'hypothèse de l'étiologie lésionnelle est soutenue dès l'introduction : « Il est de plus en plus patent *(there is increasing evidence)* que le registre organique est impliqué dans l'erreur d'identification délirante. Des lésions cérébrales ont été décrites dans la totalité des principaux syndromes d'erreur d'identification délirante », c'est-à-dire les trois syndromes de Capgras, de Frégoli et d'intermétamorphose.

Cependant le matériel et la discussion sont réduits, et loin de pouvoir étayer ces généralités. Le cas est celui d'un homme de 67 ans, M. W..., atteint d'une hémiplégie gauche à la suite de l'AVC précité. Conscient, ne souffrant pas de troubles du langage, il est hospitalisé pendant deux semaines, puis retourne chez lui après une certaine amélioration, et est examiné de nouveau pour une héminégligence persistante du côté gauche. Une étudiante doit lui rendre visite à quelques reprises pour le suivi de ces examens, et c'est à l'occasion de l'une de ces visites que se produit l'incident faisant tout le sujet de l'article. Le malade ne reconnaît apparemment pas l'étudiante, lui parle comme si elle était sa fille – il a une fille d'âge comparable – et en dépit de protestations contraires, la charge de quelques besognes ménagères, « lui demandant même de lui couper les ongles ». Irrité par les vaines démonstrations de l'étudiante en vue de faire reconnaître son identité, il est persuadé que sa fille lui joue des tours, lui fait remarquer qu'elle était blonde le matin même et qu'elle s'est donc fait teindre les cheveux, etc.

Réinterrogé deux semaines plus tard, M. W... se souvient de l'incident dans le détail, paraît conserver quelque suspicion à l'égard de la jeune femme qu'il reconnaît par ailleurs, et ne semble pas du tout disposé à convenir de son erreur.

Les auteurs expliquent ensuite dans le détail les divers tests de reconnaissance des visages qu'ils ont fait passer à ce patient, sans observer de phénomènes notables. Ils concluent alors à la forte probabilité d'une étiologie lésionnelle, et attribuent le mécanisme du trouble à de légers déficits de perception dans la reconnaissance, et à des « mécanismes de décision inappropriés » consécutifs à la lésion.

Tout à fait à la fin de l'article est relevée l'objection selon laquelle ce cas ne présenterait qu'une ressemblance tout extérieur avec le syndrome de Frégoli, du fait notamment qu'il n'y apparaît rien de l'ordre de la persécution[1]. Cette objection n'arrête pas les auteurs, qui estiment le diagnostic suffisamment fondé sur le fait qu' « il a également été montré que l'illusion de Frégoli pouvait apparaître dans le contexte d'une lésion de l'hémisphère droit », tout en ajoutant : « Nous ne pouvons bien entendu avoir la certitude de ce que l'AVC droit ait pu avoir un rôle causal direct dans cet incident. » La comparaison est donc très extérieure, et repose uniquement sur l'assimilation des fausses reconnaissances du type présenté dans le syndrome de Frégoli à celles pouvant intervenir à la suite d'une erreur de perception non corrigée[2].

Toujours dans la même perspective, mentionnons un article traitant de l'ensemble des *misidentification syndromes* et mettant en avant l'autorité statistique d'une étude portant sur 260 cas[3]. Ce travail « recense une large série de divers syndromes de fausse identification et tente une analyse de leurs relations les uns aux autres ainsi que des facteurs impliqués dans leur étiologie ». Une grande importance revient dès lors aux définitions sur lesquelles s'appuie cette recension, puisque c'est ce qui va déterminer tout le sens des analyses, des diagrammes et des statistiques avancés.

Or nous ne pouvons qu'être surpris à la lecture de ces définitions. Prenons par exemple celle du syndrome de Frégoli : « Le malade croit qu'il reconnaît *(recognizes)* une personne familière en d'autres qui ne montrent aucune ressemblance physique apparente. » Comme dans les deux articles précédents les phénomènes sont ici réduits à leur surface comportementale, et elle est très schématique. Il est clair en effet, si nous relisons n'importe quelle observation bien notée, que le malade ne prétend pas *reconnaître* celui ou ceux qu'il désigne comme le persécutant – il admet que les

---

1. Nous ne retrouvons de fait pas grand-chose du syndrome dans cette observation, en dehors de la description superficielle d'une confusion de personnes, d'ailleurs difficile à apprécier sans la moindre mention des propos de ce patient.
2. Cela revient à reprendre exactement la problématique qu'ont dû progressivement laisser de côté il y a cinquante ans ceux qui ont découvert ces syndromes, précisément parce qu'elle ne leur permettait pas de rendre compte de ce qu'ils découvraient : c'est ce que nous avons observé en particulier à partir de l'article de Courbon et Tusques distinguant nettement l'identification délirante des fausses reconnaissances.
3. Hans Förstl *et al.*, « Psychiatric, neurological and medical aspects of misidentification syndroms : a review of 260 cases », *Psychological Medicine*, 21, 1991, p. 905-910.

apparences sont distinctes –, mais qu'il les identifie, ou plus exactement qu'il identifie toujours la même chose sous cette apparence ; c'est pourquoi nous insistons sur le partage, si important dans cette clinique, entre la reconnaissance et l'identification, que Courbon et Tusques ont entrevu les premiers dans le prolongement du travail de Capgras. D'autre part il n'est pas exact de parler à ce propos d'une personne *familière*, puisque ce n'est pas du tout dans cette dimension que se présente pour ces sujets ce qui les persécute. Dans le cas *princeps*, Robine et Sarah Bernhardt sont deux figures d'un idéal reçu par le sujet comme regard annexant divers morceaux de son propre corps, ce qui n'est rien moins que familier.

Dès lors qu'ils partent de définitions aussi simplifiées, il est difficile de partager les conclusions des auteurs, par exemple lorsqu'ils énoncent que « la fausse identification est un symptôme plutôt qu'un syndrome rassemblant un ensemble stable de symptômes. Les syndromes de Capgras et de Frégoli sont peut-être dès lors mal nommés ». Nous retrouvons là une question discutée dans la première partie (chap. 3) : en réalité une telle approche, comme celle de S. Arieti, aboutit à démanteler la clinique dont il s'agit, en l'atomisant au gré de procédures de *testing* qui n'ont plus véritablement de rapport avec elle. Mais pour cela l'on est obligé d'en produire des définitions *ad hoc*, qui neutralisent l'essentiel de son contenu. La définition du syndrome de Frégoli citée à l'instant en est un exemple.

Un autre exemple est encore plus parlant dans ce même article. Les auteurs pensent pouvoir partager en trois groupes les divers syndromes de fausses identifications : un premier groupe comprend « les patients présentant exclusivement des troubles de l'identification des autres », un second « les patients qui estimaient que leur propre apparence ou leur identité avaient été affectées », et un troisième des patients présentant des troubles de la reconnaissance des lieux. Même si nous laissons de côté la question de la pertinence diagnostique de ces distinctions, il est surprenant de constater que les syndromes de Capgras, de Frégoli et d'intermétamorphose sont rangés exclusivement dans le premier groupe : cela signifie en effet que ces tableaux ne mettraient pas en cause l'identité et l'image du sujet. Or il suffit de se reporter aux observations *princeps* pour constater qu'un tel partage n'est pas tenable. Cette faiblesse devait être perçue par les auteurs, car ils précisent : « Le choix d'inclure le syndrome de Capgras, le syndrome de Frégoli et celui d'intermétamorphose ensemble dans le groupe 1 intervint après qu'une analyse préliminaire eut révélé une homogénéité de paramètres, tant du point de vue clinique que pour la recherche, entre ces entités, et également *afin de simplifier la suite de l'analyse.* » Il est vrai qu'elle s'en trouve simplifiée, mais au prix d'en laisser de côté les principaux aspects. Ils ajoutent : « L'on trouva également que les cas de syndrome de Frégoli et de syndrome d'intermétamorphose étaient si rares, et rapportés par une si petite poignée d'auteurs, que ces entités ne justifiaient pas une analyse à part *(individual analysis).* » L'on voit comment la réflexion proprement clinique peut être réduite de cette façon à un relevé statistique, qui plus est établi sur des bases inexactes. Par ailleurs il est difficile de considérer que la valeur d'enseignement clinique et éventuellement doctrinal d'une observation ait un rapport intrinsèque avec sa fréquence ou sa rareté.

L'orientation que traduisent ces travaux a été bien résumée dans un article de J.-P. Luauté déjà cité[1]. L'auteur considère que les techniques contemporaines de l'imagerie cérébrale apportent un renouvellement significatif de notre abord de cette clinique, qui devrait désormais être interprétée en termes d'atteinte de la mémoire et de la perception. Cette démarche conduit, comme on l'a vu, à laisser à peu près de côté l'analyse du langage des malades, c'est-à-dire ce qui constitue pour nous et pour la tradition psychiatrique une base essentielle de l'analyse clinique, en multipliant les recherches de troubles organiques contigus, et à poser, lorsqu'on en trouve, une relation de type causal entre ces troubles et les syndromes considérés[2] – lesquels tendent à perdre dans cette perspective toute consistance clinique. Le principal problème posé en l'occurrence est que

---

1. Cf. *supra,* n. 1, p. 137.
2. Et l'on finit toujours par en trouver, comme le note l'auteur lui-même : « On ne sera pas surpris, écrit-il, qu'avec un "grossissement" supérieur (tomodensitométrie, batterie de tests neuropsychologiques, potentiels évoqués, cartographie, tomographie par émission de positons), Joseph découvre au moins une anomalie chez les 29 malades présentant un délire d'identification des personnes qu'il explore. »

l'on ne se réfère plus dès lors à cette clinique que d'une manière toute nominale, après l'avoir vidée d'à peu près tout ce qu'y avaient relevé les auteurs qui l'ont d'abord mise au jour. Les *objets* ne sont donc pas les mêmes. J.-P. Luauté ne le méconnaît d'ailleurs pas, lorsqu'il écrit que « l'approche neuropsychologique est volontairement réductionniste » et qu'il paraît faire sienne la position d'Henry Ey, « qui soulignait la différence de nature entre le syndrome de Capgras, *"complexe idéo-affectif rare traduisant un trouble de la relation à l'autre"* et les fausses reconnaissances, fréquentes, conséquence d'une perception confuse »[1].

Ces hypothèses neurobiologiques nous paraissent appeler en conclusion deux remarques.

La première concerne une question que ne posent pas ces auteurs, y compris ceux qui s'appuient concrètement sur la clinique, bien qu'elle soit directement appelée par leur démarche. Nous avons déjà évoqué cette question notamment sous la plume de Merleau-Ponty, mais de nombreux autres auteurs l'ont évoquée – Bergson, Mourgue, Ey ou Lacan par exemple, pour ne citer qu'eux. Elle concerne le *rapport* de deux séries de faits qui ne sont pas élaborées dans les mêmes termes ni selon la même mesure : d'un côté, la structure que propose à l'investigation le discours des malades ; de l'autre la structure des phénomènes anatomo-cliniques que révèlent les lésions lorsqu'il y en a. Il est en effet apparent que dans leurs termes comme dans les relations qu'elles autorisent entre ces termes, ces deux structures n'ont aucun rapport de communauté – à moins de le supposer *a priori*, ou de forcer grossièrement les choses dans un sens ultra-mécaniste et associationniste. Les objets que l'on peut élaborer et conceptualiser en étudiant cha-

---

1. Il laisse cependant la question indécise : « L'ancrage dans l'organique d'un phénomène délirant aussi indiscutable que le syndrome de Capgras revêt une importance doctrinale considérable (même si le rôle de l'organicité est loin encore d'être résolu). (...) Faut-il refuser ces explorations et qualifier *a priori* cette démarche d'illusoire ? Cette position qui était celle d'une science psychiatrique autonome est actuellement très contestée. » Mais il nous semble que si la psychiatrie peut éventuellement ne pas adhérer au positivisme souvent sommaire de l'approche neurobiologique, c'est surtout que ses objets, ses concepts et ses méthodes y sont simplement mis hors champ, au profit de recherches dont on ne saurait nier l'intérêt dans leur ordre, mais qui obéissent à des déterminations et à une problématique très différentes.

cune de ces deux séries ne sont pas les mêmes. Comme le dit Merleau-Ponty, on ne voit pas quel terrain de comparaison trouver entre des faits physiologiques qui sont localisés, et des faits psychiques ou des significations, qui ne le sont pas – sinon éventuellement d'un point de vue topique, ce qui est différent.

D'autre part, si nous envisageons la même question d'un point de vue plus historique, les syndromes que nous étudions ici ont été dégagés par l'analyse clinique selon une méthode qui a fait la richesse de la psychiatrie comme de la neurologie, à savoir en tenant le plus grand compte des propos formulés par les patients. Les observations *princeps*, comme celles qui s'y sont ajoutées ensuite, ne sont rien d'autre que le relevé précis de ces formulations et la tentative de rendre compte de leur logique. C'était leur principal objet.

Or ce que visent les travaux dont nous venons de parler correspond manifestement à un tout autre objet. Dans certains cas les observations de départ, qui ont *constitué* ces entités cliniques, ne sont pratiquement plus évoquées. Leur portée et leur signification sont réduites à une signification de nature différente, élaborée en termes d'analyse comportementale, de critères perceptifs et de tests du même ordre. Comme nous l'avons fait remarquer, il est notable que l'on doive élaborer toute une batterie de cribles divers pour pouvoir finalement être en mesure de supposer une corrélation entre tel syndrome et telle déficience « testée » : mais l'étonnant est que l'on passe alors sans critique d'une contiguïté ou d'une concomitance éventuelle à une valeur causale.

Dans d'autres cas, lorsque la clinique de départ est davantage connue et prise en compte, comme dans le premier article cité, les observations peuvent être de grand intérêt, mais l'on se demande alors pour quelle raison les auteurs abandonnent ce qui est proprement la question que pose leur travail pour se replier sur la réduction que nous venons d'évoquer.

Pour autant, le fait de remarquer une concomitance dans certains cas entre le syndrome de Frégoli ou celui de Capgras et des lésions cérébrales ne peut être négligé du point de vue clinique, quand il est avéré. Encore faut-il dans ce cas nous demander, suivant notre précédente remarque, sur quel terrain la corrélation peut avoir un sens. Il nous semble que nous pouvons recourir à cet égard, d'une manière plus fondée qu'au modèle neurobiologique, à l'ordre des faits cliniques qui peuvent être rassemblés autour de l'image spéculaire, telle que nous avons pu en distinguer diversement l'implication dans l'ensemble des troubles neurologiques que nous avons évoqués. Il y a là en effet, nous semble-t-il, un point d'application pouvant permettre de tenir ensemble d'une part la forme où se constituent pour le sujet les coordonnées de la reconnaissance, de l'autre l'effet sur ces coordonnées et sur cette forme, tel qu'on peut le constater en clinique, des atteintes neurologiques.

Conclusion

Nous avons souhaité souligner dans ce livre la portée clinique et doctrinale d'une série de travaux développés par l'école psychiatrique française à la suite de la découverte du syndrome d'illusion des sosies par Capgras et Reboul-Lachaux en 1923.

Ces travaux ont d'abord permis d'isoler sous l'expression générique d' « illusion de fausse reconnaissance des aliénés » plusieurs aspects importants de la clinique des psychoses qui n'avaient pas été jusqu'alors précisément étudiés ni commentés. Ils ont notamment dégagé les formes d'un automatisme mental dans l'ordre du regard, comme Séglas et Clérambault l'avaient fait précédemment surtout dans l'ordre de la voix. L'automatisme est lié dans les deux cas à une autonomisation et à une séparation, selon une structure réduplicative ou « en écho », des principaux traits de la représentation.

De plus, la découverte et la discussion de l'illusion des sosies puis des syndromes de Frégoli et d'intermétamorphose ont contribué à renouveler l'approche des *conditions de la reconnaissance* en général, en illustrant la place qu'y tenait spécifiquement *la reconnaissance de l'image du corps*, et de quelle manière l'atteinte de celle-ci déterminait une décomposition de celle-là. L'intérêt de cette clinique tient à ce qu'elle expose de façon détaillée les modalités possibles de cette décomposition du champ de la reconnaissance en ses éléments.

Nous avons dit la valeur à cet égard de la distinction progressivement dégagée par les psychiatres entre les deux plans de la reconnaissance proprement dite, d'une part, et de ce qui la rendait impossible au titre d'une *identification* qualifiée de délirante, d'autre part.

C'est cette identification que mettent en valeur ces syndromes, et que déploie dans sa plus grande netteté le syndrome d'illusion de Frégoli. C'est pourquoi nous avons pu le distinguer comme résumant cette clinique inédite à ses traits les mieux isolés, en particulier par la disjonction qu'il indique entre l'image et l'objet, corrélative d'une invalidation de la fonction du nom propre.

Les conditions et les effets d'une *identification de l'objet dans l'image* éclairent ainsi singulièrement les troubles de la reconnaissance, et notamment de la forme *princeps* qu'en représente l'image du corps.

Nous la trouvons au principe du *sentiment d'étrangeté* dans la variété de ses manifestations : surgissement dans le champ de quelque chose que la reconnaissance n'intègre plus, et dont les effets peuvent aller d'une perplexité passagère à une complète dépersonnalisation.

L'identification de l'objet dans l'image peut s'observer également en clinique neurologique. On la distingue avec une particulière évidence dans les troubles de l'image du corps. Mais l'agnosie visuelle, telle que l'ont décrite Hécaen et Angelergues, apporte aussi des éléments fondamentaux à cet égard. Elle permet d'observer à l'état isolé et relativement circonscrit une disjonction du nom et de l'image, ou du percept. Elle manifeste d'autre part l'incidence subjective du regard : dès lors qu'il ne reconnaît ni n'identifie plus l'objet, loin de s'évanouir dans cette carence, il émerge au contraire comme question ou comme énigme que le sujet ne reconnaît pas plus que l'objet qu'on lui désigne. Ainsi la *perte d'une signification*, en l'occurrence visuelle, où Hécaen et Angelergues distinguent la forme typique de toute agnosie, ne concerne-t-elle pas seulement l'objet de la vision, mais le regard lui-même.

Cette analyse peut être étendue aux troubles somatognosiques et prosopagnosiques, où le regard s'autonomise, désintègre et déforme diversement l'image.

Ce parcours fait ressortir en quoi les observations neurologiques peuvent recouper de près celle des syndromes psychiatriques dont nous sommes parti : non pas au titre d'une réduction neurobiologique que nous avons discutée, mais à partir de l'atteinte de l'image du corps qui s'y observe dans les deux cas. Il permet aussi de souligner l'intérêt proprement psychopathologique de la clinique neurologique, et d'articuler ainsi, en ouvrant un domaine de recherche peu exploré à ce jour, deux disciplines trop souvent considérées comme complètement séparées.

L'ensemble des troubles que nous visons met particulièrement l'accent sur la question du regard : nous trouvons en effet présentées, depuis les phénomènes agnosiques jusqu'aux syndromes psychotiques de fausse reconnaissance, différentes modalités de son détachement comme objet à la fois soustrait du champ de la reconnaissance et venant se signaler à l'attention, voire à l'angoisse du sujet, comme objet irreprésentable.

Dans l'expérience courante, dont nous avons pu dire qu'elle se caractérise par la superposition des deux plans de la reconnaissance et de l'identification, la dimension du regard est ce qui se trouve le plus profondément voilé à l'appréhension du sujet. Le regard ne lui est jamais mieux dissimulé, en effet, que dans l'actualisation « normale » de son opération.

Le sentiment d'étrangeté, souvent associé aux troubles soit locaux soit généralisés de la reconnaissance, y marque au contraire son émergence comme objet au premier plan de l'expérience du sujet.

Cela pose la question du partage à effectuer dans cette clinique entre agnosie et psychose. Nous avons vu comment ce partage pouvait s'avérer problématique aussi bien pour les neurologues que pour les psychiatres, ceux-ci cherchant actuellement à rapporter les troubles psychotiques de la reconnaissance à des difficultés perceptives complexes.

Il nous semble que la réponse passe par une détermination, dans chaque cas, de la problématique spéculaire du sujet. Si en effet la mise en place de l'image spéculaire peut être considérée comme le moment où se constituent et se lient les repères subjectifs primordiaux de la reconnaissance et de l'identification, il est légitime de concevoir que *la perte d'une signification*, sous quelque modalité qu'elle se présente, aura une incidence sur cette problématique. On relèvera dès lors, dans les agnosies comme dans les psychoses, une corrélation entre la perte d'une signification et une atteinte des coordonnées et de la consistance de l'image spéculaire, que cette perte soit due à des lésions *locales*, ou qu'elle témoigne d'une atteinte *structurale* de la signification chez le sujet.

Cette corrélation développera ses effets selon deux directions inverses : une atteinte locale de la signification aura une incidence sur les coordonnées de l'image spéculaire où cette signification trouve ses repères fondamentaux ; ou bien l'atteinte de ces coordonnées mêmes, en leur principe, aura une incidence sur la signification et sur les deux versants que nous y distinguons, de la reconnaissance et de l'identification. Le premier cas recouvre principalement la clinique qu'interrogent les neurologues. Il y détermine, nous l'avons vu, une série de phénomènes allant de la simple gêne ou de l'étonnement au sentiment d'étrangeté, voire à des formes proches de l'hallucination ou de l'idée délirante. Le second cas recouvre la clinique des psychoses, et il est tout particulièrement illustré par les syndromes que nous avons repris et commentés.

Cette proximité de certaines formes symptomatiques, alors même que l'étiologie des troubles est différente, indique bien que la seule phénoménologie ne peut suffire à les caractériser, s'ils ne sont rapportés par ailleurs aux coordonnées de la problématique spéculaire du sujet, comme à ce qui nous donne la mesure de leur signification.

Ces remarques soulignent la portée clinique, dans le champ des psychoses mais également au-delà, de l'analyse des syndromes psychotiques de fausse reconnaissance, lorsque nous essayons de conduire cette analyse jusqu'à ses principaux termes.

C'est cette portée que nous avons principalement voulu mettre en valeur dans cette étude, en reprenant le fil de travaux menés depuis la fin du siècle dernier, et remarquablement féconds au cours de la période que nous avons évoquée. Ces travaux ne sont d'ailleurs pas restés sans suite, et nous comptons montrer dans un prochain ouvrage en quoi ils ont trouvé d'importants développements, notamment dans le champ de la psychanalyse et en particulier dans les élaborations de J. Lacan sur la fonction spéculaire.

Bibliographie

Ajuriaguerra, J. de, Hécaen, H., *Le cortex cérébral – étude neuro-psychopathologique*, 1949 ; 2ᵉ éd., Paris, Masson, 1964.
Arieti S., *Interpretation of Schizophrenia*, Londres, Crosby Lockwood Staples, 1974.
Bergson, H., *Matière et mémoire* (1896), 92ᵉ éd., Paris, PUF, 1968.
Berlucchi, G., Aglioti, S., « The body in the brain : neural bases of corporeal awareness », *Trends in Neurosciences*, 1997, 20, p. 560-564.
Berti, A., Ladavas, E., Della Corte, M., « Anosognosia for hemiplegia, neglect dyslexia and drawing neglect. Clinical findings and theoretical considerations », *Journal Int. Neuropsychology*, 2, p. 426-446, 1996.
Bleuler, E., *Dementia praecox oder Gruppe der Schizophrenien*, Leipzig und Wien, Franz Deuticke, 1911 ; tr. fr. *Dementia praecox ou groupe des schizophrénies*, Paris, EPEL, GREC, 1993.
Blondel, C., *La conscience morbide*, Paris, Alcan, 1914.
Bogaert, L. Van, « Sur la pathologie de l'image de soi », *Ann. méd.-psych.*, 92ᵉ année, 1934, 2, 4, p. 519-555, et 2, 5, p. 744-759.
Bogousslavsky, J., Clarke, S., « Syndromes majeurs de l'hémisphère mineur », *Encycl. méd. chir.*, Paris, Elsevier, « Neurologie », 17-022-E-10, 1998, 7 p.
Bogousslavsky, J., Regli, F., « Response-to-next-patient-stimulation : a right hemisphere syndrome », *Neurology*, 1988, 38, p. 1225-1227.
Bonnier, P., « L'aschématie », *Revue neurologique*, n° 12, 1905, p. 605-609.
Bouvier, M., *Le syndrome « Illusion des sosies »*, Thèse, Paris, 1926.
Brès, Y., *L'être et la faute*, Paris, PUF, 1988.
Cacho, J., *Le délire des négations. Psychopathologie du syndrome de Cotard ; de la mélancolie anxieuse à la folie systématisée*, Paris, Assoc. freudienne internationale, 1993.
Capgras, J., Carrette, P., « Illusion des sosies et complexe d'Œdipe », *Ann. méd.-psych.*, XIIᵉ série, t. II, juin 1924, p. 48-68.
Capgras, J., Lucchini, P., Schiff, P., « Du sentiment d'étrangeté à l'illusion des sosies », *Bull. soc. clin. méd. ment.*, décembre 1924, p. 210-217.
Capgras, J., Reboul-Lachaux, J., « L'illusion des "sosies" dans un délire systématisé chronique », *Bull. Soc. clin. méd. ment.*, XI, 1923, p. 6-16.

Cenac-Thaly H., Frélot C., Guinard M., Tricot J.-C., Lacour M., « L'illusion de sosies », *Ann. méd.-psych.*, 1962, 2, p. 481-494.

Charpentier, R., « Contribution à l'étude des délires toxi-infectieux ; l'onirisme hallucinatoire – ses rapports avec la confusion mentale », *Rev. neur.*, 1919, p. 755-770.

Chaslin, P., *Éléments de sémiologie et clinique mentales*, Paris, Asselin et Houzeau, 1912.

Christodoulou G. N., « Delusional hyper-identifications of the Frégoli type », *Acta Psychiatr. Scand.*, 1976, 54, p. 305-314.

Christodoulou G. N., « Syndrome of subjectives doubles », *American Journal of Psychiatry*, 1978, 135, p. 249-251.

Clérambault, G. G. de, *Œuvres psychiatriques*, Paris, rééd. Frénésie Éd., 1987.

Cotard, J., « Du délire des négations », *Archives de Neurologie*, XI, 1882 ; *Études sur les maladies cérébrales et mentales*, Paris, 1891, p. 314-344.

Courbon, P., Fail, G., « Syndrome d'illusion de Frégoli et schizophrénie », *Bull. Soc. clin. méd. ment.*, 1927, 5-6-7, p. 121-125.

Courbon, P., Tusques, J., « Illusion d'intermétamorphose et de charme », *Ann. méd.-psych.*, 1932, 1, p. 401-406.

Courbon P., Tusques J. : « Identification délirante et fausse reconnaissance », *Ann. méd.-psych.*, 1932, 2, p. 1-12.

Critchley, M., *The parietal Lobes*, Londres, 1953.

Czermak, M., *Passions de l'objet. Études psychanalytiques des psychoses*, Paris, Joseph Clims, 1986.

Czermak, M., *Patronymies. Considérations cliniques sur les psychoses*, Paris, Masson, 1998.

Damasio, A. R., *L'erreur de Descartes, la raison des émotions*, Paris, Odile Jacob, 1995.

Damasio, A. R., Damasio, H., van Hoesen, G. W., « Prosopagnosia : anatomic basis and behavioural mechanisms », *Neurology*, 1982, 32, p. 331-341.

Damourette, J., Pichon, E., *Des mots à la pensée. Essai de grammaire de la langue française*, 1911-1940, Paris, 7 vol., rééd. D'Artrey, 1968-1971.

Daumézon, G., « Le délire d'intermétamorphose – variété d'illusions de sosie et de Frégoli », *Ann. méd.-psych.*, XVe série, 95e année, t. I, janvier 1937, p. 19-26.

Delahousse, J., « Considérations sur l'attitude anosognosique de l'hémiplégique gauche », *Actes du Congrès de psychiatrie et de neurologie de Tunis*, 1972, p. 1081-1088.

Delay, J., *Les dissolutions de la mémoire*, PUF, « Bibliothèque de philosophie contemporaine », 1942.

De Pauw K. W., Szulecka T. K., Poltock T. L., « Frégoli Syndrome after cerebral infarction », *J. Nerv. Ment. Dis.*, 175, 7, 1987, p. 433-438.

Derombies, Mlle , *L'illusion de sosie, forme particulière de la méconnaissance systématique*, Coueslant, Cahors, 1935.

Dupouy, R., Montassut, M., « Un cas de "syndrome des sosies" chez une délirante hallucinée par interprétation des troubles psycho-sensoriels », *Bull. Soc. méd-psych.*, octobre 1924, p. 341-345.
Ey, H., *Études psychiatriques*, vol. III, *Structure des psychoses aiguës et déstructuration de la conscience*, Paris, Desclée de Brouwer, 1954.
Fédida, P., *Le site de l'étranger – la situation psychanalytique*, Paris, PUF, 1995.
Féré, C., *Les épilepsies*, Paris, Alcan, 1890.
Förstl, H., « Capgras' delusion : an example of coalescent psychodynamic and organic factors », *Comprehensive Psychiatry*, 31, 1990, p. 447-449.
Förstl, H., Almeida, O. P., Owen, A. M., Burns, A., Howard, R., « Psychiatric, neurological and medical aspects of misidentification syndroms : a review of 260 cases », *Psychological Medicine*, 21, 1991, p. 905-910.
Freud, S., *Contribution à la conception des aphasies* (1891), Paris, PUF, 1983 ; *Zur Auffassung der Aphasien, eine kritische Studie*, Leipzig und Wien, F. Deuticke, 1891.
Freud, S., *Esquisse d'une psychologie scientifique* (1895), in *La naissance de la psychanalyse, lettres à Wilhelm Fliess, notes et plans (1887-1902)*, p. 313-396 ; *Aus den Anfängen der Psychoanalyse, Briefe an Wilhelm Fliess, Abhandlungen und Notizen aus den Jahren 1887-1902*, Londres, Imago, 1950.
Freud, S., *Introduction à la psychanalyse* (1915-1917), Paris, Payot, 1976 ; GW, XI, p. 3-482.
Freud, S., « L'inquiétante étrangeté » (1919), in *L'inquiétante étrangeté et autres essais*, Paris, Gallimard, 1985, p. 213-263 ; GW, XII, p. 229-268.
Freud, S., « Psychologie collective et analyse du moi » (1921), in *Essais de Psychanalyse*, Paris, Petite Bibl. Payot, 1973, p. 83-175 ; GW, XIII, p. 73-161.
Gainotti, G., « Emotional behavior and hemispheric side of the lesion », *Cortex*, 1972, 8, p. 41-55.
Goldstein, K., *La structure de l'organisme*, Paris, Gallimard, 1951.
Halberstadt, G., « Le syndrome d'illusion des sosies », *Journal de psychologie normale et pathologique*, octobre 1923, p. 728-733.
Halberstadt, G., « Hallucinations lilliputiennes dans un cas de démence précoce au début », *Archives de neurologie*, février 1911, p. 69-74.
Head, H., *Studies in Neurology*, 2 vol., Londres, 1920.
Hécaen, H., Ajuriaguerra, J. de, *Méconnaissances et hallucinations corporelles – intégration et désintégration de la somatognosie*, Paris, Masson, 1952.
Hécaen, H., Angelergues, R., *La cécité psychique – étude critique de la notion d'agnosie*, Paris, Masson, 1963.
Janet, P., *De l'angoisse à l'extase*, 2 vol, Paris, Alcan, 1928.
Janet, P., « L'hallucination dans le délire de persécution », *Revue philosophique*, janvier-juin 1932, p. 61-98 et 279-331.
Janet, P., « Les sentiments dans le délire de persécution », *Journal de psychologie*, mars-avril 1932, p. 161-241, et mai-juin 1932, p. 401-461.

Joseph, A. B., « Focal central nervous system abnormalities in patients with misidentification syndromes », *in* G. N. Christodoulou, *The delusional misidentification syndromes, Bibliotheca Psychiatrica,* n° 164, Éd. Karger, 1986, p. 68-79.
Kant, E., *Qu'est-ce que s'orienter dans la pensée ?* (1786), Paris, Vrin, 1972, p. 75-89.
Krishaber, M., *De la névropathie cérébro-cardiaque,* Paris, Masson, 1873.
Lacan, J., *De la psychose paranoïaque dans ses rapports avec la personnalité,* Paris, Le François, 1932 ; Paris, rééd. Seuil, 1975.
Lacan, J., « LXXXIVᵉ Assemblée de la Société suisse de psychiatrie ; sur le problème des hallucinations », compte rendu, *L'Encéphale,* 1933, 11, p. 686-695.
Lacan, J., « Le stade du miroir comme formateur de la fonction du Je telle qu'elle nous est révélée dans l'expérience psychanalytique » (1936), *Écrits,* Paris, Le Seuil, 1966, p. 93-100.
Lacan, J., « L'agressivité en psychanalyse », *Revue française de psychanalyse,* n° 3, juillet-septembre 1948, p. 367-388 ; rééd. in *Écrits,* p. 101-124.
Lacan, J., *Le séminaire, livre III, Les psychoses* (1955-1956), Paris, Seuil, 1981.
Lanteri-Laura, G., Khaiat, E., Hanon, G., « Délires chroniques de l'adulte en dehors de la paranoïa et de la schizophrénie », *Encycl. méd. chir.,* Paris, Éditions techniques, « Psychiatrie », 37299 A 10, 11-1990, 4 p.
Le Goc-Diaz, I., « La dépersonnalisation », *Encycl. méd. chir.,* Paris, « Psychiatrie », 37125 A 10 6, 1988.
Le Goc-Diaz, I., « La dépersonnalisation : un point de vue idéal ? Ou : que nous enseignent les dépersonnalisés ? », *Journal français de psychiatrie,* n° 4, 1996, Paris, p. 3-6.
Levy-Valensi, J., « L'illusion des sosies », *Gazette des hôpitaux,* n° 55, juillet 1929, p. 1001-1003.
Lhermitte, J., *L'image de notre corps,* Paris, Éd. de la Nouvelle revue critique, 1939.
Luauté, J.-P., « Les délires d'identification des personnes ; une approche neuropsychologique », *Neuro-psy,* 1992, 7, n° 8, p. 364-384.
Melzack, R., « Phantom limbs and the concept of a neuromatrix », *Trends in Neurosciences,* 1990, 13 (3), p. 88-92.
Merleau-Ponty, M., *Phénoménologie de la perception,* Paris, Gallimard, coll. « Tel », 1975.
Morin, C., « Corps, image spéculaire et objet en neurologie », *Bull. de l'Assoc. freudienne internat.,* 1998, 77, p. 7-11.
Morin, C., Salazar-Orvig, A., Piera-Andres, J. B., « L'hémiplégie après accident vasculaire : ce qu'en disent les patients en rééducation », *Annales de réadaptation et de médecine physique,* 1993, 36, p. 3-17.
Neisser, C., « Erörterungen über die Paranoïa », *Zentralblatt für Nervenheilkunde und Psychiatrie,* 1892.
Pick, A., « Zur Pathologie des Bewusstseins vom eigenen Körper », *Neurol. Zentralblatt,* 1915, 34, p. 257-265.

Priganato, G. P., Weinstein, E. A., « Edwin A. Weinstein's contribution to neuropsychological rehabilitation », *Neuropsychological Rehabilitation*, 6, 1996, p. 305-326.

Ramachandran, V. S., « The evolutionary biology of self-deception, laughter and depression : some clues for anosognosia », *Medical Hypotheses*, 1996, 47, p. 347-362.

Ramachandran, V. S., Ramachandran, D. R., « Denial of disabilities in anosognosia », *Nature*, 1996 (382), 501.

Renard, E., *Le Dr Gaëtan Gatian de Clérambault – sa vie et son œuvre (1872-1934)*, Thèse, Paris, 1942 ; Paris, rééd. Lab. Delagrange/Synthélabo, 1992.

Ribot, T., *Les maladies de la personnalité*, Paris, Alcan, 1885.

Schilder, P., *L'image du Corps. Étude des forces constructives de la psyché*, Paris, Gallimard, 1968.

Schreber, D. P., *Mémoires d'un névropathe*, Paris, Le Seuil, 1975.

Séglas, J., *Leçons cliniques sur les maladies mentales et nerveuses*, Paris, 1895.

Sérieux, P., Capgras, J., *Les folies raisonnantes. Le délire d'interprétation*, Paris, 1909.

Sollier, P., Courbon, P., *Pratique sémiologique des maladies mentales, guide de l'étudiant et du praticien*, Paris, Masson, 1924.

Teasell, R., « Catastrophic reaction after stroke : a case study », *Am. J. phys. med. rehabil.*, 1993, 72, p. 151-153.

Tiberghen, G., Renault, B. (édité par), « La reconnaissance des visages, I. Neuroscience cognitive, maturation et développement, II. Neuroscience cognitive, éthologie et modélisation », *Psychologie française*, 1994, t. 39-4.

Tzavaras, A., « La reconnaissance du visage humain et les lésions hémisphériques », in *Neuropsychologie de la perception visuelle*, H. Hécaen (éd.), Paris, Masson, 1972, p. 251-264.

Viader, F., De La Sayette, V., *Les syndromes de négligence unilatérale. Rapport de neurologie au XC^e Congrès de psychiatrie et de neurologie de langue française*, Paris, Masson, 1972.

Vié, J., « Un trouble de l'identification des personnes : l'illusion des sosies », *Ann. méd.-psych.*, 1930, 1, p. 214-237.

Wallon, H., « Comment se développe chez l'enfant la notion du corps propre », *Journal de psychologie*, novembre-décembre 1931, p. 705-748 ; *Les origines du caractère chez l'enfant*, Paris, PUF, 1993.

Wernicke, C., *Grundriß der Psychiatrie in klinischen Vorlesungen*, 2e éd. revue, Leipzig, Georg Thieme, 1906.

Young, A. W., Flude, B. M., Ellis, A. W., « Delusional Misidentification Incident in a Right Hemisphere Stroke Patient », *Behavioural Neurology*, 1991, 4, p. 81-87.

Index des noms

Aglioti, S., 161.
Ajuriaguerra, J. de, 3, 17, 133-134, 136-137, 156-157, 159, 161-162, 164-168, 170, 174-175, 177, 180-181, 184, 188.
Almeida, O. P., 204.
Angelergues, R., 133-134, 143-145, 147, 150, 153, 168, 176-177, 187, 189, 212.
Anton, G., 167.
Arieti, S., 55, 205.

Babinski, J., 167.
Bergson, H., 70, 135, 145, 207.
Berlucchi, G., 161.
Bernhardt, S., 36-38, 40, 104, 205.
Berti, A., 134.
Bleuler, E., 52, 54.
Blondel, C., 158.
Bodamer, J., 187.
Bogaert, L. Van, 156.
Bogousslavsky, J., 134, 178.
Bonnier, P., 137, 156.
Bouvier, M., 103.
Brès, Y., 135.
Burns, A., 204.
Bychowski, G., 165-166.

Cacho, J., 22.
Camus, 30, 181.
Capgras, J., 3, 9-10, 13-14, 16, 18-25, 27-28, 31-32, 34-35, 43, 50-58, 61-65, 74, 77, 79, 80, 85, 86-91, 94, 97, 99-100, 102, 111, 116-117, 125, 152-154, 190-191, 205.
Capron, C., 108.
Carrette, P., 23-24, 54, 88.
Castel, P.-H., 192.
Cenac-Thaly, H., 111.
Charpentier, R., 50, 116.
Chaslin, P., 15, 33.
Christodoulou, G. N., 137, 195, 200.
Clarke, S., 178.
Claude, H., 53-54, 68.
Clérambault, G. G. de, 26, 33, 39, 45-47, 53, 56, 63, 68, 70, 94, 111, 123, 128-129, 211.
Cotard, J., 22, 30, 182.
Courbon, P., 2, 16-17, 29, 35-36, 39-40, 42-44, 46, 50-52, 54-55, 57-58, 61-62, 65-67, 69, 77-78, 83-86, 87-95, 99-100, 102, 104-105, 111, 113, 116-118, 124, 126-127, 138, 154, 170, 191, 195, 204-205.
Critchley, M., 172, 178-180.
Czermak, M., 2, 22, 108-109, 127, 192-193.

Damasio, A. R., 135, 190.
Damasio, H., 190.
Damourette, J., 59.
Daumézon, G., 50, 111-112, 114-117, 123, 190.

Delahousse, J., 179-180, 184.
Delay, J., 128-129, 159.
Della Corte, M., 134.
Deny, G., 30, 181.
Derombies, Mlle, 54, 100-102, 104-110, 118.
Dupouy, R., 27.
Dupré, 9.

Ehrenwald, H., 179.
Ellis, A. W., 202.
Engerth, G., 173.
Ey, H., 54, 68, 159, 192, 207.

Fail, G., 2, 16, 35-36, 39-40, 42-44, 50-52, 54-55, 57-58, 61-62, 65-66, 69, 77, 88, 104, 111, 116, 126-127, 154, 195.
Fédida, P., 105.
Féré, C., 172.
Finkelnburg, K. M., 144-145.
Flude, B. M., 202.
Foerster, O., 181.
Förstl, H., 56, 137, 204.
Frégoli, 37.
Frélot, C., 111.
Freud, S., 15, 26, 62, 97, 124, 135, 139, 145, 180.

Gainotti, G., 177.
Gelb, 145.
Gertsmann, J., 163-164, 179.
Goldstein, K., 145, 176-177.
Guinard, M., 111.

Hagen, K., 179.
Halberstadt, G., 20-23, 31, 54.
Hanon, G., 56.
Head, H., 137, 156.
Hécaen, H., 3, 17, 133-134, 136-137, 143-145, 147, 150, 153, 156-157, 159, 161-162, 164-168, 170, 174-177, 180-181, 184, 187-189, 212.
Hoesen, G. W. van, 190.
Hoff, H., 173.

Hoover, J. E., 135.
Howard, R., 204.

Ives, E. R., 179.

Jackson, J. H., 128, 159.
Janet, P., 15, 54, 61, 67-69, 71-75, 88, 93, 101, 103-105, 107, 110, 172, 190.
Jaspers, 45.
Joseph, A. B., 200.

Kant, E., 106.
Khaiat, E., 56.
Korsakov, S., 192.
Kramer, F., 179.
Krishaber, M., 17, 137.

Lacan, J., 4, 41, 45, 68, 90, 93, 97, 100, 123-124, 140-141, 162, 176, 207.
Lacour, M., 111.
Lanteri-Laura, G., 56, 122.
Le Goc-Diaz, I., 183.
Le Guillant, 168.
Lenglen, S., 66.
Leroy, B., 181.
Lévy-Valensi, 54.
Lhermitte, J., 134, 137, 156, 161, 167-168, 181-183.
Luauté, J.-P., 137, 207.
Lucchini, P., 28, 31, 54.

Mac Callum, W. A. G., 201.
Magnan, 52, 54.
Melzack, R., 134.
Merleau-Ponty, M., 135, 158, 161, 207-208.
Mirbeau, O., 94.
Monakow, C. von, 145, 167.
Montassut, M., 27.
Morin, C., 175, 181, 192.
Mourgue, R., 207.
Munk, H., 144-145.

Neisser, C., 45.
Nouët, H., 174.

Owen, A. M., 204.

Pauw, K. W. de, 195.
Piaget, 149.
Pichon, E., 59.
Pick, A., 128, 137, 156, 162, 164.
Piera-Andres, J. B., 175.
Poltock, T. L., 195.
Pötzl, O., 179.
Priganato, G. P., 135.

Rabinovitch, J. S., 172.
Ramachandran, D. R., 134.
Ramachandran, V. S., 134-135.
Rasdolsky, I., 172.
Reboul-Lachaux, J., 3, 9-10, 13-14, 16, 18-19, 21-22, 35, 51, 54, 56-57, 61-62, 88, 111, 153, 211.
Regli, F., 134.
Renard, E., 53.
Renault, B., 189.
Ribot, T., 30, 93.
Robine, 36-41, 66, 104, 127, 138, 166, 205.

Salazar-Orvig, A., 175.
Saussure, F. de, 150.
Sayette, V. de la, 178.

Schiff, P., 28, 31, 54.
Schilder, P., 136-137, 156, 161-162, 168, 176, 181.
Schmitt, B. 174.
Schreber, D. P., 56, 108.
Séglas, J., 22, 30, 46-47, 72, 94, 123, 211.
Sérieux, P., 26.
Sollier, P., 16-17, 95.
Spitz, 149.
Szulecka, T. K., 195.

Teasell, R., 177.
Tiberghen, G., 189.
Tricot, J.-C., 111.
Tusques, J., 29, 61, 67, 77-78, 83-86, 87, 89-95, 99-100, 102, 105, 111, 113, 116-118, 124, 138, 154, 170, 191, 195, 204-205.
Tzavaras, A., 188.

Viader, F., 178.
Vié, J., 61-67, 69, 94, 97, 102, 117.

Wallon, H., 4, 41, 93, 149.
Weinstein, E. A., 135.
Wernicke, 16, 22, 144.

Young, A. W., 202.

Zingerle, H., 179.

Index rerum

Agnosie, 5, 17, 133, 134, 141, *143-154* ;
— addition des détails, recherche d'un détail significatif dans l'— visuelle, 146 ;
— anosognosie, 158, 167, 177 ;
— autotopoagnosie, 155, 162, *163-167* ;
— comparaison et distinction entre — et psychose, 150-154, *213-214* ;
— définition spécifique de l'— comme perte d'une signification, 149-150, 153, 156, 212-214 ;
— des physionomies, 17, 147-148, 173, *187-191*, 194, 200, 212 ;
— des physionomies et déformation du visage, 189-190 ;
— d'identification, 10, 15, 16, *17*, 19, 22, 26, 28, 32, 34, 64, 77, 79, 87-89, 97, 99, 116, 125, *152-154*, 189, 190 ;
— digitale, 155, 162-163 ;
— digitale et troubles connexes de la reconnaissance et de la nomination des parties du corps, 162-163 ;
— disjonction de la reconnaissance et de l'identification dans l'—, 145-148, 151, 155, 212, 213 ;
— et atteinte du rapport à l'image spéculaire, 133, *141* ;
— visuelle (ou optique), 143, 145-151, 177, 189, 212.
Angoisse :
— et dépersonnalisation, 124 ;
— et identification, 139 ;
— et incidence de l'objet, 124, 213 ;
— et « inquiétante étrangeté » de Freud, 15, 124 ;
— et rapport à celui qui interroge dans l'examen clinique, 146.
Automatisme mental, 24, 28-31, 39, 45, 47, 119-120, 123, 199, 211 ;
— psychoses à base d'—, 128 ;
— syndrome S, ou syndrome d'—, 53.

Castration (complexe de) :
— et atteinte réelle de l'intégrité de l'image du corps, 180 ;
— et consistance de l'image du corps, 140-141.

Cénesthésie, 16, 27, 28, 30, 32, 33, 62, 63, 67, 85-86, 91, *92-93*, 116, 137 ;
— et dépersonnalisation, 93 ;
— et sentiment d'étrangeté, de déjà vu, de jamais vu, 84 ;
— —, Moi et réalité, 93.
Clinique :
— analyse — et langage des patients, 3, *57-59*, 96, 107-108, 126, 135, 158-159, 199, 206-208 ;
— fonction du langage du clinicien dans la description —, 59 ;
— présence de l'observateur dans le tableau —, 146 ;
— valeur articulatoire de la description —, 53.
Clinique du syndrome, 51, 53-56, 59 ;
— et abord structural de la psychopathologie, 54 ;
— et découverte clinique, 58-59 ;
— et description, 53 ;
— et langage, 57-59 ;
— et nosographie, 51, 52, 53, 56 ;
— et structure, 59 ;
— et trait distinctif, 57-58.
Clinique neurologique :
— et fonction de l'image spéculaire, 140, 212 ;
— et langage des patients, 135, 158-159 ;
— et localisations cérébrales, 157-158, 160 ;
— et psychanalyse, 135-136, 140 ;
— et psychiatrie, 152 ;
— et psychologie, 157-158 ;
— et psychopathologie, 135-136, 169-170, 194, 212.
Corps :
— dans la psychose, 18, *22*, 24, 36, 37, *38*, 41, 65, 72-73, 109, *115*, 116, 121, 159 ;
— démembrement de l'image du —, organes manquants ou soustraits par un autre dans l'autotopoagnosie, 165-166 ;
— incapacité de nommer comme de décrire les parties du — dans l'autotopoagnosie, 164 ;
— rapport du — à l'espace concret dans la reconnaissance, 106 ;
— sens et connaissance du —, 156-157, 159.

Dépersonnalisation, 15, 16, 17, 25, 30, 62, 73, *183*, 200, 212 ;
— et angoisse, 124 ;
— et illusion du sosie de soi-même, 123.

Hallucination, 16, 27, 28, 31, 32, 33, 46, 65, *67-70*, 110, 114, 116, 117, 120, 123, 168, 173, 177 ;
— de l'ouïe, 69 ;
— et croyance délirante, 68 ;
— et délire, 72 ;

— et illusion, 16, 68, 70 ;
— et perception, 68-70 ;
— et phénomène élémentaire, 70-71 ;
— et sentiment, 68 ;
— visuelle, 69.

Identification, 12, 13, 17, 19, 21, 23, 26, 41-42, 63, *138-141*, 152, 213-214 ;
— confondue avec la reconnaissance, 105, *139*, 213 ;
— de l'objet dans l'image, 105, 212 ;
— distinguée de la reconnaissance, 81, 88-89, 90, 109-110, 115, 137, *138-141*, 145, 153-154, 205, 211-212 ;
— du sujet dans l'ordre du langage, 191 ;
— et angoisse, 139 ;
— et névrose, 139 ;
— et sentiment d'étrangeté, 139 ;
— — imaginaire et — symbolique, 140, 141 ;
— notion d'— chez Capgras, 88-89.
Identification délirante, 43, 77, *87-98*, 99, 102, 126, 170, 195, 212 ;
— distinguée des fausses reconnaissances classiques, 91, 204 ;
— et agnosie d'identification, 89, 97, 99, *152-154* ;
— et analyse de la psychologie collective chez Freud, 97 ;
— et croyance, 92 ;
— et impossibilité pour le sujet d'être identifié, 154 ;
— et langage, 96-97 ;
— n'est pas de l'ordre du comptable, 89, *113*, 126-127.
Illusion, 15, 16, 33, 50, 51, 67 ;
— de déplacement corporel, 172-173 ;
— de transformation corporelle, 171 ;
— et hallucination, 16, 70 ;
— et perception, 68, 70, 90, 92, 195 ;
— —s visuelles de déformation du visage, 188 ;
— logique de l'— dans la psychose, 26.
Image spéculaire, 4, 19, 41, 90, 100, *140-141*, 213-214 ;
— atteinte de l'— consécutive à des lésions neurologiques, 163, 164-166, 168-170, 171-185, *194*, 209, 213-214 ;
— atteinte de l'— et désorientation spatiale, 178 ;
— atteinte de l'— et désorientation spatiale et temporelle, 192 ;
— comme forme *princeps* de la reconnaissance, 141, 209 ;
— corrélation entre atteinte de la signification et rapport à l'—, 141, 152, *213-214* ;
— décomposition de l'—, 41, 67, 101-102, 112-113, 119, 125, 136, 139, 153, 164-166, 168-169, 181-183, 195, 199, 202 ;
— et cénesthésie, 93 ;
— et indistinction de l'actuel et du virtuel dans la psychose, 108-110 ;
— et métaphore, 105, 109 ;

— fonction de l'— dans l'économie subjective, 140-141, 176, 183-184, *213-214* ;
— incidence de l'objet dans l'—, 90, 124, 139, 166, *184-185, 212-214* ;
— l'—, le Moi et l'autre, 123, *140-141* ;
— spécificité du registre imaginaire polarisé par l'—, 162.

Jugement affectif, 15, 16, 25, 27, 32, 34, 43, 53, 63, 85.

Krishaber (névrose cérébro-cardiaque de), 17, 137.

Méconnaissance, 32, 33, 75, 94, 124, 134 ;
— de la durée, 103, 108-110 ;
— distinguée de la fausse reconnaissance classique, 24 ;
— du lieu, 103 ;
— et agnosie d'identification, 24 ;
— et clinique du Moi, 25 ;
— —s liées à l'asomatognosie, 167-168 ;
— —s systématiques, *25-26*, 27, 28, 32, 34, 77, 88, *99-104*, 116.

Membre fantôme, 134, 155, 158, *160-162*, 168 ;
— et anosognosie, 158 ;
— valeur du — quant à la distinction entre image du corps et corps réel, 161-162.

Métaphore :
— et disparition réelle dans la psychose, 13 ;
— et image, 105, 109 ;
— et objet, 105, 113.

Narcissisme :
— et image spéculaire, 140.

Nom propre, 1, 11, 37, 38, 40, 41, *150*, 166, 212 ;
— délié de l'image du corps, 2, 3, 21, *38*, 40, *75*, 79, 83, *96*, 112, 114, 121-122, *125-127*, 137, 145, 153-154, 189, 193 ;
— et agnosie d'identification, 152-154 ;
— et comptage un par un, 20, 96 ;
— et dimension du comptable, 89, 96 ;
— et identification de l'objet persécuteur, 96, 166 ;
— et identification de l'Un, 96 ;
— et image spéculaire, 41 ;
— et opération de la reconnaissance, 89 ;
— et réduction au même, 42, 63, 126, 139 ;
— et sujet, 89 ;
— fonction du —, 2, *89*, 96, *189-191* ;
— invalidation de la fonction du — dans les syndromes de fausse reconnaissance, 152-154, 212 ;
— non différencié du nom commun, 96, 127.

Objet :
- — au sens psychanalytique, 4, 90, *141* ;
- — autonome, 106-107 ;
- — et angoisse, 124 ;
- — et décomposition de l'image, 4, 90, *96-97*, 101-102, 105-106, 124, 126, *212-213* ;
- — et Idéal du Moi, 97 ;
- — et image spéculaire en clinique neurologique, 178-181, *184-185* ;
- — et métaphore, 105, 113 ;
- — et nom propre, 96 ;
- — et phénomènes de réduplication, 113, 119 ;
- — identification de l'—, 105, 113, 126-127 ;
- — — *a*, 90 ;
- — persécuteur et idéal, 40, 66, 166.

Peau, 79, 81, 112, 119 ;
- — jouissance de —, 74.

Perception, 15, 16, 25, 26, 27, 32, 43, 51, 57, 62, 69, 70, 84, 85, 86, 90, 92, 95, 101, *105*, 128, 134, 137, 138, 139, 146, 188, 196, 201-204, 206, 207-208, 213 ;
- — acception en neurologie, 139 ;
- — critère de la — vraie, 70-71 ;
- — — du corps et image du corps, 161-162.

Phénomènes de réduplication, 51, 66, 89, 101-102, 112, *113*, 114, 118, 120-122, 165-166, 168-169, 200 ;
- — dédoublement, 72, 73, 79, 83, 114, 116, 121, 123, 173-175 ;
- — dédoublement de l'image en fonction d'attributs opposés, 21, 78, 107 ;
- — double peau, 28, 31 ;
- — « doubles subjectifs » (syndrome des), 195 ;
- — et automatisme mental, 24, 28, 120, *123, 128-129*, 211 ;
- — et cénesthésie, 93 ;
- — et code linguistique, 107-108 ;
- — et décomposition du registre temporel, 120 ;
- — et dépersonnalisation, 25, 93 ;
- — et identification délirante, 113 ;
- — et indistinction de l'actuel et du virtuel, 108-110, 112, 113 ;
- — et mort du sujet, 114, 123 ;
- — et sentiment d'étrangeté, 25, 28, *174* ;
- — « frégolifier », 37, 40, 57, 62.

Phénomènes élémentaires de la psychose, 45, 46, 63, 71 ;
- — et automatisme mental, 45 ;
- — et délire constitué, 46.

Reconnaissance, 1, 16, 17, 19, 27, 28, 32, 43, 56, 57, 62, 66, 84, *138-139*, 200, 213-214 ;
— acception neurologique, 139 ;
— atteinte de la — dans l'agnosie, 144-152, 188 ;
— atteinte de la — dans l'asomatognosie, 175 ;
— atteinte de la — et « réaction de catastrophe » de Goldstein, 176-177 ;
— atteintes de la — des visages dans les psychoses, 190 ;
— atteintes neurologiques de la — des personnes, 187-194 ;
— clinique de la — et de la mémoire, 25, 128-129, *192-193* ;
— confondue avec l'identification, 105, *139*, 213 ;
— dimension paranoïaque de la —, 140-141, 176-177 ;
— distinguée de l'identification, 81, 90, 109-110, 115, *138-141*, 145, 153-154, 205, 211-212 ;
— et consistance de l'image, 105, 138 ;
— et narcissisme, 140 ;
— fausse —, 33, 43, 61, 77, 79, 83, 87, 88, 91, 99 ;
— fonction de la —, 2 ;
— fonction de l'image spéculaire dans la constitution de la —, *140-141*, 211-212 ;
— logique des troubles de la — dans les psychoses, 24, 32, 51, 57, 58, 74, 78-79, 82, 83, 85-86, *87-98*, *108-110*, 117, *125-127*, 128-129 ;
— opération de la —, 15, 18, 89, *105-110*, 136-137, *140-141*, 189, *191*, 211 ;
— opposée au sentiment d'étrangeté, 15, 138, 169 ;
— syndromes de fausse —, 77, 99-100, 111, 129, 137, 145, 214.
Reconnaissances (fausses), 14, 15, 22, 24, 25, 33, 34, 46, 50, 51, 91, 100, *102-105*, 124, 128 ;
— — neurologiques, 187, 191-194.
Reconnaissance (« illusion de fausse — des aliénés »), 20, 61, 77, *87*, 91, 97, 133, 211 ;
— hypothèses neurobiologiques sur l'étiologie de l'—, 194-209, 212 ;
— opposée aux fausses reconnaissances classiques, 22, 191.
Regard, 69, 78, *82*, 116, 123, 140, 141, 145, 166, 171-172, 185, 205, *211-213* ;
— décomposition du registre scopique, 38 ;
— le — détaché comme objet dans l'agnosie optique, 146-147, 212 ;
— réduplication dans l'ordre du —, 24, 28, 31, 93, 107, 110, 112, 113, 115, 128-129, 198.

Sentiment, 68, 69 ;
— doctrine des —s chez Janet, 71-72.
Sentiment d'étrangeté, 15, 16, 25, 28, 30, 31, 34, 61, 67, 94, 101, 103, 124, 128, 147, 170-171, 173, 174, 177, 212-214 ;
— d'un hémicorps, 174, 179-180 ;
— et altération de la perception, 124 ;

— et atteinte des dimensions spatiale et temporelle, 124 ;
— et cénesthésie, 32, 84 ;
— et dépersonnalisation, 15, 30, 212 ;
— et identification, 139 ;
— et « inquiétante étrangeté » de Freud, 15 ;
— et objet, 107, 212 ;
— et sentiment d'absence d'une partie du corps, 170-171 ;
— opposé à la reconnaissance, 15, 139.
Somatognosie, 5, 133, 134, *156-160*, 212 ;
— asomatognosie, 155, 167-170, 175-185 ;
— asomatognosie et héminégligence, 178-179 ;
— asomatognosie totale, 181-184 ;
— clinique des troubles de la — et langage des patients, 158-160 ;
— conviction délirante secondaire à un trouble de la —, 169-170 ;
— et notion d'un sens et d'une connaissance du corps, 156-157, 159, 161 ;
— et perception, 134, 162 ;
— incidences subjectives des troubles de la —, 168, 170, 175-185 ;
— productions pseudo-délirantes associées aux troubles de la —, 188, 214 ;
— troubles de la — dans les syndromes psychiatriques, 136, 159 ;
— troubles de la reconnaissance et de la nomination liés aux atteintes de la —, 133, 162-169.
Stade du miroir, *140-141*, 162.
Syndrome de Cotard, 22, 53, 109, 124, 173.
Syndrome de Korsakov, 91, 109, 187, *191-194*.
Syndrome d'illusion de Frégoli, 2-4, 9, 19, 21, 22, 23, 25, 28, 34, *35-47*, 50-51, 57-58, 61, 62, 63, 64-67, 69, 82-86, 87-90, *97-98*, 100, 102, 103-104, 111-129, 133, 138, 166, 187, 194-209, 211, *212* ;
— distingué des fausses reconnaissances, 43, 61, 204-205 ;
— et automatisme mental, 39, 65, 119-120 ;
— et identification du même, 2, 41-42, 65, 66, 74, 80, 81, 82, 83, 88, 95, 110, *113*, 115, 119, *126*, 139, 195-196, 199, 205 ;
— et nom propre, 58, *96*, *125-127*, 139, 149-150, *153-154*, 212 ;
— et paranoïa, 56, 199 ;
— et reconnaissance, 41, 70, 75, 110 ;
— et schizophrénie, 42, 52, 55, 199 ;
— et syndrome d'illusion des sosies, 42, 51, 54, 74-75, 124-127.
Syndrome d'illusion des sosies (syndrome de Capgras), 3, *9-34*, 35, 42, 51, 52, 61-62, 63, 67, 68, 69, 78, 79, 82, 85, 87-89, 91, *95-98*, 99-110, 111-129, 138, 152-154, 187, 189, 194, 200, 205, 206, 207, 211 ;
— comportant un sosie nommé, 121 ;
— distingué des fausses reconnaissances, 14, 43, 124, 207 ;
— et automatisme mental, 31, 63 ;
— et délire systématisé chronique, 10, 27 ;

— et identification des différences, détails, marques, traits de signalement, 12-14, 18-19, 20-22, 24, 79, 80, 94-95, 101, 106-107, 121, 123 ;
— et nom propre, *125-127*, 149-150, *153-154* ;
— et « paramnésies de réduplication » de Pick, 128 ;
— et paranoïa, 56 ;
— et reconnaissance, 74 ;
— et schizophrénie, 55, 118, 122.

Syndrome d'intermétamorphose, 3, 23, 29, 55, 61, *77-86*, 87, 100, 104, 111-129, 138, 151, 154, 187, 205, 206, 211.

Transitivisme de Wernicke, 16, 17, 22.

Vêtement, 17, *18*, 22, 151, 166 ;
— et corps, 24 ;
— modification, vol ou substitution du —, 12, 21, 50, 78, 80, 81, 82, 83, 96, 103, 119, 121, 122, 197-198 ;
— reconnaissance des —s associée à une non-reconnaissance des parties du corps, 166.

Voix, 69, 78, 141, 151, 211 ;
— réduplication dans l'ordre de la —, 24, 28, 31, 94, 107, 110, 112, 115, 128-129.

Table des matières

Introduction   1

PREMIÈRE PARTIE

*Pathologies psychiatriques
de l'image du corps ; le syndrome d'illusion
de Frégoli et les syndromes apparentés*   7

Chapitre 1. — La découverte du syndrome d'illusion des sosies   9

Chapitre 2. — La découverte du syndrome d'illusion de Frégoli   35

Chapitre 3. — Sur quelques aspects de la découverte en clinique   49

Chapitre 4. — Discussion du syndrome de Frégoli et descriptions complémentaires   61

Chapitre 5. — La découverte du syndrome d'intermétamorphose   77

Chapitre 6. — L'identification délirante   87

Chapitre 7. — Le problème spécifique des syndromes de fausse reconnaissance dans les psychoses   99

Chapitre 8. — L'unité clinique des syndromes de fausse reconnaissance dans les psychoses   111

DEUXIÈME PARTIE

*Approches neurologiques des troubles
de la reconnaissance et de l'image du corps* — 131

Remarques préliminaires — 133

Chapitre 1. — L'agnosie — 143

Chapitre 2. — Les troubles neurologiques de la somatognosie — 155
- La notion de somatognosie — 156
- Le membre fantôme — 160
- Le syndrome de Gertsmann — 162
- L'autotopoagnosie — 163
- L'asomatognosie — 167
- Les perturbations somatognosiques paroxystiques — 170
- Incidence des troubles asomatognosiques sur la reconnaissance — 175

Chapitre 3. — Les troubles neurologiques de la reconnaissance — 187
- L'agnosie des physionomies — 187
- Les fausses reconnaissances neurologiques — 191
- Les hypothèses neurobiologiques touchant le syndrome de Frégoli et les syndromes apparentés — 194

Conclusion — 211

Bibliographie — 215

Index nominum — 221

Index rerum — 225

Imprimé en France
Imprimerie des Presses Universitaires de France
73, avenue Ronsard, 41100 Vendôme
Mai 1999 — N° 46 347